Rotha Mór an Ghrá

*"Chun aithne air, a léitheoir, ní ar a shamhail
Féachaint is gá dhuit, ach ar a leabhar!"*
- Ben Jonson

SOINÉID SHAKESPEARE
MUIRIS SIONÓID

Márta 2006

© Crigeán Press

Tá an foilsitheoir buíoch díobh seo thíos a thug tacaíocht airgid:

Foras na Gaeilge
Glór na nGael
Raidio na Gaeltachta
Coláiste Mhuire, An Muileann gCearr

ISBN No. 0-9537-651-9-9

Tíolacadh:

Do mo mháthair

Na fiacha a chuiris orm 's go brách nach nglanfar;
An cuntas cnuasta nach mbeidh choíche réidh,
Níor leor dá bhfuascailt stórtha ríochta a argain
Ná slad a lomfadh taiscí an domhain mhóir féin:

Mar níl ag ór geal ná ag seod dá thrilsí
I malartán an chroi chirt dhaonna aon luach;
'S i mona bréan an mhargaidh is doríofa
Máithreacht dhil ghrách na mblianta, boga is crua.

Dod' shaol lán fónaimh níl in aon rann cúiteamh;
Fós leagaim, buíoch, an ofráil mhion seo id' dháil;
Fágaim faoin Urra thuas gach réiteach cuntais
Is guím duit blianta fada air fós linn slán

Go rabhaimid uile fairis sin athuair
'Tá ag blaiseach cheana an aoibhnis ghlórmhair bhuain.

Clár

Réamh-mheas:
Saothar éachtach...

Mairfidh fiúntas na hiarrachta éachtaí seo i bhfad. Sa chéad leath den gcéad dheireannach, thuig an dáimh acadúil ná raibh aon chleachtadh b'fhearr chun máistríocht d'fháil ar scríobh na Gaeilge ná aistriú ón mBéarla. Tá dhá thráigh á bhreastal anso ag Muiris Sionóid: Léiriú ar leithead chumas na Gaeilge agus feabhsú mór ar ár dtuiscint ar Bhéarla Shakespeare agus ar mheon an ama lenar bhain seisean.

Téacs samplach é seo do lucht teagaisc. Níl aon tslí is fearr chun aithne a chur ar bhuntsaothar liteartha seachas tabhairt faoi é d'aistriú. Chleacht Shakespeare an soinéad, go bhfios dúinn, ó 1590 amach, agus tá suas go céad go leith acu ann. Tá nóta scrupallach anailíse ag Muiris le gach aonad acu agus gluaiseanna acaracha tugtha aige ar Ghaeilge gacha aistrithe. Sin toradh a chuid tiarála roinnte ar an léitheoir go hionraic fial aige. Macallaíonn an Ghaeilge idir chóraí agus chóngar an dána dhírigh gan cháim; agus leanann atmasfaer na hardmheánaoise, lena mbaineann Petrarch, Shakespeare agus dánta grá na hÉireann in éineacht, i ngach leagan Gaeilge dá bhfuil anso faoi mar a leanann sé na bundánta.

Tá an tréith seo le haithint go mór mhór ins na soinéid is lú aithne ina measc. Tóg mar shampla Soinéad CXLIII (de réir an uimhrithe atá ins an gcló Béarla) ar a bhfuil uimhir 49 anso: tugann an t-aistritheoir mar theideal air 'An coileach éalaitheach is an báibín tréigthe'; sa Bhéarla sé a chéad líne 'Lo as a careful housewife runs to catch...'. Is geall an t-aistriúchán le hiarracht neamhspleách agus is geall fós é le hapalóg de chuid na mbard.

Tá samhail den ionraiceas glé a bhaineann leis an eagrán so le haithint ar a chur i láthair. Teascann an t-eagarthóir ón gcorpas iomlán scór de na hiarrachtaí is aithnidiúla agus tairgíonn dúinn mar réamhbhlaiseadh iad i dtreo gur féidir leis an léitheoir na dánta is dóichí a bheith ar eolas aige a mheas go neamhspleách. Gabhann misneach mór leis an bpróiseas seo, óir is iontu so is léire gan amhras sa Bhéarla an splanc ó neamh. Samhlaím go mbeidh rath ar an ndubhshlán so. Aithneoidh an t-eolach láithreach go bhfuil creatalach fónta ionmhuiníne faoin bhfiontar agus déanfaidh tuiscint na Gaeilge áis mhór don bprintíseach nach bhfuil cinnte dá chumas ar Bhéarla Shakespeare. Do mholfainn go mór an sciar so den leabhar mar théacsleabhar dóibh siúd a bheadh ag cuimhneamh ar chéim acadúil a bhaint amach i mBéarla agus i nGaeilge.

Tá saintréith eile fós in eagarthóireacht an tsaothair seo atá le moladh go mór ar thionsclaíocht intliúil. Tá tuairim ghinearálta ann le tamall gur aonad neamhspleách an tsraith iomlán soinéad, dá fhaid a bhíodar á n-eisiúint 'na gceann agus 'na gceann, dá leasú agus dá líomhadh. Tá Muiris Sionóid den mbarúil sin agus tá sé de mhisneach aige treisiú leis. Tá eagrú nua dánta aige ar ordú na n-aonad seachas mar táid i gcló sa Bhéarla, agus is féidir anois an tsraith iomlán a léamh faoi mar bheadh úr-scéal féinléirithe ann, rud, dar liomsa, a chuireann go mór le taitneamh an léitheora don gclais bhéarsaíochta in' iomláine.

Guím rath mór ar an saothar so ina ndeineann scoth na scolárthachta freastal grá ar scoth na filíochta.

Máire Mac an tSaoi.

Whitewater,
Mullach Fhreann Éadair,
18/11/05.

RÉAMHRÁ

Áirítear soinéid Shakespeare ar na dánta is áille dár scríobhadh riamh sa Bhéarla, nó i dteanga ar bith. Ar an mór-roinn a chéadchumadh an earnáil filíochta seo — Petrarca na hIodáile duine de na mórmháistrí a mhúnlaigh dá chuspóirí í — agus as sin leath a cleachtadh go Sasana, go dtí go raibh sí chomh coitianta i ré Eilíse go bhféadfaí a mhaíomh go raibh inniúlacht inti ina slat tomhais ar chumas file. Is iomaí rannaire iomráiteach den ré úd a chum díolaim soinéad — nó "ceathair-déagú" — Sydney agus Drayton, le gan ach beirt a lua — ach is é Eala bhinn Avon a chuir barr slachta air agus a d'fhoirfigh an ghné Bhéarla de — trí cheathrú agus leathrann, nó soinéad Shakespeare-ach. Is teist ar fheabhas shaothar an Bhaird sa réimse seo go bhfuil scór dá chuid soinéad sa duanaire Béarla is mó clú — Golden Treasury Phalgrave.

Ar ndóigh, is diail an diamhracht agus an doiléire a ghabhann leo mar dhánta — agus seo bunaithe, ní ar an bhfriotal, ach ar na cúinsí, ar cumadh fúthu agus dá mbarr iad; idir smaointeachas is dálaí na linne, agus coibhnis is eachtraí leithleacha shaol an fhile. Is í an ghné dheireannach seo — a bhfuil de eolas beathaisnéiseach le díorthú astu — is flúirsí a sholáthraigh lón tuairimíochta is cointinne do scoláirí le fada buan. Is iomaí gráthóir filíochta — is dá leithéid an neach seo — nach léir dó de mhaith sa taighdeálaíocht seo ach cibé eolas a chuireann le léirthuiscint agus, tríd, le taitneamh na filíochta fíoráille seo. Chuaigh conspóidí amháin chomh fada lena mhaíomh nárbh é Shakespeare a chum na dánta is na drámaí ar chor ar bith; agus mhair plé agus frithphlé na haincheiste seo aga agus aimsir fhada go dtí gur chuir anstrólaí áirithe críoch leis lena fhógairt: "Aontaím leis an bhfear léannta; níorbh é William Shakespeare a chum na saothair seo ar chor ar bith ach fear eile den ainm céanna!"

Réamhrá

Agus seo ráite ní mór a dhearbhú gur lánriachtanach eolas cúlra chun ciall a bhaint as go leor de na soinéid; in uimhir a LXXVII, mar shampla, is gá fios a bheith ag an léitheoir gur do bhronntanas leabhair de leathanaigh bhána atáthar ag tagairt. Os a choinne sin, ámh, gan aon réamheolas dá leithéid, féadfar taitneamh is tuiscint iomlán a bhaint as na dánta sin ar fearr eolas orthu, an chuid a léiríonn le feidhm is binneas dosháraithe fírinní uilíocha shaol an duine bhásmhair.

Eascrann doiléire mhórlín díobh as an bhfíric nach aonaid neamhspleácha na dánta seo, mar ba cheart do shoinéid, má b'fhíor ar fhoghlaimíomar sa scoil — gur "leacht cuimhneacháin nóiméid" é an soinéad. Ina ngrúpaí is ina sraitheanna atá siad, ar geall gach grúpa nó sraith le dán fada a bhfuil gach soinéad aonair ina rann de. Tá siad uile, arae, dírithe ar bheirt, ógánach is bean, mar a bheadh comhfhreagras leanúnach ann, litir ar litir, a rianaíonn cúrsa a gcaidreamh trí frithoibriú an fhile do gach cor sna caidrimh sin a thuairisciú.

Atheagrú is athuimhriú

D'ainneoin a bhfuil ráite thuas faoi neamhthábhacht aithint agus shonraí leitheacha saoil na beirte ba sprioc do na dánta - nach cinnte fiú an ar bheirt fhíorphearsan a díríodh ar chor ar bith iad - tá feicthe ar léamh is athléamh na ndánta dhom nach ciallmhar ar dhóigh ar bith an t-ord bunaidh inar foilsíodh iad an chéad uair agus ina bhfuiltear á bhfoilsiú ó 1780 i leith; agus i bhfianaise na ndátaí is dóchúla a luaitear leo thíos tá athordú is athuimhriú déanta agam orthu. Cabhróidh seo, tá súil agam, le cúrsaí na gcaidreamh — samhalta nó nithiúil — a leanacht níos fearr gan baint de thaitneamh na ndánta is breátha trína gceangal ródhlúth le forbairt scéil nó le daoine faoi leith. Bainte as comhthéacs chaidrimh an fhile mar dhánta neamhspleácha iomlána iontu féin is tairbhí a léitear na soinéid is aithnidiúla; agus mar sin tá deascán díobh faoin teideal "An Scór Mullaigh" roimh an gcnuasach iomlán atheagraithe le súil go léifear i dtosach iad, rud is inmholta.

Chomh maith leis an uimhir nua tugtar an tseanuimhir faoin gcóras bunaidh roimh thús gach dáin mar threoir is eolas agus chun go bhféadfadh aon duine gur rogha leis é iad a léamh san ord sin.

Ina ndreasa agus ina bhfodhreasa nó míreanna atá na dánta roinnte faoin atheagrú chun freagairt méid áirithe do mhórchora is do ghéarchéimeanna sna coibhnis is ábhar dóibh. Mar seo atá siad:

An Chéad Dreas (A)	Chuig a leannán
An Chéad Dreas (B)	Chuig a chara cléibhe

Baineann na dánta sa dreas seo leis an tréimhse roimh fhealladh na beirte ar an bhfile.

An Dara Dreas (A)	Chuig a leannán
An Dara Dreas (B)	Chuig a chara cléibhe

Leis an bhfealladh agus lena iarmhairtí láithreacha a bhaineann na dréachta seo.

An Tríú Dreas   Chuig an "stáidbhean chiar"
Tugtar an caidreamh leis an leannán chun deiridh agus ní aireofar tagairt ar bith eile di.

An Ceathrú Dreas   Mír a haon
An Ceathrú Dreas   Mír a dó

Rianaítear anseo an caidreamh leis an ógfhear tar éis na corraíle a lean an éagóir a rinne an bheirt ar an bhfile: críochnaíonn mír a haon leis an bhfuarú ceana agus an deighilt; agus baineann mír a dó leis an tréimhse ón athmhuintearas go dtí deireadh an chaidrimh.

Meadaracht

Sa pheintiméadar iambach a scríobhadh na soinéid ar ndóigh agus chonacthas dom gur inti a chaithfidís fanacht. Maíonn roinnt daoine go bhfuil an mheadaracht seo in aghaidh nádúr na teanga Gaeilge. Ar éigin a d'fhéadfainnse teacht leis sin tar éis an obair a chur i gcrích ach is cinnte nárbh fhada mé ina bun gur léiríodh dom cén fáth go ndéanfaí a leithéid de mhaíomh. Níor cloíodh, is fíor, go lándian leis an meadaracht ach ní dhearna an Bard é féin seo ach an oiread; uaireanta d'imíodh sé uaithi chun éifeacht ar leith a chruthú nó go simplí chun éalú ón aonghnéitheacht. Uaireanta bhí air gnáthbhéim focail a aistriú chun a bheith dílis don rithim rud a chomharthaíodh sé trí mharc aicinn (´) a chur ar an siolla aiceannta nua, rud nach féidir sa Ghaeilge toisc an mheascáin leis an síneadh fada.

N. B. Comharthaítear aiceann (béim an ghutha) ar shiolla sa saothar seo trí fholíniú (líne faoin siolla) ; m. sh. cean<u>naím</u>

Seo cuid de na foinsí deacrachta:

(i) Chun an rithim a bheith i mbarr éifeachta agus réidhe ba cheart go bhfreagródh gach véarsa (líne) do abairt nó clásal. Sa Ghaeilge le briathar a thosaíonn abairt de ghnáth agus go hiondúil ar an gcéad shiolla a bhíonn an bhéim (<u>thái</u>nig, <u>tarr</u>aing, <u>bros</u>taigh....) rud nach féidir le hiambus. Mar réiteach ba ghá dul i muinín an inbhéartaithe (athrú oird), nó, i gcásanna áirithe, chanúint na Mumhan (m. sh. cean<u>naím</u> in áit <u>cean</u>naím). Uaireanta fágadh an scéal mar a bhí.

(ii) Ba thrúig crá gan spíonadh é bá na siollaí, go háirithe mar is nós leis na Connachtaigh é ! Is mó líne a d'fhuaimnigh ceart ar an gcéad léamh agus contráilte ar a athléamh nuair a thugtaí an bá faoi dearadh. Tarlaíonn bá ar ndóigh nuair a chríochnaíonn focal ar ghuta — ar fhuaim ghuta — agus a thosaíonn an focal ina dhiaidh ar ghuta a fhuaimnítear mar aonad leis. Mar shampla, an véarsa (líne):

Gan an uain mheala id' shó domlasta a bhíonn.

Má léitear an líne seo agus gach siolla a fhuaimniú dhá shiolla dhéag atá ann (13? nó 14?). Le bá is mar seo a léitear é:

Gan an uain mheal' id' shó domlast' a bhíonn.

De ghrá na meadarthachta más ea is mar seo is gá é a léamh.

N.B. Tá tuilleadh samplaí den ghné fhíorthábhachtach seo ag deireadh na roinne seo roimh "Fhealsúnacht na linne".

(iii) Ní soiléir i gcás grúpaí áirithe litreacha i gcásanna áirithe ar cheart iad a láimhseáil mar shiolla aonair nó dhá cheann. Mar aon siolla amháin a d'fhéach mé tríd síos ar ghrúpaí mar a leanas:

- ua -, - uai -, - ío - (m.sh. suan, gruaim, bíonn)

I gcás grúpaí litreach a bhfuaimníonn daoine áirithe 'guta cúnta' leo is iondúil domsa iad a láimhseáil mar shiolla amháin; m.sh. garbh, ainm, arm. Is beag nach cinnte, áfach, go n-aimseoidh an léitheoir eisceachtaí.

(iv) Luadh na canúintí cheana agus an t-éigean a bhraitheas dul i muinín chóras fuaimnithe na Mumhan de ghrá na meadarachta. Tharla seo ag tús línte le briathra mar a míníodh agus freisin ag deireadh línte le hainmneacha briathartha — daingniú m. sh. — agus le focail ar críoch dóibh ' - án '; m. sh.

Faoi stró comhleantach deifríonn an t-iomlán

Dhá fhocal a léiríonn úsáid na gcanúintí níos fearr ná aon sampla eile sin 'amharc' agus ' fómhar' a fhuaimnímse trí mo thaithí san aird thiar mar dhéshiollaigh — amh-arc agus fó-mhar — agus is mar sin atá siad le fuaimniú go hiondúil sna dánta ach ní i gcónaí é ! I roinnt cásanna mar aonsiollaigh — ' amhrc ' agus ' fór ' — mar a d'fhoghlaim mé i dtosach sa bhunscoil iad atá siad le foghrú.

(v) B'fhéidir gurbh í an fhoinse deacrachta ba mhó ná na comhnasca fo-ordaitheacha (!) a bhfuil dhá shiolla gan aiceann iontu (sula, nuair a, cé go) nach féidir iad a bheith ó dhiancheart sa pheintiméadar iambach. I gcás ' nuair a... ' fágadh an 'a' coibhneasta ar lár mar is minic san fhilíocht — nuair ' — a scríobhtar sa chás sin; agus in áit ' cé go... ' is amhlaidh a d'úsáid mé ' cé... ' lom na filíochta nuair ba ghá.

Ina ndiaidh seo uile is í an chomhairle is fearr don léitheoir ná na dánta a léamh mar pheintiméadar iambach; díriú ar an gciall i dtosach, ansin ar an meadaracht agus ar deireadh an dá ghné a aontú agus iad a léamh go tuisceannach rithimiúil ar dhóigh a shásaíonn é / í féin.

(vi) Samplaí den bhá siollaí:
(a) Roimh na somplaí féin caithfear a chur i dtuiscint nach amháin le focail ar críoch dóibh gutaí a tharlaíonn an bá ach le focail ar críoch dóibh consain gan fuaimniú freisin : m.sh. féadfar *deireadh an lae* a fhuaimniú mar *deir' an lae* ; agus is mar seo atá sé le foghrú mar riail ghinearálta tríd síos
(b) Seachnaítear stadanna scornáin nó glotais,.i. stad sa scornach tar éis ghuta ag deireadh focail a leanann asanálú úr é : m.sh. léitear *faoi náire i súile an tslua* mar : faoi náir' i súil' an tslua
(c) Seachnaítear gutaí cúnta idir chonsain ag deireadh focail/siolla : fuaimnítear leithéidí *marbh, dealbh, colg, ainm* mar aon siolla amháin.
(d) Roinnt samplaí ó na dánta :

uimh. 79 : l.6 : *Dlaoithe óir na marbh, ceart buan na huaighe féin,*
uimh. 112 :l.5 : *Mar conas ' shealbhaím thusa ach trí do thabhairt*
uimh. 114 : l.10 : *Ní chónóidh feasta d'ainm róghrámhar caoin ;*
uimh. 136 : l.1: *Do ghrása dom 's do thrua an domhainlorg sin líon*
uimh. 136: l.3 : *Cé am' mholadh is cuma, óir, ná cé am' cháineadh 'bhíonn,*

Mar seo a léitear iad seo (teaspáineann an líne faoi shiolla gur air atá an t-aiceann) :
(79)   Dlaoith' óir / na marbh, / ceart buan / na huai / ghe féin
(112) Mar con /as ' sheal / bhaím thu / s' ach trí / do thabhairt
(114) Ní chó / nóidh feas / ta d'ainm / róghrá / mhar caoin
(136) Do ghrá / sa dom / 's do thrua 'n / domhainlorg / sin líon
(136) Cé 'm' mho / l' is cu / m' óir, ná / cé 'm' chái / nea' bhíonn

15

Fealsúnacht na linne

B'fhéidir nár mhiste ag an gcéim seo tagairt do, agus gearr-phlé ar, ghnéithe de smaointeachas is de fhealsúnacht ré an Bhaird, ó tá siad fite, fuaite i ngréasán na ndánta — ní nach ionadh, agus iad ina ndlúthchuid de gach meabhair is de 'chuile shaothar, ealaíonta nó éigsiúil, ag an am. Díol amhrais é ar chreid an file iontu nó nár chreid, ach ní tábhachtach sin; ach gur leo agus tríothu ab éigean dó a léirithe fileata ar áilleacht a rúinseirce is ar dhathúlacht is bhuanna a dhlúthcharad óig a dhéanamh; agus is ina dtéarmaí sin a bhí air an tathaint is an t-áiteamh is an réasúnaíocht ar fad — gné choitianta de oiread sin soinéad — a dhéanamh.

Ídé na hÁille ba cheann de bhunsmaointe fealsúnacha na linne é, . i. go bhfuil áilleacht ídéalach ann, nach bhfuil in aon áilleacht faoi leith ach scáil di. Tugann Shakespeare an t-ídé seo go foirceann lena mhaíomh gurb é a chara gráite ionchollú féin na háille ídéalaí; nach raibh i sciamh aoinne roimhe sa stair i ré ar bith dá fhad siar í ach réamhshamhail ar a áilleacht iomlán, fhoirfe; gur ann atá gach gné is buntréith na fíoráille cnuasaithe; agus, ós mar sin atá, go mbeidh deireadh go deo leis an áilleacht má éagann sé gan sliocht. Bunsmaoineamh coitianta eile é ionannas na hÁilleachta is na Fírinne; deir an file go bhfuil an Fhírinne daite go domhain san Áilleacht. Creideamh é seo a mhair i bhfad thar an ré Eilíseach; dearbhaíonn Keats é in óid cháiliúil dá chuid.

Smaoineamh eile ar minic ár gcastáil air sna mórdhánta seo is ea an t-ionannú iomlán leis an duine gráite; gur ceangal chomh dlúth é an grá idir bheirt go roinneann siad gach taithí, gach rath is tubaist, gach maith is gach olc; dochar ní féidir baint do dhuine díobh gan é tarlú don duine eile.

Is suaitheantasach, minic í páirt an Ama sna soinéid: airímid Teoiric na dTimthriall iontu,. i. nach bhfuil tada nua le teaspáint dúinn ag an Am ach athléiriú ar a raibh ann roimhe; ionsaítear bréige is neamhnithiúlacht an Ama iontu.

Réamhrá

Foinse eile doiléire, nach bhfuil chomh tromchúiseach, é luiteamas an mhórfhir le débhrí is le himeartas focal: le 'grá' tagraíonn sé uaireannta don staid mhothaithe, uaireannta don duine is sprioc di; agus is foinse súgrachta aige a ainm féin — Will — arb é is ainm freisin don dlúthchara.

D'ainnneoin gach iarrachta ar mhíniú is ar shoiléiriú, ámh, fanfaidh an diamhracht ann, ar cuid dhílis de dhraíocht na ndánta seo í. Lena léamh is a n-athléamh, go smaointeach, neamhdheifreach faightear léargas ar ghnéithe a bhí ceilte go hiomlán roimhe; foillsítear bainteacht líne réasúnaíochta le cuspóir shoinéid, agus an leanúnachas ó sholaoid go solaoid agus ó shamhail go samhail go gcríochnaítear is go séalaítear an argóint. Léiríonn siad meon aoibhinn, sámhach sárfhile agus ealaíontóra ollásaigh le háilleacht samhalra agus le binneas liriciúil a dhéanann tobar do-ídithe taitnimh agus anam-leasa díobh.

Gura fearrde an té ' léas iad !

Aguisíní

Dátaí a gcumtha: Seo thíos na dátaí is dóchúla de réir thaighde scoláirí atá bunaithe, i measc modhanna eile, ar stílimhéadracht, ar mhinicíocht na "bhfocal annamh mall" is na "bhfocal annamh luath" sa saothar:

I - LX:	c. 1595 - 1596
LXI - CIII:	c. 1594 - 1595
CIV - CXXVI:	c. 1598 - 1604
CXXVII - CLIV:	c. 1591 - 1595

Foilsiú: Foilsíodh den chéad uair iad ag Thomas Thorpe i 1609. Ní fios conas a tharla ina sheilbh iad — fear é is cosúil nach mbeadh moill air dul i muinín modhanna incháinte; agus níorbh ann mar choinceap dlí ag an am sin do úinéireacht údair ar thoradh shaothar a intleachta féin — ag an gclódóir a bhí ceart seilbhe na cóipe. Ní heol ar ndóigh dá dheasca seo ar mhian leis an mbard na dréachta seo nó aon chuid díobh a chur á bhfoilsiú ar chor ar bith !

Foilsíodh an dara heagrán ag John Benson i 1640 ina ndearnadh athrú ar an ord is leasaithe ar an téacs; ach filleadh ar ord is téacs an chéad eagráin — tar éis do roinnt foilsitheoirí a n-athraithe féin a dhéanamh orthu — i 1780 nuair a d'fhoilsigh Edward Malone iad agus is leis an ord is an téacs sin atá cloíte ó shin.

Léamh na soinéad: Mar a dúradh cheana ní furasta an obair í na dánta seo a léamh. Is gá léamh cúramach smaointeach agus athléamh agus gan an iomarca a thriail in éineacht chun barr taitnimh agus tairbhe a bhaint astu. Más le súil eolas is léargas grinn ar shaol príobháideach an fhile a fháil a thugtar fúthu teip atá i ndán. Tar éis an taighde uile ní heol fiú an do aon óganach nithiúil faoi leith a cumadh an chéad shraith nó do aon bhean ar leith an dara ceann ! Níl sa "stáidbhean chiar" ach téarma áisiúil a cumadh ag tráchtairí go maith i ndiaidh ré an fhile. Is amhlaidh a úsáideann an file sraith soinéad — cóir léirithe a bhí faiseanta lena linn — chun a smaointe is a mhothúcháin ar an ngrá, ar an dlúthchairdeas, ar ghiorracht an tsaoil, ar an mbás is ar gach gné den bheatha is den tsíoraíocht a léiriú. Cinnte bhí daoine ann ag tráthanna éagsúla dá shaol a spreag mothúcháin is claontaí áirithe ann; ach ní chuirfeadh sé an frídín is lú le feabhas is le háilleacht na ndánta a bheith in ann ainm nó teideal cinnte cruthaithe a chur leo.

Admháil Comaoine

Ba é an liosta riamh nach gcríochnaíonn é dá mbeinn lena gcion ceart cuí buíochais a thabhairt do gach duine a chuir faoi chomaoin mé sa mhéid a bhaineann leis an saothar seo; daoine a mhúscail is a chothaigh grá agus díograis do ár dteanga náisiúnta agus don fhilíocht ionam; agus ar ndóigh iad siúd uile a chuidigh chun an táirge deiridh seo a chur ar fáil. Ó mo laethanta tosaigh ní bhfuair mé ach misniú agus brostú ó lucht an dá ghlúin romhainne chun an teanga a fhoghlaim agus a labhairt. Ba údar mór bróid do na seantuismitheoirí go raibh a n-aon mhac, Jim, mo uncail aonair ar thaobh na máthar – a bhásaigh ina fhear ró-óg le cuimhne a bheith agam air – in ann comhrá líofa a dhéanamh inti. In iothlainn Dé go raibh mo athair is mo mháthair chríonna agus mo athair dil; agus go dtuga sé mórán blianta eile do ár máthair ar minic fós í, i nóchadú bliain a haoise, ag casadh gan dearmad na fríde ranntán leanaí Gaeilge agus ag aithris dánta a múineadh di i mblianta tosaigh an stáit.

In Inis Córthaidh na staire a cuireadh bunscolaíocht orm. Beidh mé buíoch go h-éag de na Bráithre Críostaí ansiúd faoina ndearna siad dúinn. Maitear dom é go luaim go speisialta an Bráthair Ó Domhnaill nár léir dom go ceann blianta ina dhiaidh sin cé chomh cumasach fairsing agus a bhí a chuid Gaeilge. Airím fós é ag bagairt "tuirne Mháire" orainn agus go mbeadh "cipidiríl agus ceo bóithre" ann mura bhfoghlaimeoimis(t) na ceachtanna. Is minic fós mé ag tabhairt aníos ó íochtar mo chuimhne cuid de na focail is na habairtíní nár chuala mé ag aoinne ach é. Ba dhomhaite uaim gan spáisín a thíolacadh do mhúinteoir mórcháile eile, Tomás Ó Bric, a d'fhág buanlorg i saol an bhaile. Feicimse agus cloisimse go fóill é, gach féith ina scornach ata borrtha, is é ag gabháil dá seanghlór baratónach Ciarraíoch :

> "Cuir uait na leabhair, a Sheáin, a chléibh
> Is gluais liom féin fén gcoill...." ;

mar chuireadh chun a bheith páirteach i rang siamsúil seachtaine Gaeilge ".. Inár rang beag, Éire óg". Dia go ndéana grásta orthu go léir.

Réamhrá

Chríochnaigh mé an bhunscolaíocht agus fuair an mheánscolaíocht leis na Bráithre sa Mhuileann Cearr. Anseo a leagadh go fírinneach, d'fhéadfaí a mhaíomh, bunchloch mo chuid Gaeilge mar tríthi a múineadh gach ábhar. Mar theanga iomlán uilechuimsitheach trínar féidir – agus ar chóir – freastal ar gach gné agus réimse den saol a cuireadh an Ghaeilge inár láthair. Bhí na canúintí beo uile le cloisteáil gach aon lá againn. Tá toradh na ré seo le sonrú fós ar an scoil agus ar an mbaile. Bheirimse buíochas ó chroí leis na Bráithre anseo; agus fosta leis na múinteoirí ' tuata ', nach maireann, Pat uasal Smithwick agus Donncha Ó Colla. Ba é Donncha, cara agus comhleacaí na mblianta fada ina dhiaidh sin, a thug eolas agus taithí dom ar chanúint shainiúil Thír Chonaill. Go gcúití Dia a saol is a saothar leo uilig.

I nGaillimh a rinne mé mo chúrsaí ollscoile agus más sa Mhuileann Cearr a leagadh an bhunchloch is ansiúd a tógadh an foirgneamh. Ní thabharfadh lán leabhair féin de mholtaí a gceart do mhuintir Árann is Chonamara faoin iliomad laethanta agus oícheanta sultmhara siamsúla a chaith mé thiar leo, ar a dteallaigh fháilteacha theomhara go minic; ní áirím an uimhir mhór ó Chiarraí is Mhuigheo is Tír Chonaill ar bhain mé oiread taitnimh agus tairbhe as a gcairdeas is a gcomhluadar rialta. Airím arís faoi iallach daoine faoi leith a roghnú do lua ar leith, faoinar chuir siad de chomaoin ormsa nó ar a bpobal Gaeltachta nó orainn araon. Le mo mhórchara na mblianta úd, Maidhc Powell, agus a mhuintir uile a chaith chomh fial fáilteach liom – is a chaitheann i gcónaí – a thosós mé. A nduine muintearach, Breandán na n-éacht Ó hEithir, a bhíodh thiar chomh minic an t-am úd agus a chuireadh chomh mór le sult gach comhluadair a dtarlaíodh ann é, is é a chaitheas leanacht.

Ar thaobh mo chairdeas féin fós dom tagann fear anois ar fágadh a chontae as taobh thuas, an tríú ball de "thriúr an uafáis", an Corcaíoch groí, Seán Ó Gadhra, arbh údar ardáthais dom é a aimsiú beo bríomhar tamaillín de bhlianta siar faoi shóchas i bhfochair a mhná áille, Ina, is a theaghlaigh. Is éigeantach lua láithreach a dhéanamh ar ár gcomhlóisteoir na mblianta sin, cara agus páirtí spearála in éineacht dom féin, duine a bhfuil i bhfad thar cion beirte déanta dá theanga is dá phobal ó shin aige, nár chaith a chuid ama uile ag éisteacht le "duardal na gcolúr" ná á gcáineadh súd a bhíodh i gcónaí ag lorg tafaí, Breandán fíoruasal Feiritéar. Is é a rinne ceann de na fáistiní ba mhíchruinne sa stair ar an lá deireannach le chéile dúinn mar mhic léinn: "Sin deireadh agatsa le Gaelainn", ar sé; rud ná tarlóidh go dté an scaob dheiridh orm – leagan a d'úsáid sé ina óráid cois uaighe Phound, duine den mhórlíon laochra óna cheantar féin ar fhoghlaimíomar oiread sin fúthu uaidh. Guím bua agus beannacht dó féin is dá bhean, Máirín.

Is é seal duine anois é nach dtabharfaí tús áite do aoinne roimhe marach nach mbíodh sé chomh minic sa chomhluadar, cé go mbíodh sé sa láthair chéanna minic go leor: samhlaígí daoibh féin é – ag obair a bhíodh sé ! – galar nach gcodlódh muide faoin díon céanna leis ! Is cosúil freisin mar bharr ar an donas nár leigheasadh ó shin é; mar tá oiread oibre déanta aige dá mhuintir nár leor a bhfuil de leachtaí sa tír mar chúiteamh dó. Ag tagairt atá mé do churadh Ráth Chairn ghlas na Mí é féin, Pádhraic Mac Donncha na bhfeart. Gura fada buan é féin is a bhean bhinnghlórach, Mairéad, is a gclann. Céad slán leis na hoícheanta suilt gan teorainn i Seomraí Chois Fharraige in éineacht le Pádhraic agus Seán agus leis an bhfoireann ba spéiriúla dár dháil riamh ar fhir óga tartmhara – Bríd agus Nuala agus Peigí.

Ar ndóigh má tá an fhéile, an uaisleacht agus an mórtas cine ina n-orlaí trí Phádhraic Chóil Neaine Pháidín ní ón ngaoth a thug sé leis iad: is dual muintire dó iad. Pobal Gaeltachta Ráth Cairn is sompla don tír uilig iad. Gabhaimid buíochas ó chroí leo faoina gcuid is a gcultúr a roinnt chomh fial is chomh minic linn; agus faoi thacú chomh flaithiúil leis an saothar seo.

Roimh dom slán a fhágáil le laethanta úd na scléipe agus an díocais caithfear laoch amháin eile a lua; agus sin fear eile arbh údar ríméid dom athchastáil leis tamaillín de mhíonna ó shin ag bóithreoireacht dom thiar; gaiscíoch na ngníomhartha gaile ó cheantar lom scéirdiúil Chorca Baiscne; an fear a mhúin a raibh de Ghaelainn aige don Duinníneach féin! Go maire is go rathaí tú, a Shéamuis áigh Mhic Choitir. As slua eile thar áireamh aithním mar dhualgas carad faoi thromfhiacha tagairt leithleach a dhéanamh do fhear ar mhinic é ag treisiú le taitneamh an lae is na hoíche, ár gcara bog-ghlórach ó Inis Meáin, Dara Ó Conghaola. Seolaim mo bheannachtaí is gach deaghuí siar go hInis Oírr chuige féin is a chuid is nára fada go bhfeice muid a chéile arís. Cuimhním go minic freisin ar a chara caoin, Pádhraic

Réamhrá

Ó Maoilchiaráin, is ar a dhearthair-sean, Ruairí, a cailleadh go tubaisteach oíche gaoithe móire i ndug na Gaillimhe. Ar dheasláimh dé go raibh sé; agus gurab amhlaidh freisin do anam ár gcarad, Pádhraic Ó Flatharta na Ceathrún Rua, a d'imigh uainn tamaillín de bhlianta siar.

Éagórach a bheadh sé chomh maith, agus faillíoch, gan focal buíochais a rá le Seán gáireach groí De Paor faoi chur chomh croíúil flaithiúil le scléip is sonas na laethanta dodhearmadta sin.

Ó thaobh an ghrá don fhilíocht is goire go mór do bhaile atá an fhoinse, ar leic an teallaigh se' againne: ba é mo dhearthair mór, Tadhg, a chéadléirigh domhaináilleacht agus fíorbhrí na filíochta dom agus a thug inléargas dom ar a mhéid a théann seo thar caitheamh neamhurchóideach aimsire nó fí gréasán deismire focal – is é sin, thar lomfhoclaíocht fhastaímeach. Ina dhiaidh sin is do na mórfhilí féin – na fíorfhilí – atá mo bhuíochas thar tomhas is thar insint ag dul faoinar chuir siad de áilleacht is de dhomhainbhrí lenár saol.

I dtaca leis an saothar aistriúcháin seo gabhaim buíochas le comhmhúinteoirí mo laethanta réamhscoir, go háirithe leis an Oll-Ollamh, Seosamh Ó Muirí, a shaighid chuige mé nuair a léigh mé dóibh an chéad shoinéad a d'aistrigh mé. "Anois", a dúirt sé, "téigh leat agus aistrigh gach ceann den chéad agus caoga ceathair díobh" – rud, ar ndóigh, a rinne mé – díreach mar sin!

Is rímhór mo bhuíochas do bheirt de oll-laochra na scolárthachta agus na teanga, an Monsignor Pádraig Ó Fiannachta, a léigh an chéad amhleagan agus a chuir comhairle anchabhraitheach orm; agus an tAthair Breandán Ó Doibhlinn, a bhí thar a bheith dea-óstúil cairdiúil comhairleach chomh maith. Guím rath Dé ar a saol is ar a saothar araon.

Is i measc dháimh is éigse Gael ní airde i gcéim aoinne ná ardríon gan phlé na Gaelainne, Máire Mhac an tSaoi, a d'fhág faoi thromfhiacha doghlanta mé lenar thug sí go fial dá ham róluachmhar ag leámh agus ag léirmheas an tsaothair seo.

Is fíor agus is fíordhomhain ár mbuíochas do Dhéirdre Davitt agus do fhoras na Gaeilge faoi chuidiú chomh tabhartasach le foilsiú an tsaothair; agus tá a chothrom sin de chomaoin orainn ag coiste náisiúnta Ghlór na nGael. Moladh mór agus míle buíochas freisin le foireann uile is le bainistíocht mo shean-Alma Mater, Coláiste Mhuire, faoina dtacaíocht chroíúil is faoin gcuidiú suntasach fial i réiteach is i seoladh an leabhair. Tá focal ar leith fíorbhuíochais dlite do Sheosamh Ó Meára, príomhoide na cúirtéise ciúine; do Sheosamh na n-éacht Ó Nialláin, an leabharlannaí a chabhraigh chomh minic is chomh pras; do Ina, rúnaí foighneach na soilíos fonnmhar, agus dá cúntóir cabhraitheach, Antoinette.

Focal ar leith buíochais do Stiofán Ó hAnnracháin faoina chúirtéis lách ghairmiúil is faoina thuiscint fhoighneach; don "Fhalcaire Fiáin" é féin, Maitias Ó Nualláin; do Thomás Ó Ciarnáin, eagarthóir, do Annette, do Dhaithí agus do fhoireann an Topic sa Mhuileann gCearr.

Gura fada buan sibh uile!

SOINÉID RÉAMHLÁITHRITHE:

Dílis - agus dúshlánach? - go deireadh.

Céard tá san Uile ach athrú ar athrú síor
Iléagsúlacht an Ama, riamh gan sánas? —
Cé féadann gné athchasadh aois iar n-aois
Trí fhad gach 'n fhaid ní buan d'aon ní ; an tSáthacht,

Ar tús di críocha 'gus ar críoch di tús
Ó bhás go bás trí mhionfhad neamhníoch saoil
Éiríonn is titeann; 's ní ar fheabhas ach nuacht
A mheánn an slua a gcloisid 's gach ní a chíd .

'S ná caoin, a chara liom, faoi chasadh an tslua
Ó gach ní is aoibhinn linn chuig gach ní is gráin ;
Mair slán ar chnáid na daíochta id' aigne rúin —
Do staid' a fhíréanú dóibh siúd ní gá :

Ar shlua is ar Am a ngráirse caomhnaigh slán
Cé nach bhfuil dó id' dhiaidh ach síothlú i ndán .

— údar gan aithne (don slua)

Shakespeare

Foighníonn cách eile ár bhfiosrú, táirse saor ;
D'ár gceist ar cheist freagraír le haoibh shámh chiúin,
Lastuas den eolas ; mar an spéirchnoc caomh
Nochtann a rí-ghlóir do na reanna thuas,

Gluaiseann le coisíocht theann sa domhainmhuir faoi;
De ardríocht Neimhe déanann áitreabh buan
'S ní fhágann ach ciumhais scamallach a bhoinn
Do chuartú díomuach fánach an daonslua.

Is tusa i ndáil grianta niamhracha is réalt ba ghnáth ;
A d'oil, féindaingean, mheáigh is mhór thú féin –
Shiúlais trí shaol 'bhí dall ort – 's amhlaidh ab fheárr!
Gach fulaingt _don_ spiorad síorbheo is gá, gach léan,

Gach laige a loiteann is gach méala a bhrúnn
A n-aon-ghlór tá id' bhaithis mhaorga ardbhuach.

— ó Matthew Arnold .

AN SCÓR MULLAIGH

Scór de na soinéid is aithnidiúla

Soinéad XXX (*When to the sessions of sweet silent thought...*)

Sólás an chairdis
in oíche na ndubhchuimhní

Chun dáil gan ghleo na smaointe caoine ciúin'
Nuair ' ghairim cuimhne laetha caite an tsaoil
Osnaím faoi cheal iliomad dá raibh uaim
'S le seanbhróin m' am tearc ídithe nuachaím:

Ansin bíonn súil, is annamh tais, á bá
Faoi chairde óir croí síorcheilte in oíche an éag';
'S an athuair caoinim cian seanmhúchta an ghrá
'S faoi dhúchan míle radharc is trom mo léan.

Dubhrón bíonn orm faoi údair chaite bróin,
Is áirím liom ó léan go léan faoi chiach
Dubhchuntas seanochlán is athochón —
Á nua-íoc agam, amhail 's nár íocadh riamh.

Ortsa má smaoiním, ámh, a chara chroí,
Bíonn cúiteamh do gach caill 's le gach brón críoch.

l. 2: <u>gairim</u>: glaoim ar.
l. 4: <u>iliomad</u>: anchuid (rudaí);   <u>tearc</u>: gann
l. 5: <u>is annamh tais</u>: nach mbíonn fliuch ach go hannamh
l. 7: <u>cian</u>: lionndubh, troime croí;   <u>seanmhúchta</u>: a múchadh i bhfad ó shin
l. 8: <u>dúchan</u>: dorchú, déanamh dubh
l. 10: <u>ciach</u>: gruaim
l. 11: <u>ochlán</u>: cnead
l. 12: <u>amhail is nár ......</u>: faoi mar nár ...

Soinéad XXIX (*When in disgrace with Fortune and men's eyes*)

Sólás an ghrá
faoin mbrón is domhaine......

Gan ghnaoi an áidh 's faoi náire i súile an tslua
Nuair ' chaím im' éaglann uaigneach dubhach mo dháil,
Le héamh gan éifeacht cráim an spéir gan trua,
Dearcaim mo riocht is mallaím mo dhubhdhán;

Mé in éad le fear is saibhre i ndóchas fíor,
Le hollslua cairde nó gur breátha a ghné,
Ag santú a réimse seo, de siúd a ealaín';
'S im' rogha féin siamsa ansin is lú mo spéis.

Sa daol seo, ámh, lem' bhród is meas lánmhúchta
Smaoiním ort féin 's mo dháil, mar fhuiseog shuairc
Le fáinne lae ag léim ó dhomhan seo an duaircis,
Ceolann ag táirseach neimhe a iomann buach:

Faighim maoin chomh mór ó chuimhniú ar do chaoinghrá
Le Ríthe an domhain nach malartóinn mo dháil.

l. 2: <u>éaglann</u>: duine easchoiteannaithe, curtha as an tsochaí; **mo dháil** : mo staid, mo chás
l. 3: <u>éamh</u>: gáir chaointe nó impíoch
l. 4: <u>mallaím</u>: cuirim mallacht ar
l. 6: <u>gné</u>: cruth, dealramh
l. 7: <u>réimse</u>: líon buanna
l. 8: <u>mo rogha siamsa</u>: an caitheamh aimsire is fearr liom
l. 9: <u>daol</u>: duairceas, staid domheanmnach

Soinéad XII (*When I do count the clock that tells the time*)

Sliocht an t-aon chosaint
ar mheath an Ama:

Nuair ' éistim clog 's an t-am aige á ríomh
'S i ndubhghráin oíche chím lá bán á bhá;
Sailchuach ar thréig a glóir í nuair a chím
'S ar dhlaoithe daoldubha spréite an t-airgead bán;

Crainn mhaorga nuair a chím lom gan duilliúr,
Don tréad ón mbrothall b' fhoscadh fionnuar tráth;
Is glaise an tsamhraidh i bpunann righin, gan snua
Ar chróchar fómhair faoi cholgfhéasóg bhán;

Cuirim ansin faoi cheistiú dian do scéimh,
' Measc fuíoll an Ama ó caithfir dul chun fáin —
Mar tréigeann caoine is áilleachtaí iad féin
'S éagann chomh mear 's a chíonn cuid nua ag fás:

Aon chosaint níl ar speal an Ama chrua
Ach sliocht, mar dhúshlán 's é dod' bhreith chun siúil.

l.3: sailchuach: bláithín léana corcra
l.4: dlaoithe daoldubha: gruaig chiardhubh; spréite: scaipthe;
       airgead bán: léithe (dath liath) na haoise
l. 5: maorga: breátha, galánta
l.6: brothall: teas meirbh; foscadh: scáth, fothain (Thugadh na crainn foscadh do na
       beithígh ón teas)
l.7: punann: beart nó asclán cruinn arbhair; righin: dolúbtha tirim crua
l.8: cróchar: taca, creat adhmaid clúdaithe le héadaigh, a n-iompraítí corpán chun na
       huaighe air; colgfhéasóg: coinleach féasóige, féasóg choilgneach
l.10: fuíoll an ama: earraí atá caite scriosta ag an am is ag an mbás; cosamar, dramhaíl na
       beatha seo
l.12: éagann: faigheann bás; mear: antapaidh

Soinéad XIV (*Not from the stars do I my judgement pluck*)

Réalt-eolas na súl n-oscailte !

Ó réaltaí thuas ní bhainim fios ná rún;
Réalt-eolas tá, mar shílim, agam, ámh,
Ach ní chun ádh ná chun mí-ádh a thuar
Ná cora séasúr, ganntanas ná plá;

Réamhfhios na nóiméad mion níl agam féin
'S ní dháilim orthu báisteach, gaoth is grian;
'S ní aithrisím rath prionsaí dóibh roimh ré
Ó ábhaliontais spéire thuas a chím: —

Ód' shúile a bhainim gach ní dom is eol,
Mo réalta seasta, is d' ealaín iontu léim
Go mbeidh an Fhírinne is an Scéimh i gcomhar
Faoi rath má thiontaír ó do thaisciú féin;

É sin, nó fáistiním go mbeidh led' éag
Deireadh go deo le Fírinne 's le Scéimh.

---

l.3:   **a thuar**: a réamhinsint, a fháistiniú
l.4:   **cora séasúr**: athraithe a tharlaíonn i rith na séasúr éagsúla
l.5:   **réamhfhios**: eolas roimh ré ar.
l.7:   **aithrisím**: insím go mion soiléir
l.8:   **ábhaliontais**: tarlaithe anaisteacha sa spéir
l.11: **i gcomhar**: in éineacht
l.12: **má .... féin**: má éiríonn tú as a bheith ag iarraidh do áilleacht a choigilt
l.13: **fáistiním**: tuaraim, réamhinsím.

Soinéad XV (*When I consider everything that grows*)

Sárú léirscrios an ama:

Nuair ' mheáim, faoin uile ní dá bhfásann beo,
Nach seasann foirfeacht aoin ach meandar bídeach;
Nach léiríonn stáitse an tsaoil ach seó ar sheó
Faoi bheachtaíocht shíor na Réalt is a dtionchar diamhair:

Nuair ' chím, faoin duine, gur mar lus a fhás,
Á spreagadh is srianadh ag aon spéir seo na réalt;
Le seamhar a óige maíonn, ón mbuaic go dtránn,
'S caitheann go luath thar cuimhne a chruth breá glé:

Sa léargas seo ar dhuthaine gach gné
Seasair faoi lánstór d' óige os comhair mo shúl
'S ansiúd tá an scriostóir-Am 's an Meath ag plé
Chun lá geal d' óige a thiontú in oíche dhúr;

'S as grá duit leis an Am i ndianchath buan
Gach creach leis deisím ort le nódú nua.

l.1: <u>meáim</u>: smaoiním faoi is tomhaisim i mo intinn (gach gné de...)
l.2: <u>foirfeacht</u>: buaicstaid fáis;   <u>meandar</u>: am anghearr
l.4: <u>beachtaíocht</u>: tráchtaireacht, léirmheas;   <u>diamhair</u>: dúrúnda
l.5: <u>lus</u>: planda
<u>l.6</u>: Spreagtar is moillítear sruth na beatha sa duine ag cumhachtaí na spéire díreach mar a tharlaíonn do phlandaí.
l.7: <u>seamhar</u>: sú na beatha
l.8: <u>caitheann...... glé</u>: Nuair a chailleann duine andathúil a chuma bhreá ní bhíonn cuimhne níos mó air.
l.9: <u>duthaine</u>: giorracht, díomuaine;   <u>Sa......ghné</u>: nuair is léir dom cé chomh gearr is a mhaireann gach ní.
l.12: <u>tiontú</u>: athrú
l.14: <u>creach</u>: dochar, scrios;   <u>nódú</u>: greamú beangán ó phlandaí eile de ghas planda chun go bhfása sé is go súifidh sé chuige beatha dó féin is don ghas.

Soinéad XVIII (*Shall I compare thee to a summer's day?*)

Áille na háille!

Duitse cén tsamhail is feárr - lá samhraidh séimh?
— Is áille tú ná sin 's is séimhe fós:
Suaitheann cuaifeach Bealtaine a bláithín glé
'S is róghearr léas an tsamhraidh ar a ghlóir.

Ró*the* ar uairibh lasadh shúil na spéir';
'S is minic aimhgheal fann a snua groí óir;
'S gach áille i dtrátha téann ón áille i léig
Sa seans nó i gcúrsa an Nádúir curtha ó chló.

Ach dreo dod' shamhradh síorsa níl i ndán,
Is seilbh go deo ní chaillfidh sé ar do scéimh;
Trí scátha an Bháis ní bheidh tú choíche ar fán —
Im' línte síoraí fásfair trí gach ré:

An fhaid a mhaireann fir 's a fheiceann súil,
Maireann beo seo, 's bheir seo dhuit beatha bhuan.

l.1: <u>samhail</u>: ní atá cosúil.

l.3: <u>suaitheann</u>: craitheann go garbh;   <u>cuaifeach</u>: séideáin sí, soinneáin iomghaoithe

l.6: <u>aimhgheal</u>: neamhsholasmhar, gan a bheith geal;   <u>fann</u>: anlag;   <u>groí:</u> fuinniúil, bríomhar, storrúil.

l.7: <u>i dtrátha</u>: ar uairibh;   <u>téann.... i léig</u>: tránn, meathann

l.8: <u>curtha ó chló</u>: curtha as a riocht

l.9: <u>síor</u>: suthain, buan, gan chríoch;   <u>dreo</u>: meath

l.12: <u>fásfair</u>: fásfaidh tú

Soinéad XCVII (*How like a winter hath my absence been*)

An uain is aoibhne ina geimhreadh!

Nach cuma nó ina gheimhreadh a bhí mo sheal
Uaitse, ó m' aon sult fíor sa bhliain díomuan;
Nach iomaí dianreo d'fhulaing 's lá nár gheal,
Is fuaire shean dúluachra ar gach lomthuath.

An seal seo, ámh, ba thrátha an tsamhraidh é,
Fómhar na flúirse, borrtha ag biseach fial,
Ag úrshliocht mhacnais earraigh, iar a ré,
Mar bhroinnte baintreach, trom iar gcailleadh a dtriath.

Dom féin níor léir sa torthacht raidhsiúil, ámh,
Ach súil le hál gan athair, dílleachtphór;
An samhradh, arae, ag freastal ortsa tá
'S, le tusa ar shiúl, na loin féin bíonn gan ghlór;

'S má cheolaid féin, a gceiliúr bíonn chomh duairc
Gur bán gach lus le sceon roimh gheimhreadh luath.

l.1:   nach cuma nó ina....: nach mar a chéile le; nárbh ionann agus

l.2:   díomuan: nach maireann ach achar gearr

l.4:   dúluachair: cuma gruama gan bheatha gan ghile na tíre i gcroí an gheimhridh

l.6:   borrtha: ata, méadaithe;   biseach: méadú clainne, toradh;   fial: flúirseach, raidhsiúil

l.7:   úrshliocht: toradh nua; iar: tar éis;   macnas: scléip (dhrúisiúil?)

l.8:   cailleadh a dtriath: bás a dtiarnaí (Ba é an t-earrach athair na clainne nua atá le breith san fhómhar is tá sé marbh.)

l.9:   raidhsiúil: anfhlúirseach

l.10:   dílleachta: páiste ar marbh dá thuismitheoirí

l.12:   loin: éin

l.13:   ceolaid: canann siad; ceiliúr: cantain na n-éan

l.14:   lus: planda

Soinéad XXVII (*Weary with toil, I haste me to my bed*)

Gan suan gan srann!

Tuirseach ón luain chun leapa téim go beo,
Scíth mheala géag a bhíonn ón taisteal traochta;
Im' cheann, ámh, tosaíonn láithreach aistear mór
Mar obair mheoin 's an obair choirp lándéanta;

Mo smaointe, arae, i bhfad óm' áitreabh umhal
Oilithreacht ómóis chughat i gcéin beartaíonn,
'S coinníonn mo fhabhraí fanna ar leathadh buan
Ag stánadh ar dhuibhe a fheiceann fiú na daill.

Ach m' anam lena shamhlaíochtradharc gan súil
Láithríonn dom' amharc dall do scáil shoiléir,
Mar sheod 'tá ar crochadh i ngráice oíche aduain,
' Níos breá an dubhoíche is úrbheo sine a gné.

Mar sin i meon nó i gcorp, d' óiche 's de ló,
Dom féin nó duitse, scíth ní fhaighim ná só.

l.1: **luain**: obair andian, tiaráil; **go beo**: láithreach, gan mhoill
l.3: **aistear**: turas
l.5: **áitreabh**: áit chónaithe, teach; **umhal**: gan mórtas
l.6: **chughat**: "chúat"(na Mumhan); **beartaíonn**: ullmhaíonn
l.7: **fabhra**: clúdach (fionnach) súile; **fann**: anlag; **ar leathadh**: oscailte go hiomlán
l.10: **láithríonn**: cuireann i mo láthair, nochtann dom
l.11: **gráice**: gránnacht; **aduain**: fíoraisteach, diamhair
l.12: **níos**: a dhéanann; **sine**: cuma sean, staid shean

Soinéad LXXIII (*That time of year thou mayst in me behold*)

Geimhreadh is cróntráth is múchadh

An tráth sin bliana im' bhailse anois is léir
Nach mbíonn ar crochadh ach duilleog fhánach bhuí
Ar ghéaga righne ar crith san fhuacht géar —
Cóir loma creachta, ag éin ar ball ' bhí binn.

Is léir duit ionam samhail chróntrátha lae
Iar dtrá do ghile fhann luí gréine thiar
Go luath a fhuadaíonn an dubhoíche léi —
Leathchúpla an bháis, gach aon faoi sháimhe a iann.

Ionam lagluisniú tine duit is léir,
Ar luaithreach caite a hóige atá ina luí,
A leaba bháis ar dán di uirthi éag,
Múchta ag an lón ' thug beatha di 'gus brí:

Is léir duit seo, 's is láidre fós dá bharr
Do ghrá don té nach mbeidh ach seal id' dháil.

l.2:   duilleog fhánach: duilleoga scaipthe, ceann anseo is ansiúd.
l.4:   Níl ach scaithimhín ó bhí gach craobh ina cór ag na héiníní ceoil
l.5:   cróntráth: clapsholas tráthnóna;   duairc: gruama, doilbhir
l.6:   iar: tar éis; trá: dul i léig; gile fhann: solas lag
l.7:   fuadaíonn: goideann chun siúil
l.8:   leathchúpla: duine de chúpla;   gach aon: gach duine;   sáimhe: scíth shuaimhneach
l.9:   luisniú: deirge, loinnir dhearg
l.11: ar dán di.....: arb í a cinniúint (bás a fháil uirthi)
l.12: lón: cothú
l.14: id' dháil: i do theannta, i do fhochair

Soinéad LXXXI (*Of shall I live your epitaph to make*)

Beo go buan ar bhéal an tslua!

Mairfeadsa slán go gcumad feartlaoi fút —
Sin nó beir beo 'gus mé faoi lobhadh cré sínte:
Ní shíobfaidh an bás do chuimhnese chun siúil,
I ndearmad cé go mbeidh gach aon chuid díomsa.

Uaidh seo ag d' ainmse beatha shíoraí beidh
Cé caithfeadsa lem' imeacht dul ar ceal;
Níos fearr ná gnáthuaigh bhocht ón gcré ní bhfaighead —
Is tuama buan agatsa i súil na bhfear.

Leacht cuimhne agatsa beidh im' rannaíocht mhaoth,
A léifidh súile glé nár cruthaíodh fós;
Is béil na todhchaí atheachtróidh do shaol
Nuair 's marbh gan anáil cách anois 'tá beo:

Mairfir go buan — im' pheann an bhrí sin tá —
I mbéal féin daoine, an áit is beoga anáil.

l.1:   **feartlaoi**: duan molta duine mhairbh
l.3:   **síobfaidh**: scuabfaidh
l.8:   beidh dánta a charad mar thuama a fheicfidh cách don ógánach
l.11:   **atheachtróidh**: inseoidh arís
l.13:   **brí**: éifeacht

Soinéad CXVI (*Let me not to the marriage of true minds*)
An grá buan daingean...

Aon chosc ar phósadh meon fíor dílis bíodh
Gan m' aitheantas: ní grá ar bith é an grá
A dhéanann athrú, athrú nuair a chíonn,
Don séantóir ' chúbann 's séanann leis i bpáirt.

A mhalairt ghlan! — is marc buan daingean é
Ag réabadh spéirlinge nach mbogtar riamh;
Tá sé do gach bárc fuaidreamhach 'na réalt
Nach fios, cé tomhaiste a airde, a thairbheacht fhíor.

An grá ní mogha don Am cé luíonn gach grua
Is beol faoi réim chorrán an bhuanaí tháir;
Ní athraíonn grá le mion-nóiméid ná uair —
Ach foighníonn trí gach cor go deireadh dáin.

Más earráid seo a chruthaítear a ním
Ariamh níor scrí 'os, 's níor ghráigh aon fhear ariamh.

l.1   <u>cosc</u>: bac
l.4:   <u>séantóir</u>: duine a thréigeann a pháirtí;   <u>cúbann</u>: géilleann, stríocann;
        <u>i bpáirt</u>: mar chabhraitheoir
l.5:   <u>marc</u>: marc mara a threoraíonn báid
l.6:   <u>spéirling</u>: drochstoirm
l.7:   <u>fuaidreamhach</u>: fánach, ar seachrán
l.8:   <u>cé tomhaiste a airde</u>: cé gur tomhaiseadh a airde
l.9:   <u>mogha</u>: sclábhaí
l.10:   <u>faoi réim</u>: laistigh de raon (agus faoi riail);   <u>corrán</u>: uirlis bhainte;
        <u>buanaí</u>: duine a bhaineann féar nó arbhar le corrán nó speal
l.12:   <u>stríoc</u>: géilleadh;   <u>deireadh dáin</u>: críoch na cinniúna
l.13:   <u>ním</u>: déanaim

Soinéad CVI (*When in the chronicle of wasted time*)
Fíorú fáistiní!

In annála na laetha i bhfad i ndíth
Cuntais na neach ab áille nuair a léim;
Seandréachta anáille ag láimh na háille á scríobh
Mar mholadh caoinbhan marbh is rid'rí séimh';

Ansin i gcraoladh scoth chaoinscéimh gach ré —
I mbeol, i mbraoi, i láimh, i gcois 's i súil —
Chímse gur mhian le gach peann ársa scéimh
Mar 'tá faoid' réirse anois a chur in iúl.

Ba fháistine, más ea, gach moladh leo
Air seo ár linn — ortsa is réamhchuntais iad;
Réamhléirstin, ámh, amháin ba shúile dóibh;
Is seo níor leor chun d' fhoirfeacht crutha a ríomh:

'S againne anois, na laetha seo a chíonn,
Tá súil chun iontais, béal chun molta níl.

l.1   Annála: seanstaireanna;   i ndíth: Imithe ar ceal, caite
l.3:   dréacht: dán
l.4:   caoinbhean: bean uasal, bantiarna
l.5:   craoladh: scaipeadh, fógairt;   scoth: an chuid ab fhearr
l.6:   braoi: fionnadh os cionn na súile, fionnadh mala
l.8:   faoid' réir: faoi do cheannas, i do sheilbh
l.9:   fáistine: réamhinsint, tuar.
l.11:   réamhléirstin: cumas chun eachtraí nár tharla fós a infheiceáil (le súile na haigne);
    ba shúile dóibh: a bhí acu mar shúile
l.12:   foirfeacht crutha: cuma gan locht

Soinéad XXXIII (*Full many a glorious morning have I seen*)

Grian gheal an chairdis is an ghrá
faoi urú!

Nach iomaí maidin ghlórmhar chonac riamh
Le súil ardríoga ag beannú bharr gach sléibh',
Ag pógadh le dreach óir na gcluain glas caoin
'S le draíocht dhiail neimhe ag órú sruth aimhghlé;

Rómhinic thrasnaíodh carn dubhghránna néal
A hardghnúis neamhúil ina gcodraisc tháir
Is d'fholaíodh ón saol duairc a héadan glé
A théaltaíodh siar faoi náire ó léargas cách:

Is amhlaidh ' lonraigh uair go moch mo ghrian
Le niamhracht lánchaithréimeach ar mo ghnúis;
Monuar! Níor liom thar aon uair bhídeach í,
Í bainte díom ag ollnéal dubh faoi chlúid.

Ach fós faoi seo ní lú di puinn mo ghrá;
Mar ollghrian neimhe ar ghrianta an tsaoil bíonn smál.

l.4: <u>diail</u>: dothuigthe; <u>órú</u>: cur óir ar;   <u>aimhghlé</u>: gan ghile, doiléir
l.6: <u>neamhúil</u>: ó neamh, iontach geal;   <u>codraisc</u>: scata gan fiúntas
l.7: <u>d'fholaíodh</u>: chuireadh i bhfolach, cheileadh;   <u>duairc</u>: míshona, gruama
l.8: <u>théaltaíodh</u>: d'imíodh go ciúin fáilí (ag iarraidh aird a sheachaint)
l.10: <u>niamhracht</u>: sárghile
l.12: <u>faoi chlúid</u>: clúdaithe, ceilte

Soinéad LV (*Not marble, nor the gilded monuments*)

Cáil shíoraí dá chara ina dhánta

Marmar ná leachtaí niafa gach mór-rí
Ní faide ná an rann cumhachtach seo a ré;
'S is gile a lonróidh tusa im' dhán faoi iamh
Ná an chruachloch, smeartha ag straoill an Ama bhréan.

Nuair ' stollfaidh léirscrios cogaidh dealbha anuas
Is réabfaidh bruíonta saothar saor ón bhfréamh,
Claíomh Mharsa ná mearlasair chogaidh chrua
Ní dhíothóidh taifead beo do chuimhne glé.

In aghaidh an bháis 's an naimhdis chlaoin gan spéis
Gluaisfir chun cinn is ag do chlú beidh áit
I súile shliocht gach sleachta, ré iar ré,
A chaithfidh an saol seo as go críoch gach dáin;

Go brách na Breithe a chuirfidh ort éirí,
Anseo is i súile leannán bithbheo taoi.

l.1: **niafa**: óraithe, maisithe le hór
l.3: **faoi iamh**: dúnta (mar atá na mór-rithe faoina leachtaí)
l.4: **straoill**: bean shalach mhíshlachtmhar (Is straoill é an tAm a shalaíonn gach rud dá dheise);   **bréan**: déisteanach
l.5: **stollfaidh**: réabfaidh, stróicfidh
l.7: **Marsa**: dia an chogaidh
l.8: **díothóidh**: déanfaidh neamhní de
l.9: **claon**: atá claonta i do aghaidh
l.12: **dán**: dréacht filíochta agus cinniúint
l.13: **Breith**: an Breithiúnas Deireannach
l.14: **bithbheo**: beo go deo

Soinéad XVII (*Who will believe my verse in time to come*)

Mearaí an fhile fíoraithe?

Cé ' chreidfidh mo chuid rann sna blianta chughainn
De gach sárbhua ód' stór má bhíonn siad lán?
Cé'r cosúil iad, chí Dia, le tuama dúr
'Tá ag ceilt do bheatha is leath do thréithe is fearr.

Áilleacht do shúl dá bhféadfainn scríobh ar phár
'S gach maise leat i rannaíocht úr a ríomh
Déarfadh an aois le teacht gur bhréag mo dhán —
"Luise chomh neamhaí ar aghaidh sa saol ní bhíonn."

Faoi fhonóid bheadh mo pháipéir, buí le haois,
Mar sheanfhear críon, is saibhre i gcaint ná i gcéill,
'S ar d' fheabhas lánfhíor bheadh mire file á glaoch
Is áibhéal ársa rannta an ama chéin:

Ach leanbh leat féin san am sin dá mbeadh beo
Mhairfeá — id' shliocht is i mo dhán — faoi dhó.

l.1:   rann: ceathrú (amhráin)
l.2:   sárbhua: ardthréith, antallann
l.3 go l.4: In áit buanna a charad a léiriú don saol is amhlaidh a cheilfidh a dhánta iad
       mar a cheileann tuama an duine atá ann agus a dheathréithe.
l.5:   pár: praitinn (scríobhtaí air roimh ré an pháipéir)
l.6:   rannaíocht: filíocht, bhéarsaíocht;   ríomh: insint
l.8:   luise: snua lonrach;   neamhaí: ó neamh, ainglí
l.9:   fonóid: deargmhagadh maslach
l.11: feabhas: deathréithe, sármhaitheas;   mire: mearaí, gealtachas
l.12: cian: i bhfad, i bhfad ó shin

Soinéad LXIV (*When I have seen by Time's fell hand defaced*)

An t-ollscrios uileláithreach
is an sceon gan sólás

Nuair ' fheicim éagruth lámh an Ama tháir
Ar thaibhseacht uaibhreach linnte marbh ar díth,
Túir a bhí uair arduasal stollta ar lár
'S ag fíoch an éaga ina mhogha an buanphrás síor;

Nuair ' chím an t-aigeán cíocrach ag breith bua
Ar ríocht na talún is, le hiompú dán,
An ithir theann ar thréanmhuir ag cur cúil
— Cailleadh le bua agus bua le cailleadh ag fás;

Ar feiscint idirbhabhtáil seo na stát
Nó stát é féin lánchealaithe go buan
Brúite ag an léirscrios machnaíonn m' intinn tláith
Go dtiocfaidh an tAm 's mo ghrá go mbéarfaidh uaim:

Tá an smaoineamh seo mar bhás is níl rogha ach caí
Faoim' sheilbh ar sheod 's mo sceon roimh bheith dá dhíth.

l.1: <u>éagruth</u>: cruth scriosta, easpa crutha de bharr scriosta
l.2: <u>taibhseacht</u>: dealramh geal fíorghalánta;   <u>linnte</u>: aoiseanna, réanna;
    <u>uaibhreach</u>: díomasach, mórtasach
l.3: <u>stollta</u>: réabtha as a chéile, stróicthe anuas;   <u>ar lár</u>: go talamh, marbh (faoi laoch)
l.4: <u>fíoch</u>: confa, fíochmhaireacht
l.5: <u>cíocrach</u>: anocrasach
l.6: <u>le hiompú dán</u>: le haisiompú na gcinniúintí, nuair a thosaíonn an taobh eile ag buachan
l.7: <u>teann</u>: crua, tréan;   <u>ag cur cúil ar...</u>: ag tiomáint siar roimhe
l.8: gach a mbuann taobh amháin cailleann an taobh eile é.
l.11: <u>brúite</u>: basctha, treascartha;   <u>tláith</u>: lag, anbhann
l.14: <u>bheith dá dhíth</u>: bheith dá éagmais, bheith gan é.

Soinéad LX (*Like as the waves make towards the pebbled shore*)
Sáróidh moltaí an ógfhir
ollscrios gan trua an Ama

Mar thonnta mara ar dhuirling rompu ag triall
Ár nóiméid saoil ag siúl chun deiridh tá;
Gach aon dá chomharbathonn ag géilleadh suímh,
Faoi stró comhleantach deifríonn an t-iomlán.

An Bhreith ní luaithe ar lear an tsolais mhóir
Go coróin óir na haibíochta streachlaíonn;
'S gan mhoill ionsaíonn gach urú cam a ghlóir
'S cuireann an tAm a thabhartas fial ar díth.

Bláthshnua na hóige ídíonn an tAm róluath
Is snoíonn thar braoi na Scéimhe i línte an dreo;
Ar stór an nádúir déanann craos gan trua —
Aon ní nach mbuainfidh a speal ní sheasann beo.

Fós féin, faoi dhóchas, beo trí chianta romhainn
Mórfaidh mo dhuan do fheabhas dá dhianainneoin.

l.1: **duirling**: cladach méaróg (mionchloch)
l.2: **siúl**: taisteal, gluaiseacht
l.3: **comharba**: an duine a ghabhann áit rialtóra ag deireadh a réime;   **suíomh**: ionad
l.4: **comhleantach**: gach tonn ag leanacht toinne agus á leanacht ag tonn
l.5: **lear**: fairsinge mhór, go háirithe an fharraige;   **lear an tsolais**: an saol, an bheatha
l.6: **streachlaíonn**: tarraingíonn é féin (fan na talún);   téann go hanmhall
l.7: **urú**: dorchú, drochathrú;   **meatach**: a dhéanann meath;   **claon**: olc
l.8: **cuireann ar díth**: neamhníonn, díothaíonn, scriosann as ar fad
l.9: **snua**: dath is cuma folláin;   **ídíonn**: scriosann;   **róluath**: go hantapaidh
l.10: **snoíonn**: gearrann go healaíonta (as cloch);   **dreo**: feo, críonadh
l.12: **buainfidh**: bainfidh (le speal nó corrán)
l.14: **mórfaidh**: molfaidh go hard

Soinéad LXXI (*No longer mourn for me when I am dead*)

Ná caoin is ná cuimhnigh

Níos faide ná caoin fúm tar éis mo bháis
Ná aireoidh tú dúrchlog an doichill chrua
Ag fógairt don saol mór gur fhágas slán
Ag táire an tsaoil chun luí le cnuimh tháir uaighe:

Ná cuimhnigh, och!, na rannta seo má léir
Ar láimh a scríofa — gráimse thú chomh mór
Dearmad gurbh fhearr liom i do aigne shéimh
'S gan duit i gcuimhneamh orm ach údar bróin.

Na línte seo — athiarraim ort — má chír
Is mise in aon chomhábhar leis an gcré
Mo ainmse fiú ná lig id' láthair díom
Ach le mo bheatha téadh do ghrása in éag:

Nó scrúdódh saol an fheasa mhóir do bhuairt
'S dhéanfadh greann díot fúmsa is mé san uaigh.

l.2:   <u>doicheall</u>: neamhchneastacht, neamhlláchas
l.4:   <u>cnuimh</u>: piast;   <u>táire</u>: uirísleacht, ísealaigeantacht
l.9:   <u>má chír</u>: má fheiceann tú
l.14: <u>dhísbeagfadh</u>: mhaslódh

Soinéad LXV (*Since brass, nor stone, nor earth, nor boundless sea,*)

Ollscrios - ach slánú:
An dubh ina gheal!

An chruach, an chloch, an tír 's an mhuir gan chríoch
— Gach aon faoi réimeas dubhach an éaga ó tá,
Cén tagra roimh an bhfiúnach seo, cén guí,
A dhéanfaidh an Áille ar laige a brí ná bláth?

Och! anáil mheala an tsamhraidh! — conas ' bheidh
Iar léigear scriostach laetha tolgach' slán? —
Ó nach bhfuil ann dúrchreag doghafa, daighean
Ná geataí cruach chomh tréan nach ndreonn i dtráth?

Dubhsmaoineamh sceoin! Cá bhfolófar, monuar!
Scothsheoid an Ama ó chiste an Ama slán?
Cén tréanlámh ' choinneos siar a chos mhear luath?
Cé choscfaidh air a chreach den Scéimh a fháil?

Ní féidir! — gan an mhíorúilt seo a bheith fíor —
Lonróidh mo ghrása i gcló dubh geal de shíor!

l.2: **réimeas dubhach**: rialú brónach
l.3: **tagra**: argóint (i gcás dlí); **fiúnach**: confa, fíoch, fearg ollmhór;
     guí: achainí do thrócaire (ar fhiúnach an éaga)
l.6: tar éis léigear an Ama a scriosann le tolgadh (bualadh trom) lá i ndiaidh lae
l.7: **creag**: carraig chrochta; **daighean**: daingean
l.8: **dreonn**: meathann; **i dtráth**: tar éis pé mhéid ama is gá
l.9: **folófar**: ceilfear
l.10: **scothsheoid an Ama**: an scéimh,.i. an áilleacht
l.11: **tréanlámh**: lámh láidir

Soinéad CXXIX (*Th' expense of spirit in a waste of shame*)

Trí neamh go hifreann!

Míchaitheamh spioraid i mí-ídiú táir
Sin gníomh na drúise; is <u>roimh</u> ghníomh bíonn an drúis
Bréagmhionnach, marfach, fuilteach, lán mill<u>eáin</u>,
Allta, gan srian, cru<u>á</u>lach, fealltach, dúr;

Sult bainte as níl, faoi dhímheas bíonn gan mhoill;
Thar réasún seilgtear, is ní luaithe i sealbh,
Thar ciall faoi ghráin mar bhaoite a slogadh bíonn,
Arbh aon aidhm dó an té a shlog a chur 'na ghealt;

Ina ghealt sa tóir 's 'na ghealt sa tseilbh dó fós;
I ndiaidh, le linn 's ar thóir na seilbh' gan chuibheas;
Aoibhneas sa bhlaiseadh; blasta, 'na aibhéis bhróin;
Roimhe, gliondar á ghealladh is t'r éis, troml<u>uí</u>:

Seo uile is eol don saol; ach d' aon ní heol
An neamh seo a sheachnadh a bheir go hifreann beo.

l.1:   <u>míchaitheamh</u>: cur amú, úsáid aimhleasach;   <u>mí-ídiú</u>: úsáid aimhleasta
l.2:   <u>drúis</u>: collaíocht nó ainmhian chollaí, "peaca na feola"
l.3:   <u>bréagmhionnach</u>: sásta mionn éithigh (bhréige) a thabhairt
l.4:   <u>allta</u>: fiáin, gan smacht;   <u>srian</u>: smacht, rialú
l.5:   <u>dímheas</u>: tarcaisne
l.6:   <u>thar réasún seilgtear</u>: tóraítear le fíoch níos mó ná mar a luíonn le réasún
l.7:   <u>thar ciall</u>: níos láidre ná mar a luíonn le ciall;   <u>baoite</u>: mír lena mealltar ainmhithe
        seilgthe is éisc
l.8:   <u>geilt</u>: duine buile, as a mheabhair
l.11:   <u>aoibhneas</u>: áilleacht (blais anseo), ardshonas;   <u>aibhéis</u>: duibheagán
l.12:   <u>gliondar</u>: ríméad;   <u>tromluí</u>: brionglóid uafáis
l.13:   <u>d'aon</u>: do aon duine;   <u>d'aon ní heol</u>: níl a fhios ag aoinne conas.

AN CHÉAD DREAS (A):

CHUIG A LEANNÁN

- *An Stáidbhean Chiar*

Tugtar léargas dúinn sa deascáinín seo ar chaidreamh an fhile lena leannán ina thús; ar a mhíthaitneamh don dreachadh, go háirithe do dhúchan na súl agus na mbraoithe, agus don mholadh bréagach áibhéalach a dhéanadh filí na linne ar a muirníní. Tagann deireadh obann, áfach, leis an áineas agus leis an suaircaes, rud a léirítear sa dán deiridh (soinéad 129 na mórcháile), ar seanmóir lándáiríre é in aghaidh pheaca na drúise. Is toradh é seo ní foláir ar mhíshuaimhneas an fhile faoi thodhchaí a gcaidrimh anois ó tá aithne curtha aici ar an ógánach dathúil: míthuar a raibh bunús maith leis!

Soinéad CXXVIII: *(How oft when thou, my music, music playest .....)*

Cuntas atá sa dréacht éadromchroíoch seo ar an gcaoi a dtéann féachaint ar a rúnsearc is í ag casadh ceoil ar uirlis mhéarchlárach i bhfeidhm ar an bhfile. Ar nós go leor dá chomhaimsirigh fhileata bíonn sé i bhformad leis an uirlis, go háirithe leis na scealla beaga a léimeann is a bhaineann le méaracha seanga leabhaire an tseinnteora gach uair dá mbrúnn sí na luibhne. Is mór an méid a thabharfadh sé ar mhalartú leis na scealla beaga atá chomh teanntásach sin; ach ó tá siadsan lánsásta mar phionnaí dásachtacha leis an láimh dheachumtha a phógadh ag an bhfile a bheidh an béal!

Gluais:

l.2: **beannaithe**: anámharach toisc lámha na mná áille a bheith á dtadhall

l.3: **símhéara**: méaracha áille mar a bheadh ag síóg;   **séimh sóil:** mín suaimhneach

l.4: **comhshians**: comhréiteach ceoil ó uirlisí éagsúla (nó cordaí éagsúla);
      sáraíonn: ceansaíonn, fágann gan neart

l.5: **sceall**: giota adhmaid a bhaineann tarraingt as na téada

l.6: **luath**: tapaidh;   **dearna**: bos;   **maoth**: bog, mín

l.7: **fómhar**: (dhá shiolla — fó - mhar): barr(aí) bainte, toradh saothair (anseo: ábhar pléisiúir);   **santaíonn**: mianaíonn, tá ag iarraidh;   **cotúil**: cúthail, scáfar

l.8: **grualasta**: dearg sna leicne (de bharr cotaidh nó náire);   **teanntás**: dásacht, dánaíocht

l.9: **dinglis**: mothú sámhais, cigilt;   **mhalartódh**: bhabhtálfadh

l.10: **riocht**: staid

l.11: **leabhairmhéara**: méaracha fada seanga

l.12: **beannaithe**: níos ámharaí is níos sona;   **beola**: dhá leath an bhéil

l.13: **treallús**: dánacht, clóchas

1.

Ceol ag seinnm!

Is tú, mo cheol róbhinn, ag seinnm ceoil
Ar adhmad beannaithe 'tá beo le fuaim
'S a spreagann do shímhéara go séimh sóil
Chun comhshians cordaí a sháraíonn mo dhá chluais;

Mé féin nach minic le gach sceall faoi éad
A phógann le léim luath do dhearna mhaoth —
Fómhar a shantaíonn mo bheol cotúil 's mé
Grualasta ag teanntás adhmaid le do thaobh.

Ar dhinglis mar sin mhalartódh sé suíomh
Is riocht le scealla rinceacha an bhinncheoil
A thrasnaíonn do leabhairmhéara i ngluaiseacht mhín,
'S gur beannaithe adhmad marbh ná beola beo:

Ós sona scealla an treallúis faoi mar scéal,
Do lámh bíodh acu, domsa bíodh do bhéal.

Soinéad CXXX: *(My mistress' eyes are nothing like the sun....)*

Seafóid an mholta áibhéalaigh! Leathann ár bhfile roimh shúil na tarcaisne, mar a deir sé féin i soinéad LXXXIX, an moladh áibhéalach ar áilleacht mná trí chomparáidí gan chiall idir í agus móriontais is ardradharcanna an dúlra is na spéire. Déanann sé seo go ríchliste éifeachtach trí chuntas den chineál contrártha ar fad a thabhairt ar a ghrá geal féin. Críochnaíonn sé lena dhearbhú go bhfuil a rúnsearc chomh hálainn mar atá sí go fírinneach le haon bhean (aon *"sí"*) díobh siúd a dtugtar cuntas bréige le comparáidí seafóideacha orthu:

Gluais:

l.1: **leannán**: gráthóir; **puinn**: ar aon slí
l.2: **coiréal**: ábhar muirí ar de atá sceireanna déanta, agus ornáidí; **bruas**: beol mór
l.3: **ciar**: dorcha, dubh
l.4: **sreang**: miotal i bhfoirm anchaol tanaí solúbtha
l.5: **'s mó**: is iomaí
l.7: **cumhrán**: lacht le boladh antaitneamhach; **áithrid**: áirithe
l.8: **seoltar**: cuirtear ag snámh tríd an aer
l.9: **ró-eol dom**: is rómhaith is eol dom
l.12: **boinn**: íochtar na gcos
l.13: **'s comhbhreá liom**: ceapaim go bhfuil (mo leannán) chomh breá le...
l.14: **sí**: bean (an forainm le tuin mhagaidh); **míríofa**: a dtugtar cuntas míchruinn uirthi....;
      ag bréagchomparáid: trí chomparáid áiféiseach le hiontais an nádúir (leis an spéir, leis an ngrian.)

2.

A ghrá gan dathú!

Ní cosúil súil mo leannáin puinn le grian,
’S is deirge i bhfad an coiréal ná a bruas;
Sneachta más bán a brollach-san tá ciar;
Más sreanga folt ’s de shreanga dubha a gruaig.

’S mó rós a chonac, dearg, buí nó bán —
Aon rós mar sin ní léir dom ar a grua;
’S i gcumhráin áithrid níos mó aoibhnis tá
Ná seoltar óna beol le hanáil chughainn.

Is binn liom í ag labhairt; ró-eol dom, ámh,
Deafhuaim an cheoil gur binne i bhfad ná í;
Nach bhfacas bandia ag siúl ní mór ’ admháil —
Ag siúl dom rúnsa a boinn ar talamh bíonn.

Is fós, dar neamh!, ’s comhbhreá liom mo leann<u>án</u>
Le **sí** ar bith míríofa ag bréagchomp’ráid.

Soinéad CXXVII: *(In the old age black was not counted fair...)*

Cáineann an dán seo dá rúnsearc an cleachtadh nua, an bhréagealaíon nó 'dreachadh' i gcaint an lae inniu, a chuir cuma bhréige áilleachta ar dhaoine a bhí gan áilleacht ó nádúr. Gné amháin de seo an dathú dubh a bhítheas ag cur ar fhoilt is ar shúile, dath nár measadh riamh álainn roimhe sin é (i Sasana ar ndóigh!). Tá an duibhe seo i réim anois áfach agus an fhíoráilleacht nádúrtha curtha as a hoidhreacht faoi mhíchlú. Le moladh íoróineach ar a rún dubhshúileach féin a chuireann an file críoch le soinéad seo a mhíshástachta:

Gluais:

l.1:   <u>cian</u>: anfhada siar;   **geal**: deas, dathúil (codarsnacht is imeartas focal le "dubh")

l.3:   <u>comharba</u>: an duine a leanann rialtóir i gcumhacht

l.4:   Tá an bhréagáille ina comharba i ríocht na háilleachta agus an fhíoráilleacht fógartha mídhlisteanach ("faoi bhastardnáire") is a clú millte

l.6:   <u>sciamhaíonn</u>: a chuireann cuma dhathúil ar., a bhreáthaíonn;   **gráin**: míchuma, míscéimh, neamháilleacht;   **bréagghnúis**: aghaidh bhréige;   **an Ealaín**: an dreachadh

l.7:   <u>tearmann</u>: áras ina mbeadh dídean aici agus meas is urraim uirthi

l.8:   <u>á truailliú</u>: á smálú is á maslú;   **dian**: anmhór

l.9:   <u>an fhéich</u>: .i. mar atá an fiach dubh (éan)

l.10:   <u>comhdhreachta</u>: maisithe mar an gcéanna, i. dubh

l.11:   <u>cách</u>: gach aoinne

l.10 is l.11: Is é dubh dath an chaointe agus tá na súile dubha mar a bheidis ag caoineadh faoi gach duine atá álainn anois ach a rugadh gan áilleacht

l.12:   <u>aithis</u>: údar náire;   milleann an meas bréige atá ar an áilleacht mhínádúrtha clú na fíoráilleachta nádúrtha

l.13:   <u>cuibhiúil</u>: mar a fheileann don ócáid

3.

Áille dhubh!

An dubh sa tseanré chian le cách níor gheal
Is ainm na háille, fiú má b'ea, ní bhfuair;
Comharba na háille anois é, faoi ardmheas,
'S an áille ag bastardnáire faoi mhíchlú.

Tá cumhacht an Nádúir gafa, óir, ag gach láimh
A sciamhaíonn gráin le bréagghnúis ón Ealaín,
'S, gan ainm ná tearmann, an fhíoráille tá
Á truailliú, sin nó beo faoi náire dhian.

Tá súil mo rúin, ós ea, ar dhuibhe an fhéich!
'S comhdhreachta a braoi, is mar chaointeoir 'chaon dubhshúil
Faoi chách nach bhfuil — mar rugadh iad! — gan scéimh,
'S ar aithis don fhíoráille a mbréag - ardchlú.

Ach caoinid leo go cuibhiúil is, dá bharr,
Gur sin cruth fíor na háilleachta deir cách.

Soinéad CXXXI: *(Thou art so tyrannous, so as thou art...)*

Céad scáth an ghrá? Seo an chéad ghearán ón bhfile lena leannán. Tá sí, is cosúil, ag éirí cruálach leis mar is maith is eol di go ngránn sé thar aon ní eile sa saol í. Tá dul amú orthu sin a deir gur léir óna dreach nach bhféadfadh sí brón a chur ar dhuine a ghránn í. Is finnéithe iad ar a n-earráid siúd na mílte cnead agus osna a chuireann an file as le gan ach smaoineamh ar an dreach céanna. Ina gníomhartha chuige sin amháin ní foláir atá sí dubh agus sin is cúis leis an smaoineamh earráideach nach bhfuil sé inti gráthóir a ghortú:

Gluais:

1.1: <u>tíoránta</u>: cosúil le tíoránach
1.2: <u>uabhar</u>: sotal, díomas;   <u>danartha</u>: cruálach
1.3: <u>ró-eol duit</u>: rómhaith is eol duit
1.4: <u>lómhaire</u>: luachmhaire
1.5: <u>creidid</u>: creideann siad
1.6: <u>ochlán</u>: osna glórach trom, cnead
1.7: <u>earráid</u>: dul amú, tuairim nach fíor;   <u>ní leomhfad</u>: ní bheidh sé de dhánaíocht ionam
1.8: <u>mionnaím</u>: Deirim agus glaoim ar Dhia mar fhinné
1.10: <u>cnead</u>: osna, ochlán
1.11: <u>go tiubh ar shála a chéile</u>: go hantapaidh i ndiaidh a chéile
1.12: go gceapaim go bhfuil do dhuibhese níos gile (.i. níos áille) ná áilleacht aoinne.
1.13: <u>gníomha</u>: gníomhartha
1.14: <u>an bhréag seo</u>: nach bhfuil sé inti gráthóir a chur faoi bhrón

4.

Céad ochláin an ghrá

Mar táir, tá tú chomh tíoránta leo siúd
Trí uabhar ' éiríonn danartha le háilleacht;
Ró-eol duit, óir, im' chroí dil grách gur tú
Sa saol seo an tseoid is lómhaire 's is áille.

Deir cuid, is creidid fíor, nach bhfuil id' ghnúis
An chumhacht a bhainfeadh ochláin as an ngrá;
A n-earráid leo ní leomhfad ' chur in iúl
Ach mionnaím í i mo thost liom féin amháin.

'S mar léiriú dearbh go bhfuil mo mhionna fíor,
Na mílte cnead ó smaoineamh ar do ghnúis —
Go tiubh ar shála a chéile — is cruthú iad,
Do dhubh gur geal thar cách lem' mheon 's lem' shúil.

Ní dubh ach i do ghníomha chughamsa tú;
'S as seo, mar ' chím, a thig an bhréag seo fút.

Soinéad CXXXII: *(Thine eyes I love, and they, as pitying me...)*

Athchaoineadh na súl dubh! Tá macalla soiléir sa dán seo ar chaoineadh an dá shúil dhubh ar tugadh cuntas magúil air san ionsaí ar an mbréagáilleacht. Anois ámh ag caoineadh go fírinneach atá súile dubha a ghrá le trua don fhile toisc gur cuma lena croí faoi. Is mó an mhaise ar a héadan na súile dubhmhaisithe dar leis ná an ghrian ar spéir na maidne nó réalta an tráthnóna uirthi le titim na hoíche. Guíonn an file go gcaoine croí a leannáin é chomh maisiúil céanna is go líona sé a corp uile le trua dó. Aontóidh sé más ea gurb í an duibhe croí féin na háilleachta:

Gluais:

l.1:   **mar le trua dom:** faoi mar a bheadh trua acu dom

l.2:   **fuarchúis:** easpa iomlán ceana nó taitnimh féin

l.3:   **cóiriú:** breáthú; dreachadh;   **taise:** trua, boige croí

l.5:   **deimhin** — dhá shiolla (*dei -- mhin*)

l.5 is l.6: ní chuireann grian nua na maidne maise níos fearr ar oirthear liath na spéire.

l.8:   **glé:** angheal;   **ní bheir:** ní thugann

l.10:   **cuibhiúil:** cuí, deabhéasach, fóirsteanach (go gceapa do chroí freisin gur deas deabhéasach an rud é caoineadh fúm);   **méin:** dreach

l.12:   **go réití leis:** go raibh do thrua ar aon dul leis;   **ball:** cuid den chorp

l.13:   **mionnfaidh mé:** dearbhóidh mé go sollúnta ag glaoch ar Dhia mar fhinné

l.14:   **nach ionann leatsa i snua:** nach bhfuil an dath céanna ar a gcraiceann is atá ortsa.

5.

Na caointeoirí cuibhiúla

Gráim do shúile is, mar le trua dom, táid —
Le fios go gcránn le fuarchúis mé do chroí —
Faoi chóiriú dubh; gach súil, 'na caointeoir grách,
Féachann le taise mhaisiúil ar mo phian.

'S go deimhin grian úr maidne neimhe féin
Ní fearr an maisiú grua don oirthear liath;
Nó an réalta lán a fhógraíonn oíche ar spéir
Glóir leath chomh glé ní bheir don ghruamacht thiar,

Is ' bheir do dhá shúil chaointeacha dod' ghnúis:
Ó gura cuibhiúil freisin le do chroí
Mé a chaoineadh, ós maise an caoineadh ar d' éadan snuach,
'S do thrua go réití leis i ngach ball díot.

Is mionnfaidh mé gur dubh an áille í féin,
Is cách nach ionann leatsa i snua gur bréan.

Soinéad CXLI: *(In faith I do not love thee with mine eyes....)*

Athdhearbhaítear anseo dúinn nach banríon na háilleachta í rúnsearc an fhile. Ní lena shúile ná le haon chéadfa eile a ghránn sé í ach lena chroí amháin. Tá teipthe ar a chúig chéadfa agus ar chúig acmhainn a intinne — deichniúr — tabhairt ar an aon chroí aonarach gan a bheith ina sclábhaí dá croí uaibhreach sise. Le himeacht a chroí chun fónamh dá máistirchroí-sin níl fágtha ann ach creat nó, níos lú, scáil fir. Níl mar chúiteamh aige ach céasadh, plá; ach ós uaithi sin atá sé ag teacht, fáiltíonn sé roimhe mar ghnóthú;

Gluais:

l.1: **'mo choinsias**: dar an leabhar!

l.2: mar feiceann siadsan míle locht ort.

l.3: **is neamhní leo**: nach bhfuil aon mheas acu air (Ceapann siad nach rud ar bith é)

l.5: **aoibhneas**: ardshonas

l.6: **íogair**: a bhrathann is a fhreagraíonn fiú do spreagadh anbheag;   **tadhall**: teagmháil

l.7: **iarraid**: iarrann siad

l.8: **fleá**: ollbhéile is ceiliúradh

l.9: **cúig acmhainn**: cúig chumas nó ghné na hintinne

l.10: áiteamh ar mo chroí amaideach gan a bheith i do sclábhaí

l.11 is l.12: Fágann a chroí a chorp nach bhfuil gan é ach ina scáil atá gan rialú mar is é an croí a rialaíodh é;   agus téann sé chun a bheith ina sclábhaí umhal do chroí uaibhreach na mná. **cinnseal**: sotal, uabhar;   **faon**: lag, gan bhrí

l.13: **brabach**: buntáiste, gnóthú

l.14: **cúitíonn**: íocann

l.13-l.14: Is sólás don fhile gurb í a leannán atá á chéasadh agus, más ea, ag tabhairt airde air.

6.

An sclábhaí croí!

' Mo *choinsias nach lem' shúile a ghráimse thú,*
Mar dóibhsin ionat míle smál is léir;
Mo chroí 's é ' ghránn an ní is neamhní leo siúd,
'S, d' ainneoin an radhairc, 'tá réidh fút ' bheith gan chéill;

Mo chluasa níl ag glór do chinn faoi aoibhneas;
Mo mhothú íogair — tadhall nach mín a chránn —
Mo bhlas 's mo bholadh, cuireadh ar bith ní iarraid
D' aon fhleá mhór chéadfaí leatsa féin amháin:

Cúig chéadfa, ámh, is cúig acmhainn níl in ann
Tathaint gan bheith id' dhaor ar m'aon chroí baoth
A fhágann mé gan rialú im' shamhail fir, scáil,
Chun 'bheith dod' chinseal-chroí ina mhogha bocht, faon.

Mo phlá sa mhéid seo is brabach liom: í féin
Lem' pheaca is cúis, 's í a chúitíonn mé le péin.

Soinéad CXXXVIII: *(When my love swears that she is made of truth....)*

Cur i gcéill an ghrá! Tar éis thromcháineadh an dáin roimhe — soinéad CXXXVII — filltear ar ghnéithe níos taitneamhaí den ghrá sa chuntas áineasach seo ar dhallamullóg an dá thaobh: an bhean ag dearbhú a dílseachta agus ag ligean uirthi go gcreideann sí go bhfuil an file óg; eisean ag cur i gcéill go bhfuil sé óg is go gcreideann sé go bhfuil sise dílis. Is eol dóibh beirt ar ndóigh nach amhlaidh atá; ach leanann siad ag múchadh na fírinne mar is gá dealramh na hiontaoibhe a bheith ar an ngrá agus ní maith le gráthóir atá ag cailleadh a óige go luafaí an aois:

Gluais:

l.1:   **mionn:** dearbhú sollúnta le béim láidir
l.2:   creidim a mionna cé gur soiléir nach bhfuil siad fíor
l.3:   **stócach glas:** fear óg gan taithí;   **oiliúint:** múnlú (i nósa an tsaoil)
l.4:   **caolchúis:** meon is iompar neamhshimplí mín anchasta a chuireann cuma ar chúrsaí go minic atá glanchontrártha leis an bhfírinne.
l.5:   **baoth:** gan chiall, amaideach;   **gur dóigh léi:** go gceapann sí
l.6:   **thréig mo bhláth:** chaill mé brí agus lúth na hógfhearúlachta
l.7:   **saonta:** mothaolach, inmheallta;   **beoil:** béil
l.9:   **tuige:** cén fáth (nach n-admhaíonn sí a bréaga)?
l.11:   **samhail:** dealramh, cruth;   **éide:** feisteas, culaith
l.12:   **áireamh:** comhaireamh
l.14:   **mealltar:** cuirtear dallamullóg ar;   **plámás:** moladh duine ina láthair, ar minic áibhéalach nó bréagach é

7.

Samhail iontaoibhe is óige seanfhir!

Mionna mo ghrá gur croí na dílseacht' í
Creidimse, cé gur bréagach iad is léir;
Nó stócach glas gan oiliúint, cheapfadh sí,
'S gan chleachtadh ar chaolchúis bhréige an tsaoil mhóir mé.

'S lem' cheapadh baoth gur dóigh léi mé ' bheith óg,
Cé maith a fios gur fada ó thréig mo bhláth,
Creidim go saonta uaithi a bréaga beoil —
An fhírinne shimplí againn beirt á bá!

Ach tuige aici a bréaga gan admháil?
'S cén fáth nach ngéillimse go bhfuilim sean?
— Samhail - iontaoibh, sin an éide is fearr don ghrá,
Is áireamh blian le seanghráthóir ní deas!

Is bréagach liom mar sin í, 's mise léi,
— 'Nár lochtaí meallltar sinn le plámás bréag.

Soinéad CXXIX: *(Th' expense of spirit in a waste of shame...)*

Ná déan drúis!! Seanmóir den chuid is géire in aghaidh na drúise atá sa soinéad seo. Chun an fonn chun drúise a shásamh níl fad ar bith sa donas nach bhfuil duine sásta dul roimh an ngníomh — mionn éithigh a thabhairt, fuil a bhaint, marú féin — é curtha thar a réasún sa tóir ar chomhlíonadh na tréanmhéine. Ní luaithe an gníomh i gcrích áfach ná go mbuaileann tonn déistin agus aiféala é agus deargghráine ar an ainmhian a sháraigh é. Gníomh é a thiontaíonn an neamh ina mbítear roimhe ina ifreann láithreach. Tuigtear seo do gach duine ach níl aoinne in ann é a sheachaint:

Gluais:

l.1: **míchaitheamh**: cur amú, úsáid aimhleasach;   **mí-ídiú**: drochúsáid

l.2: **drúis**: collaíocht nó ainmhian chollaí, "peaca na feola"

l.3: **bréagmhionnach**: sásta mionn éithigh (bhréige) a thabhairt

l.4: **allta**: fiáin, gan smacht;   **srian**: smacht, rialú

l.5: **dímheas**: tarcaisne

l.6: **thar réasún seilgtear**: tóraítear le fíoch níos mó ná mar a luíonn le réasún

l.7: **thar ciall**: níos láidre ná mar a luíonn le ciall;   **baoite**: mír lena mealltar ainmhithe seilgthe is éisc

l.8: **gealt**: duine buile, as a mheabhair

l.11: **aoibhneas**: áilleacht (blais anseo), ardshonas;   **aibhéis**: duibheagán

l.12: **gliondar**: ríméad;   **tromluí**: brionglóid uafáis

l.13: **d'aon**: do aon duine;   **d'aon ní heol**: níl a fhios ag aoinne conas...

l.14: **seachnadh**: seachaint;   **a bheir**: a thugann (é/iad)

8.

Trí neamh go hifreann!

Míchaitheamh spioraid i mí-ídiú táir
Sin gníomh na drúise; is roimh ghníomh bíonn an drúis
Bréagmhionnach, marfach, fuilteach, lán milleáin,
Allta, gan srian, cruálach, fealltach, dúr;

Sult bainte as níl, faoi dhímheas bíonn gan mhoill;
Thar réasún seilgtear, is ní luaithe i sealbh,
Thar ciall faoi ghráin mar bhaoite a slogadh bíonn,
Arbh aon aidhm dó an té a shlog a chur 'na ghealt;

Ina ghealt sa tóir 's 'na ghealt sa tseilbh dó fós;
I ndiaidh, le linn 's ar thóir na seilbh' gan chuibheas;
Aoibhneas sa bhlaiseadh; blasta, 'na aibhéis bhróin;
Roimhe, gliondar á ghealladh is t'r éis, tromluí:

Seo uile is eol don saol; ach d' aon ní heol
An neamh seo a sheachnadh a bheir go hifreann beo.

DEIREADH LEIS AN

GCÉAD DREAS (A)

AN CHÉAD DREAS (B):

CHUIG A CHARA CLÉIBHE

- *An tÓgfhear Slachtmhar*

S na dánta tosaigh chuige tathantaíonn an file go tréan ar an Adónas óg pósadh agus clann a thuismeadh chun nach gcaillfear a áilleacht go deo. Ní fhágann sé fuíoll áitithe air, ag tarraingt samplaí agus solaoidí as gach foinse insamhlaithe, an dúlra, cúrsa na séasúr agus na gréine; agus frithchruthaíonn sé go feidhmiúil aon argóint a d'fhéadfadh an fear óg a sholáthar i bhfábhar na haontumha. Dearbhaíonn sé chomh maith nach mbeadh gair ar bith ag aon cháil iarbháis a d'fhéadfadh an file a ghnóthú dó lena dhánta ar an bhfíor–shíorbheatha a bheadh aige trína shliocht féin. Is léir trí na dánta ansin, ámh, ó shoinéad 20 ("éadan mná") ar aghaidh go bhfuil tionchar áilleacht an stócaigh agus mothú an fhile ina leith ag treisiú agus is ag léiriú olltábhacht agus thairbhí a ndomhainchairdis, agus ag maíomh go gcuirfidh sé cáil shíoraí ar a chara is ar a áilleacht, atá sé sna soinéid dheireannacha.

Dreas 1 (B)

Soinéad I: *(From fairest creatures we desire increase...)*

Tosaíonn an tathaint: is gá do gach duine deachumtha sliocht a ghiniúint chun an áilleacht a choinneáil beo; ach tá an t-óigfhear dathúil gan ghrá do aoinne ach dó féin, agus é ar a dhícheall chun é féin a choigilt dó féin; ach a ghlanmhalairt atá ag tarlú mar ós air féin atá sé ag beathú a shúl á ídiú féin atá sé is ag cur a áilleachta amú, agus lena leithleas mínádúrtha ag ceilt a chirt, .i. a áilleacht féin, ar an saol anois agus tar éis a bháis:

Gluais:

l.1: <u>neach</u>: ainmhí nó duine;   <u>biseach</u>: sliocht (agus méadú)

l.2: <u>scéimhe</u>: áilleachta

l.3: <u>trá</u>: dul i léig;   lagú agus dul as de réir a chéile;   <u>sinsear</u>: bláth ónar shíolraigh an "t-oidhre", an bláth nua óg;   <u>snua</u>: dath éadain folláin

l.5: <u>dálta</u>: geallta (chun pósta), i gcleamhnas

l.6: <u>beathaír</u>: cothaíonn tú;   <u>bladhair</u>: lasair (gile na súl);   <u>loscadh</u>: dó, ídiú trí thine

l.5-l.6: Tá an t-óigánach féinspéiseach mar a bheadh sé geallta leis féin agus á ídiú féin mar bhreosla chun tine a shúl a choinneáil lasta geal.

l.7: <u>lom</u>: tanaí gan fheoil

l.8: <u>danar</u>: duine fiáin cruálach

l.10: <u>bolscaire</u>: fógróir;   <u>uatha</u>: amháin;   <u>gáifeach</u>: (gléasta go h) angheal, ildaite

l.12: <u>brúisc</u>: duine garbhchúiseach, gan mhíneadas (ocsamórón é "brúisc chaoin": duine caoin, cneasta é an t-óigfhear ach tá sé ina bhrúisc chuige féin agus chun an tsaoil lena iompar mínádúrtha — i ngan fhios dó féin, ar ndóigh);   <u>róthíos</u>: barainn nó coigilteas rómhór

l.13: <u>amplóir</u>: duine a itheann i bhfad an iomarca, sutha

l.14: <u>dleacht</u>: an chuid nó an méid atá ag dul do dhuine (don saol sa chás seo) de réir cirt, dlí nó nádúir.

9.

Go maire an áilleacht!

Ó neacha anáille bíonn le biseach dúil
Chun rós na scéimhe a chaomhnú buan gan éag;
'S le trá ón sinsearbhláth dá bheatha is snua
Go mairfidh slán a chuimhne in oidhre glé:

Ach dálta led' ghealshúile féin amháin
Beathaírse a mbladhair trí loscadh d'ábhair féin
'S go gorta lom ídír do fhlúirse lán —
Namhadmhar duit féin, chughat féin id' dhanar géar.

Tusa, anois is maisiú nua an tsaoil —
Aon-bholscaire uatha an earraigh gháifigh úir —
Tá ag adhlacadh do bhrí i do bhachlóg mhaoth
'S á cur, a bhrúisc chaoin, trí róthíos amú:

Gabh trua don saol, é sin nó id' amplóir buan
Ith dleacht an tsaoil id' cholainn is san uaigh.

Soinéad II: *(When forty winters shall besiege thy brow...)*

Nuair a chuirfidh an aois deireadh le scéimh mhór an stócaigh beidh sé fánach aige a mhaíomh go bhfuil a áilleacht coigilte ina shúile aige; ach má bhíonn leanbh leis féin ann le taispeáint don saol feicfidh cách — é féin san áireamh — a áilleacht féin agus a fhuil athnuaite beo sa pháiste:

Gluais:

l.1:   **imshuíonn**: cuireann faoi léigear

l.2:   **blár**: machaire oscailte, páirc an chatha

l.3:   **niamhfheisteas**: culaith iontach geal

l.4:   **balcais**: ball éadaigh gan slacht;   **stiallta**: stróicthe

l.6:   **órchiste**: ollstór nithe anluachmhara (ór, seoda...);   **macnas groí**: sult is scléip anbhríomhar

l.7:   **cuas – súile**: súile atá cúlaithe cuid mhaith ina loig le haois;   **críonta**: dreoite, seargtha

l.8:   **tíos**: barainn, coigilteacht (tíos gan chiall atá ann mar trí é féin is a áilleacht a choigilt is amhlaidh atá sé á gcur amú)

l.9:   **nár mhíle mó**: nach mbeadh (sé) míle uair níos mó;   **díol molta**: rud (nó duine) a thuilleann moladh;   **úsáid do scéimhe**: an chaoi ar úsáid tú do dhathúlacht

l.9:   Nach dtuillfeadh an chaoi ar úsáid tú do áilleacht míle uair níos mó de mholadh.

l.11:   **suim**: iomlán, gach rud sa chuntas suimithe le chéile.

l.12:   **trí shliocht**: trí shíolrú

l.14:   **....te do fhuil**: .i. sa leanbh;   mar is í fuil (the) an athar a bheadh sa naíonán agus an fhuil ina sheanchorp féin — a fhuil féin freisin — a bheadh á mothú fuar aige.

10
Fuil fhuar athnuaite te!

Nuair' imshuíonn dhá scór geimhreadh dún do ghnúis'
Is tochlaíonn díoga domhaine ar bhlár do scéimh'
Niamhfheisteas d'óige, anois faoi aird gach súil',
'Na balcais stiallta beidh gan luach gan spéis:

Ansin don fhiafraí: "Anois cad ann dod' scéimh
'S d'ór<u>chis</u>te iom<u>lán</u> do laetha macnais ghroí?" —
A mhaíomh, id' sheanchuas-súile críonta féin,
Ba náire shaolta is moladh ar thíos gan chiall.

Nár mhíle mó an díol molta <u>úsáid</u> do scéimh'
Dá bhféadfá freagairt: "Naí geal seo mo chroí
Sin suim mo chuntais saoil 's dom' aois leith<u>scéal</u>" —
Ag cruthú gur leat féin trí shliocht a sciamh!

D'athdhéanfaí thú sa tseanaois as an nua
Is d'fheicfeá te do fhuil 's tú á mothú fuar.

Soinéad III: *(Look in thy glass and tell the face thou viewest...)*

Mura ngineann an dlúthchara sliocht ní hamháin go ndéanfar calaois ar an saol ach ceilfear a mian chun máithreachta ar bhean toilteannach éigin, rud ba fhíorthubaist ós rud é nach bhfuil bean dá áille a dhiúltódh é. Cuimhníodh sé ar an dóigh a bhfeiceann a mháthairsean glóir a hóige an athuair ann féin agus bíodh leanbh mar scáthán ar a laethanta geala dó féin aige:

Gluais:

l.1: __beir scéala do__: cuir in iúl do

l.2: __gur mithid__: go bhfuil sé in am; __athghnúis__: aghaidh nua

l.3: __iarshamhail__: cóip nó íomhá di ina diaidh; __bail__: cuma, riocht

l.4: __beidh meallta an saol__: beidh calaois déanta ar an saol; __ábhar máthar__: bean a d'fhéadfadh a bheith ina máthair (agus ar mian léi a bheith amhlaidh)

l.5: __gur scorn léi__: go gceapann sí go mbeadh sé faoina gradam (do leanbh a bheith aici)

l.7: __baoth__: amaideach, gan chiall

l.8: __sliocht__: síolrach, clann

l.11: __... trí phánaí d'aoise ....__: is geall é seanduine atá ag féachaint trína shúile aosta le duine atá ag breathnú trí phánaí fuinneoige.

l.14: __aonta__: neamhphósta; __do shamhail__: do chosúlacht

11.

Ábhar máthar meallta
is máthair shona

Id' scáthán féach 's beir scéala ansin dod' ghnúis
Gur mithid di athghnúis a chumadh láithreach;
Má leanann gan iarshamhail a bail bhreá úr,
Beidh meallta an saol 's gan bheannacht ábhar máthar.

Cá bhfuil, óir, bean chomh breá gur scorn léi uait
Do shaothrú dúthrachtach dá broinn gan cur?
'S cén fear chomh baoth gur mian leis ' bheith 'na uaigh
Dá fhéinghrá chun go gcríochnaí sé gan sliocht?

Scáthán do mháthar tusa is i do ghné
Athchíonn sí áilleacht úr a hearraigh bhreá;
'S duit féin trí phánaí d'aoise beidh soiléir,
D'ainneoin gach roic, do sheal geal óir faoi bhláth.

Ach más chun ' bheith gan chuimhne a mhairir beo
Éag aonta 's éagfaidh leat do shamhail go deo.

Soinéad IV: *(Unthrifty loveliness, why dost thou spend...)*

   Cáineann an file a chara go géar faoi chur amú a áilleachta, oidhreacht a tugadh dó mar iasacht ní le coinneáil dó féin ach le tabhairt uaidh. Míníonn sé an paradacsa gur ag cailleadh atá sé trína scéimh a choigilt, go gcaithfidh sé é féin is a áilleacht a thabhairt uaidh chun gnóthú. Mura ndéanann sé seo ní bheidh aon chuntas inghlactha le taispeáint aige ag deireadh a shaoil is beidh bronntanas mór fial an Nádúir diomailte ar fad aige:

Gluais:

l.1:   <u>cad chuige</u>: cén fáth, céard le haghaidh;   <u>tíos</u>: barainn, coigilteas.

l.3:   <u>tabhartas</u>: bronntanas

l.5:   <u>sprionlóir</u>: duine santach, róthíosach, gan fhlaithiúlacht ar bith, scrúile; <u>spéiriúil</u>: andathúil

l.6:   <u>féile</u>: flaithiúlacht, tabharthacht

l.7:   <u>úsaire</u>: fear gaimbín, duine a ligeann amach iasachtaí airgid ar ús.

l.9:   <u>trácht</u>: trádáil, caidreamh

l.10:   <u>cúbláil</u>: tráchtáil mhímhacánta chalaoiseach

l.11:   <u>gairfidh</u>: glaofaidh

l.13:   <u>síormharbh</u>: básaithe go deo

l.14:   <u>feidhmeoidh d' uacht</u>: cuirfidh do thiomna deireannach i bhfeidhm

12.

Ná diomail iasacht an Nádúir!

Cad chuige ort féin, a áilleacht chaoin gan tíos,
Go gcaithir oidhreacht mhór do scéimhe amú?
Ní tabhartas 'tá san áille, is iasacht í
Ón nádúr ' fuair gach neach 'tá saor le huacht:

'S cén fáth, a sprionlóir spéiriúil, mí-úsáid
Ollstór na féile a tugadh duit chun tabhairt? —
A úsaire gan rath, nach bhfuil in ann
'Bheith beo cé caithir suim gach suime uait:

Mar ós leat féin amháin atá do thrácht
Goidir thú féin uait féin trí chúbláil mhín;
'S chun siúil nuair ' ghairfidh an nádúr thusa i dtráth
Cén leagan cuntais ' ghlacfar uait id' dhiaidh? —

Do scéimh, gan úsáid, beidh síormharbh san uaigh;
Le húsáid, mairfidh sí 'gus feidhmeoidh d' uacht.

Soinéad V: *(Those hours, that with gentle work did frame...)*

An t-Am, an bronntóir céanna a chaith oiread dúthrachta lena olltabhartas don ógfhear — a áilleacht eisceachtúil — a fhoirfiú is gearr a bheidh air an saothar céanna a mhilleadh, sa tslí chéanna ina gclaochlaíonn sé an samhradh is gile agus is teomhaire ina gheimhreadh gruama fuar. An t-aon chaoi chun áilleacht an tsamhraidh a choinneáil ó dhul ar ceal ar fad, sin a bhrí a bhaint as (trí dhriogadh) agus a chaomhnú i ngloine taisce. I gcás a áilleachta féin, ar ndóigh, leanbh dá chuid a bheidh ina ghloine caomhnaithe:

Gluais:

l.1:   <u>saoirsiú</u>: ceardaíocht;   <u>chúm</u>: mhúnlaigh

l.2:   <u>gach aon</u>: gach duine

l.4:   <u>plúr na scéimhe</u>: an té ab áille ar fad

l.6:   <u>urghráin</u>: gránnacht dhéisteanach;   <u>díothaíonn</u>: scriosann as ar fad;   <u>tlás</u>: boige, caoineas

l.9:   <u>brí</u>: bunábhar nó eisint (i bhfoirm lachtúil)

l.10:   <u>driogtha</u>: trí bheiriú, ghailiú is comhdhlúthú — mar a bhaintear biotáille (a "brí") as eorna;   <u>braighdeanas</u>: daoirse, cimíocht;   <u>faoi iamh</u>: dúnta, faoi ghlas

l.11:   <u>feidhm</u>: an bhunmhaith nó an éifeacht atá san áilleacht

l.13:   <u>téann sa díth</u>: téann as, déanann neamhní de

13.

Rabhadh ón Am
is ó chúrsa na séasúr!

Na huaireannta le saoirsiú mín a chúm
An ghnúis ró-álainn, buansprioc shúil gach aoin,
Don chaoinghnúis chéanna beid 'na dtíoráin chrua
'S cuirfid ó scéimh í siúd ba phlúr na scéimh':

Treoraíonn an tAm gan staonadh an samhradh, arae,
Go hurghráin gheimhridh 's díothaíonn é gan tlás —
Sú faoi chosc seaca 's beocht duilliúir in éag,
Sneachta ar an Áille is fuaire lom gach áit:

Is mura mbainfí a brí ón samhradh slán —
Í driogtha i ngloinebhraighdeanas faoi iamh —
D'*imeodh* le háille feidhm na háille ar fán —
Gan scéimh ná cuimhne ar chéard ba scéimh ann riamh;

Ach bláth 'tá driogtha, a shnua cé théann sa díth,
Bíonn beo caoin fós sa gheimhreadh is loime a bhrí.

Soinéad VI: *(Then let not winter's ragged hand deface...)*

Comhairlíonn an t-údar don ógánach gan ligean do gheimhreadh colúil an bháis samhradh a áilleachta a mhilleadh — ach í a chaomhnú i ngloine taiscthe, slán ón ollscriostóir; is é sin i leanbh dá chuid féin: seo an t-ús a chaithfidh sé a íoc ar an iasacht a fuair sé ón Nádúr, úsaireacht atá lándlithiúil mar go dtabharfaidh sé dósan, an t-íocóir, sonas mór agus fuascailt shíoraí ó dhaorsmacht an bháis; agus dá mhéid leanaí a bheidh aige is ea is sonasaí a bheidh sé dá bharr:

Gluais:

l.1: **déisteanchrobh**: lámh ghránna; **gnaoi**: deachuma, deise

l.3: **milsítear**: glantar go críochnúil, baintear an salachar go léir as....; **fial**: buidéilín a bhíonn ag lucht leighis is ceimice chun lachtanna a thaisciú.

l.5: **úsaireacht**: ligean amach airgid ar biseach (.i. ús)

l.6: **a bheir**: a thugann

l.7: **amhlaidh do chás**: mar sin a bheidh an scéal agatsa; **póraír**: gineann tú

l.5 go l.7: Fuair an t-ógfhear iasacht ón nádúr – a áilleacht. Chun í seo a aisíoc caithfidh sé sliocht a ghiniúint is a thabhairt don nádúr mar ús; ach déanfaidh seo níos sona é; mar sin ní úsaireacht éagórach atá ann.

l.8: **úrshamhail**: deich gcóip nua, .i. deichniúr clainne

l.9: **táir**: tá tú; **dá n-athchlódh**: dá ndéanfadh cóipeanna nua; **deichniúr leat**: deichniúr de do shliocht

l.13: **concas**: rud (críocha, saibhreas srl.) a ghabhann armshlua buach.

14.

Ní sonasach go sliochtmhar!

Ná milleadh déisteanchrobh an gheimhridh gnaoi
Do shamhraidh ionat sula ndriogtar thú;
Milsítear fial is in áit taisce bíodh
Gealstór na háille roimh a féinmharú.

Ní úsaireacht gan dlí an cleachtas úd
A bheir don íocóir fonnmhar sonas fíor;
Amhlaidh do chás má phóraír thusa nua —
'S le deich n-úrshamhail deich n-uaire an tsonais bíonn;

Ba shonasaí faoi dheich tú féin ná táir
Dá n-athchlódh deichniúr leat deich n-uaire thú;
'S led' imeacht cén neart ' bheadh ort ag an mbás
'S tú beo tar éis do ré id' shliocht athuair?

Glac comhairle 's ina concas ag an mbás
D'áille ná bíodh 's don chnuimh do stór ná fág.

Soinéad VII: *(Lo in the orient when the gracious light...)*

Feiceadh an fear óg slachtmhar sampla i ngluaiseacht laethúil na gréine — faoi ómós gach súile ar feadh mhórchuid dá cúrsa de bharr a gile glórmhaire; ach téann an ghile seo i léig agus ní spéis le haoinne níos mó í. Seo atá i ndán dó féin mura gcinntíonn sé go mairfidh a áilleacht ina dhiaidh:

Gluais:

l.2:   súil mhoghach: súil umhal daoir;   súil spleách sclábhaí

l.3:   dá léiriú úr: do thaispeánadh nua sholas na gréine;   síor: leanúnach gan stad

l.5:   buaic: an pointe is airde, mullach "an chnoic" (.i. cnoc na spéire)

l.6:   'na aois láir: i lár a "shaoil", .i. a chúrsa laethúil;   faoi dhealramh óige groí: agus cuma gheal na hóige bríomhaire fuinniúla fós air

l.7:   gnaoi: aghaidh, áilleacht

l.9:   tréith: lag, anbhann

l.10:   fann: tláith, gan bhrí

l.11:   castar gach súil a ghéill go humhal dó roimhe sin.

l.12:   ar fán: ar seachrán

l.13:   'tá cheana id' nóin ag trá: atá ag dul i léig i lár do shaoil cheana

15

Ceacht an lae!

Amh'rc an spéir thoir is solas gréine caoin
Ag ardú a chinn lasrach, gach súil mhoghach
Umhlaíonn dá léiriú úr 's le féachaint shíor
Dá mhórgacht dhiaga tugann ómós domhain;

'S go buaic géarchnoic neimhe iar ndreapadh dó
Fós 'na aois láir faoi dhealramh óige groí
Á hadhradh ag gach súil bíonn a gnaoi go fóill
'S leantar a aistear óir ar feadh na slí.

Tréith traochta ón ardstuaic thuas ámh nuair a théann
Ag tuisliú mar an bhfannaois as an lá
Claontar gach súil, roimhe le dualgas ' ghéill,
Dá chúrsa íseal 's téann a n-aire ar fán;

'S mar sin duit féin, 'tá cheana id' nóin ag trá,
Gan oidhre a ghiniúint éagfaidh tú gan aird.

Soinéad VIII: *(Music to hear, why hear'st thou music sadly?...)*

Léiríonn an ceol féin don chara óg an bhua atá san aontú — níl fiúntas ar bith i nóta aonair ach i gcomhréiteach le chéile cumann cordaí ceoil aonad taitneamhach. Seo an fáth nach maith leis an ógfhear éisteacht le ceol cé go dtaitníonn an ceol leis; mar meabhraíonn sé dó gur dímheabhrach an mhaise aige a bheith gan chéile, gan sliocht:

Gluais:

l.1:   <u>clos</u>: cloisteáil;   <u>dubhach</u>: míshona, brónach
l.2:   <u>réitíonn</u>: aontaíonn, feileann dá chéile;   <u>suairc</u>: sona súgach
l.3:   <u>subhachas</u>: sonas;   suairceas
l.5:   <u>comhchorda</u>: comhréiteach nótaí ceoil
l.6:   <u>achasán</u>: lochtú, aifirt;   <u>séis</u>: siansa, dréacht binn ceoil
l.7:   <u>aontumha</u>: staid neamhphósta;   <u>gan bhinbe</u>: gan ghéire, gan bhéim
l.8:   atá ag milleadh na páirte ar cheart duitse é a chomhlíonadh (sa saol, sa "cheol")
l.9:   <u>sonadh</u>: fuaimniú
l.10: <u>dís</u>: beirt, péire
l.13: <u>duan</u>: amhrán, dán;   <u>i bhfeidhm:</u> ina éifeacht, sa chaoi a dtéann sé i gcionn ar éisteoir
l.14: <u>aonta</u>: gan pósadh, neamhphósta

16.

Ceacht ceoil!

Ós ceol do chlos, clos ceoil cén fáth gur dubhach leat?
Caoin le caoin réitíonn 's sult le sult bíonn suairc;
Conas ' ghráir ní nach nglacair é le subhachas,
Sin nó go nglacair d'údar crá le fonn?

Comhchorda fíor na bhfuaim deaghléasta, cruinn,
Dlúthphósadh séis más achasán led' chluais,
Cáineadh éadrom é gan bhinbe ar d' aontumha dhian
'Tá ag cur ó mhaith na páirte duit is dual.

Le corda éist 's a chéile-chorda ag sonadh,
Comhfhreagracht fuaim' le comhfhuaim ag an dís,
Mar athair, máthair agus clann fhíorshona —
Uilig mar aon ag gabháil aon nóta bhinn:

A nduan gan ghlór, cé iolra, uatha i bhfeidhm,
Seinneann leat: "tusa, aonta, id' neamhní beidh."

Soinéad IX: *(Is it for fear to wet a widow's eye?...)*

Más amhlaidh gur chun caoineadh a chosc atá an t-óganach ag fanacht gan pósadh, caoineadh na baintrí a d'fhágfadh sé, mionléiríonn an file dó go bhfuil dul amú ar fad air: is amhlaidh go mbeidh an saol ar fad á chaoineadh mar a bheadh baintreach phoiblí ann; agus sin gan sólás, ' cheal macasamhla de a choinneodh beo i gcuimhne é; sólás a bheadh ag baintreach aonair a d'fheicfeadh samhail a chéile mhairbh ina leanaí:

Gluais:

l.2: **aontumha**: saol gan bhean chéile.

l.3: **is dán duit**: atá i ndán duit; **iarghlúin**: sliocht

l.4: **goilfidh**: caoinfidh

l.6: **cruth**: cosúlacht, samhail; **cló**: cuma, dealramh

l.9: **diomailtear**: cuirtear amú

l.10: **aistrítear é**: téann sé go háit eile, go duine eile

l.12: **téann ar ceal**: téann as ar fad, ar neamhní

l.9 go l.12: Rud ar bith a mhíchaitheann duine amháin faigheann duine eile é; ní chailltear ar fad ar an saol é; ach má chuirtear áilleacht duine amú caillter go hiomlán is go deo í.

l.14: **a níos**: a dhéanann

17.

Baintreach gan sólás!

Le heagla, an ea, go bhfliuchfaidh baintreach súil
Atáir san aontumha fhuar dod' ídiú féin?
Á! Más é is dán duit bású gan iarghlúin,
Goilfidh, mar bhean gan chéile, an saol faoid' éag;

Beidh an saol id' bhaintreach phoiblí, faoi shíorbhrón
Nár fhág tú aon chruth díot tar éis do bháis; —
Is féadann meabhair gach baintrí aonair cló
A fir, trí shúile leanaí, a chaomhnú slán.

Sa saol gach aon ní ' dhiomailtear gan tíos
Aistrítear é, bíonn fós don saol ar fáil;
Ach níl don diomailt scéimh' sa saol ach críoch —
Áilleacht gan úsáid téann ar ceal go bráth.

Grá d'aon neach eile níl i gcliabh an té
A níos dúnmharú táir mar seo air féin.

Soinéad X: _(For shame deny that thou bear'st love to any...)_

Cé gur cosúil go mbíonn an cara ag maíomh go ngránn sé daoine dearbhaíonn an file go tréan nach féidir seo, go bhfuil an fuath chomh láidir sin i réim ina chara go bhfuil rún daingean aige é féin fiú a scrios. Impíonn sé air a bheith trócaireach air féin ar a laghad:

Gluais:

l.1: **séan go**: abair nach..., admhaigh nach...

l.2: **neamhbharainneach**: diomailteach, gan tíos; gan a bheith ag déanamh soláthair stuama

l.3: **iomad**: anchuid

l.5: **táir**: tá tú

l.6: Ní stadann tú den díobháil a dhéanamh fiú nuair is duitse féin é

l.7: **beartú**: réamhullmhú; **d'árais**....: a cholainn is a háilleacht. **cáim**: locht

l.8: nuair ba cheart duit é a choinneáil slán le hintinn daingean tréan.

l.11: **láithreacht**: an chaoi a dtagann tú i láthair daoine; **i gcomhar**: le chéile, ag an am céanna

l.14: **pór**: sliocht

18.

Sa bhaile a thosaíonn an grá!

As náire séan go dtugair grá do aoinne
Ó tá tú chomh neamhbharainneach duit féin.
Grá go bhfuil duit is fíor ag iomad daoine;
Nach ngránn tusa ámh aon neach is róshoil_éir_;

Ag fuath dúnmharfach, óir, chomh gafa táir
Nach staonair — fiú i do choinne féin — ón bhfeall,
'S tú ag beartú léirscrios d' árais ghlé gan cháim
A chaomhnú nuair ba chóir le rún dian teann.

Ó! athraigh smaoineamh 's athródsa mo mheon!
Áras níos breátha ag fuath ná ag grá ná bíodh;
Bí, mar do láithreacht, caoin is lách i gcomhar
Nó, duit féin ar a laghad, bí séimh deachroíoch:

Thusa eile déan, as grá dom, duitse féin
Go maire id' phór, nó ionatsa, do scéimh.

Soinéad XI: *(As fast as thou shalt wane, so fast thou grow'st...)*

Leantar den léiriú ar chomh mínádúrtha éigiallda atá sé a bheith gan sliocht, rud a chúitíonn an té atá ag meath le haois trína fhuil agus a shamhail a choinneáil beo; a aisíocann na fiacha don Nádúr fial agus a choinníonn an cine agus a thréithe is fearr ar marthain. Is tábhachtaí fós é seo go mór i gcás an ógfhir seo ó chruthaigh an Nádúr mar shéala nó múnla é chun samplaí nua den áilleacht a dhéanamh leis:

Gluais:

l.1: **tráfair**: tráfaidh tú, rachaidh tú i léig; **mear**: tapaidh

l.3: **bhéarfair**: tabharfaidh tú

l.5: **gaois**: eagna, stuaim

l.6: **baois**: easpa céille, uallacht; **críne**: seandacht, dreo; **meathlú**: meath

l.9 go l.10: Ní dochar (don Nádúr) daoine gan sciamh ná mórbhuanna a bheith gan chlann

l.11 go l.12: Is do na daoine is mó a fuair tréithe buntáisteacha (dathúlacht, talainn ...) uaidh ó bhreith a thugann an Nádúr an uimhir is mó de bhronntanais bhreise, ina measc seo líon leanaí; agus is dualgas é an fhlaithiúlacht mhór seo a chúiteamh trí na buanna a chaomhnú.

l.13: **snoigh**: gearr go hinnealta ealaíonta (as cloch, adhmad...)

l.14: **cóip**: seo an bunleagan nó bunsampla nó múnla óna ndéantar macasamhla nó cóipeanna (i gciall an lae inniu). Rinne an Nádúr an fear óg seo chomh slachtmhar chun go bhféadfadh sé é a úsáid le samplaí breise mar é a chruthú; teipfidh agus feallfaidh sé ar an Nádúr más ea má fhaigheann sé bás gan sliocht.

19.

Séala na háilleachta!

Chomh mear 's a thráfair fásfair chomh mear céanna
In oidhre beo díobh siúd a fhágfair féin;
'S an fhuil úr úd le hóige dóibh a bhéarfair
Id' fhuil féin beidh sí is d'óige dulta in éag.

Tá áilleacht sa mheon seo, tá fás is gaois;
Lasmuigh de, baois is críne 's meathlú fuar —
Mar sin dá mbeadh meon cách le cách bheadh críoch
Is scuabfadh trí scór bliain an saol chun siúil.

Iad siúd nár chúm an Nádúr ceart chun stóir —
Gan ghné 's gan mhíne, téidis seasc i ndíth;
Don té is mó buanna a bheir sí an bhreis is mó —
Tabhartas mórfhéile a thuilleann caomhnú fial:

Mar shéala shnoígh sí thú di féin is cheap
Go gclófá breis; nach ligfeá an chóip ar ceal.

Soinéad XII: *(When I do count the clock that tells the time...)*

Luann an file samplaí áille ón nádúr agus bualadh an chloig féin mar thacaíocht dá réasúnaíocht — meabhraíonn feo bláithíní, lomadh na gcrann, tiontú an tsamhraidh bhuí ina fhómhar gan mhaise agus buillí an chloig gan staonadh dúinn go meathann gach ní; níl de chosaint ag aon neach ar an mbuanaí dorrga gan trócaire ach sliocht a ghiniúint; coinneoidh seo a áilleacht beo anois agus tar éis a bháis:

Gluais:

l.3: **sailchuach**: bláithín léana corcra

l.4: **dlaoithe daoldubha**: gruaig chiardhubh; **spréite**: scaipthe; **airgead bán**: léithe, (dath liath) na haoise

l.5: **maorga**: breátha, galánta

l.6: **brothall**: teas meirbh; **foscadh**: scáth, fothain (Thugadh na crainn foscadh do na beithígh ón teas)

l.7: **punann**: beart nó asclán cruinn arbhair; **righin**: dolúbtha tirim crua

l.8: **colgfhéasóg**: féasóg ghuaireach, gharbh dias

l.10: **fuíoll an ama**: earraí atá caite sciosta ag an am is ag an mbás; cosamar, dramhaíl na beatha seo

l.12: **éagann**: faigheann bás; **mear**: antapaidh

20.

Sliocht an t-aon chosaint
ar mheath an Ama

Nuair ' éistim clog 's an t-am aige á ríomh
'S i ndubhghráin oíche chím lá bán á bhá;
Sailchuach ar thréig a glóir í nuair a chím
'S ar dhlaoithe daoldubha spréite an t-airgead bán;

Crainn mhaorga nuair a chím lom gan duilliúr,
Don tréad ón mbrothall b' fhoscadh fionnuar tráth;
Is glaise an tsamhraidh i bpunann righin, gan snua
Ar chróchar fómhair faoi cholgfhéasóg bhán;

Cuirim ansin faoi cheistiú dian do scéimh,
'Measc fuíoll an Ama ó caithfir dul chun fáin —
Mar tréigeann caoine is áilleachtaí iad féin
'S éagann chomh mear 's a chíonn cuid nua ag fás:

Aon chosaint níl ar speal an Ama chrua
Ach sliocht, mar dhúshlán 's é dod' bhreith chun siúil.

Soinéad XIII: *(O that you were yourself; but, love, you are...)*

Comhairlítear don stócach maisiúil ullmhú don chríoch atá i ndán dó; ar léas atá an áilleacht aige ach beidh an léas seo buan má bhíonn sliocht air; agus coinneoidh sé áras a scéimhe slán beo faoi onóir in áit ligean dó titim ina fhothrach scriosta:

<u>Gluais</u>:

l.1:   <u>monuar</u>: faraoir, mo léan

l.2:   <u>thar mar.</u>: níos faide ná mar...

l.3:   <u>réiteach</u>: ullmhú;   <u>i gcomhair:</u> fá choinne, le haghaidh

l.4:   <u>comhshamhail</u>: cosúlacht, deilbh sheachtrach;   <u>geanúil</u>: antaitneamhach, a spreagann mothú fábhrach

l.6:   <u>foirceannadh</u>: téarma dlí — dul as feidhm do léas (ar áitreabh);   <u>go suthain</u>: go bráth, go deo

l.7:   <u>an athuair</u>: arís

l.11: <u>anfa</u>: eascal, stoirm;   <u>allta</u>: fiáin borb

l.12: <u>fiúnach</u>: cuthach, fíochmhaireacht;   <u>aimrid</u>: neamhthorthúil, seasc; <u>oighearfhuacht</u>: fuacht anghéar ar fad, fuacht uisce reoite

l.14: <u>diomailteoir</u>: duine a chuireann airgead nó rudaí fónta amú

21.

Léas gan foirceannadh!

Monuar nach tú tú féin! Ní leat féin, ámh,
Thar mar a bheidh tú beo, a ghrá ghil, tú:
Réiteach i gcomhair na críche romhat is gá
'S do chomhshamhail gheanúil do neach eile a thabhairt.

Mar sin bheadh ar an áilleacht agat léas
Gan foirceannadh go suthain, is ba tú
Tú féin an athuair, beo tar éis duit éag
'S do shamhail róchaoin bheadh ar do shliocht caoin úr.

Cé ligeann áras breá le meath, i léig,
A gcaomhnófaí, le cúram, slán a cháil
In aghaidh thromanfaí allta an gheimhridh dhéin
Is fiúnach aimrid oighearfhuacht bhuan an bháis,

Ach diomailteoir? A ghrá dhil, agat bhí
Athair — ag d' oidhre féin bíodh sin le maíomh.

Soinéad XIV: *(Not from the stars do I my judgement pluck...)*

Chuig súile an óigfhir mhaisiúil is chuig an réalteolas (!) a chasann an file anseo chun argóint a sholáthar: réaltaí eolais dó na súile geala seo agus déanann siad astralaí den fhile ach ní chun na gnáthfháistiní a dhéanamh; tugann siad de léirstin dó go mbeidh an áille — agus an fhírinne (!) — slán buan má éiríonn an stócach as a bheith á choigilt féin; murab ea go mbeidh siad caillte go deo:

Gluais:

l.3:   <u>a thuar</u>: a réamhinsint, a fháistiniú

l.4:   <u>cora séasúr</u>: athraithe a tharlaíonn i rith na séasúr éagsúla

l.5:   <u>réamhfhios</u>: eolas roimh ré ar....

l.7:   <u>aithrisím</u>: insím go mion soiléir

l.8:   <u>ábhaliontais</u>: tarlaithe anaisteacha sa spéir

l.11:   <u>i gcomhar</u>: in éineacht

l.12:   <u>má .... féin</u>: má éiríonn tú as a bheith ag iarraidh do áilleacht a choigilt

l.13:   <u>fáistiním</u>: tuaraim, réamhinsím.

22.

Réalt-eolas na súl n-oscailte!

Ó réaltaí thuas ní bhainim fios ná rún;
Réalt-eolas tá, mar shílim, agam, ámh,
Ach ní chun ádh ná chun mí-ádh a thuar
Ná cora séasúr, ganntanas ná plá;

Réamhfhios na nóiméad mion níl agam féin
'S ní dháilim orthu báisteach, gaoth is grian;
'S ní aithrisím rath prionsaí dóibh roimh ré
Ó ábhaliontais spéire thuas a chím: —

Ód' shúile a bhainim gach ní dom is eol,
Mo réaltaí seasta, is d' ealaín iontu léim
Go mbeidh an Fhírinne is an Scéimh i gcomhar
Faoi rath má thiontaír ó do thaisciú féin;

É sin, nó fáistiním go mbeidh led' éag
Deireadh go deo le Fírinne 's le Scéimh.

Soinéad XV: *(When I consider everything that grows...)*

Léiríonn an file go mion anseo díomuaine agus giorracht ré gach ní atá ag fás, an síormheath is an claochlú gan staonadh: stáitse mór é an saol agus níl i ngach dá bhfuil ar siúl air ach seónna gan nithiúlacht gan substaint is iad á stiúrú is á meas ag réaltbhuíonta na spéire. Tá gach duine mar phlanda; ach dearbhaíonn an file go ndeiseoidh sé aon dochar a dhéanann an tAm is an t-athrú dá chara lena fhilíocht, mar a chuireann gairneoir beatha nua i gcrann trí beangáin a nódú air:

Gluais:

l.1:   **meáim**: smaoiním faoi is tomhaisim i mo intinn (gach gné de...)

l.2:   **foirfeacht**: buaicstaid fáis;   **meandar**: am anghearr

l.4:   **beachtaíocht**: tráchtaireacht, léirmheas;   **diamhair**: dúrúnda

l.5:   **lus**: planda

l.6:   Spreagtar is moillítear sruth na beatha sa duine ag cumhachtaí na spéire díreach mar a tharlaíonn do phlandaí.

l.7:   **seamhar**: sú na beatha

l.8:   **caitheann... glé**: nuair a chailleann duine andathúil a chuma bhreá ní bhíonn cuimhne níos mó air.

l.9:   **duthaine**: giorracht, díomuaine;   **Sa.... ghné**: nuair is léir dom cé chomh gearr is a mhaireann gach ní...

l.12:   **tiontú**: athrú

l.14:   **creach**: dochar, scrios;   **nódú**: greamú beangán ó phlandaí eile de ghas planda chun go bhfása sé is go súifidh sé chuige beatha dó féin is don ghas.

23.

Sárú léirscrios an ama:

Nuair ' mheáim, faoin uile ní dá bhfásann beo,
Nach seasann foirfeacht aoin ach meandar bídeach;
Nach léiríonn stáitse an tsaoil ach seó ar sheó
Faoi bheachtaíocht shíor na Réalt is a dtionchar diamhair:

Nuair ' chím, faoin duine, gur mar lus a fhás,
Á spreagadh is srianadh ag aon spéir seo na réalt;
Le seamhar a óige maíonn, ón mbuaic go dtránn,
'S caitheann go luath thar cuimhne a chruth breá glé:

Sa léargas seo ar dhuthaine gach gné
Seasair faoi lánstór d' óige os comhair mo shúl
'S ansiúd tá an scriostóir-Am 's an Meath ag plé
Chun lá geal d' óige a thiontú in oíche dhúr;

'S as grá duit leis an Am i ndianchath buan
Gach creach leis deisím ort le nódú nua.

Soinéad XVI: *(But wherefore do not you a mightier way...)*

Cé go mbuanóidh an file áilleacht an óigfhir ina dhánta brúnn sé fós ar a chara meath an ama a throid le gléas nó meáin níos éifeachtaí ná véarsaí is pictiúir; níl aige ach duine den iliomad ban óg a ghlacfadh le fonn leis a phósadh agus é féin a athghiniúint i samhail a léireodh go beo a mhórfhiúntas is a áilleacht don saol mór; rud nach bhféadfadh aon dán nó pictiúr a dhéanamh:

Gluais:

l.1:   **feidhm**: éifeacht
l.2:   **ár**: sléacht, ollmharú
l.3:   **daingníonn**: neartaíonn do chosaint
l.3:   **le meath do chló**: agus do dhealramh ag dul i léig
l.4:   **sás**: uirlis, gléas, deis;   **fóntach**: praiticiúil, éifeachtach
l.7:   **teimheal**: *(tí - al)*: smál, locht
l.8:   **líniú lom**: pictiúr is gan a dhath eile
l.9:   Gineann línte scuaibe pictiúr; le línte na beatha féin a ghintear leanbh, pictiúr beo
l.10:   **nuíosach**: duine gan taithí, nóibhíseach
l.13:   **dá éis:** ina dhiaidh sin (Beidh tú agat féin fós ina dhiaidh sin)
l.14:   **('S ...... féin):** Déanfaidh sé féin pictiúr fíorbheo de féin.

24.

Ealaín bheo an Nádúir!

Cén fáth nach gcuirir cath le feidhm níos mó
Ar thíorán seo an áir, an tAm gan chroí?
'S nach ndaingníonn tú thú féin, le meath do chló,
Le sás is fóntaí ná mo rann gan bhrí?

Seasair anois ar bhuaic do ré, faoid' ghlóir,
'S is iomaí maighdeangháirdín, fós gan cur,
'Bhéarfadh le mian gan teimheal do bhlátha beo —
Samhail díot ba mhíle fearr ná líniú lom!

'S d'athghinfí an bheatha lena línte féin;
Scuab, ámh, an Ama ná mo nuíosach pinn,
Laistigh i do <u>shárfheabhas</u> nó lasmuigh i do scéimh,
Ní dhéanfaidh beo thú féin i súile an tsaoil.

Thú féin tabhair uait; 's beir agat fós dá éis
'S l<u>í</u>neofar beo thú led' chaoinealaín féin.

Soinéad XVII: *(Who will believe my verse in time to come...)*

Sa dán seo deir an file fiú dá bhféadfadh sé gach bua is deathréith is suáilce atá ag a chara dil a léiriú go cruinn beacht ina dhánta nach gcreidfeadh aon duine sa todhchaí é. Déarfaí nach bhféadfadh aon neach daonna a bheith chomh hálainn sin; dhéanfaí fonóid faoi na dánta mar a dhéanfaí faoi scéalta seanfhir is déarfaí gur rámhaillí file is áibhéil seanamhrán iad. Má bhíonn leanbh aige áfach cruthóidh sin gur fíor iad mar beidh an áilleacht dhochreidte le feiscint sa leanbh; agus beidh sé féin beo sa pháiste agus san fhilíocht:

Gluais:

l.1:   **rann**: ceathrú (amhráin)

l.2:   **sárbhua**: ardthréith, antallann

l.3 go l.4: In áit buanna a charad a léiriú don saol is amhlaidh a cheilfidh a dhánta iad mar a cheileann tuama an duine atá ann agus a dheathréithe.

l.5:   **pár**: praitinn (scríobhtaí air roimh ré an pháipéir)

l.6:   **rannaíocht**: filíocht, bhéarsaíocht;   **ríomh**: insint

l.8:   **luise**: gléigile, niamhracht;   **neamhaí**: ó neamh, ainglí

l.9:   **fonóid**: deargmhagadh maslach

l.10: **críon**: anaosta, caite, feoite ag an aois

l.11: **feabhas**: deathréithe, sármhaitheas;   **mire**: mearaí, gealtachas

l.12: **cian (chéin)**: i bhfad, i bhfad ó shin

25.

Mearaí an fhile fíoraithe?

Cé ' chreidfidh mo chuid rann sna blianta chughainn
De gach sárbhua ód' stór má bhíonn siad lán?
Cé'r cosúil iad, chí Dia, le tuama dúr
'Tá ag ceilt do bheatha is leath do thréithe is feárr:

Áilleacht do shúl dá bhféadfainn scríobh ar phár
'S gach maise leat i rannaíocht úr a ríomh
Déarfadh an aois le teacht gur bhréag mo dhán —
"Luise chomh neamhaí ar aghaidh sa saol ní bhíonn".

Faoi fhonóid bheadh mo pháipéir, buí le haois,
Mar sheanfhear críon, is saibhre i gcaint ná i gcéill,
'S ar d' fheabhas lánfhíor bheadh mire file á glaoch
Is áibhéal ársa rannta an ama chéin:

Ach leanbh leat féin san am sin dá mbeadh beo
Mhairfeá — id' shliocht is i mo dhán — faoi dhó.

Soinéad XVIII : *(Shall I compare thee to a summer's day?....)*

Comórann an file áilleacht a charad: is breátha é ná aon ghné de bhreáthacht an dúlra; is séimhe é ná an uain Bhealtaine is aoibhne, is seasmhach a ghile murab ionann agus an ghrian, a bhíonn róthe uaireannta agus aimhgheal amannta eile; agus ní rachaidh samhradh a scéimhe in éag go deo ach é síorbheo i rannta an fhile.

Gluais:

l.1: **samhail**: ní atá cosúil....

l.3: **suaitheann**: craitheann go garbh;   **cuaifeach**: séideáin sí, soinneáin iomghaoithe

l.6: **aimhgheal**: neamhsholasmhar, gan a bheith geal;   **fann**: anlag

l.7: **i dtrátha**: ar uairibh;   **téann.... i léig**: tránn, meathann

l.8: **curtha ó chló**: curtha as a riocht

l.9: **feo**: críonadh, meath;   **síor**: suthain, buan, gan chríoch

l.12: **fásfair**: fásfaidh tú (In áit meath agus dul ar ceal is amhlaidh a éireoidh an cara dathúil níos beo i ndánta an fhile ó ré go ré agus ó aois go haois!)

26.
Áille na háille!

Duitse cén tsamhail is feárr — lá samhraidh séimh?
— Is áille tú ná sin 's is séimhe fós:
Suaitheann cuaifeach Bealtaine a bláithín glé
'S is róghearr léas an tsamhraidh ar a ghlóir.

Róthe ar uairibh lasadh shúil na spéir';
'S is minic aimhgheal fann a snua ghroí óir;
'S gach áille i dtrátha téann ón áille i léig
Sa seans nó i gcúrsa an Nádúir curtha ó chló.

Ach feo dod' shamhradh síorsa níl i ndán,
Is seilbh go deo ní chaillfidh sé ar do scéimh;
Trí scátha an Bháis ní bheidh tú choíche ar fán —
Im' línte síoraí fásfair trí gach ré:

An fhaid a mhaireann fir 's a fheiceann súil,
Maireann beo seo, 's bheir seo dhuit beatha bhuan.

Soinéad XIX: *(Devouring Time, blunt thou the lion's paw...)*

Tar éis ardáilleacht a charad a mhóradh díríonn an file ar scriostóir gach áilleachta, an tAm; ceadaíonn sé don bhuanaí dorrga a rogha millte a dhéanamh le haon eisceacht amháin — ordaíonn sé dó gan baint le háilleacht an óigfhir. Fiú mura dtugann an tAm aird air, ámh, maíonn sé go mairfidh a áilleacht go deo sna dánta seo:

Gluais:

l.1:   **ollchraos**: goile millteanach mór, ampla;   **mág**: crúb, lapa
l.2:   **ál**: clann (ainmhithe)
l.3:   **stoth**: tarraing go garbh
l.4:   **saolach**: fadshaolach, a mhaireann anfhada
l.5:   **subhach**: suairc, soilbhir, áthasach;   **dubhach**: duairc, doilbhir, brónach
l.6:   **is rogha leat**: is maith leat;   **luath**: mear, gasta
l.7:   **sólaistí**: gnéithe beaga taitneamhacha;   **róthréith**: anlag ar fad
l.8:   **míofar**: uafar, uaibhéalta;   **crosaim**: ní cheadaím, toirmeascaim
l.9:   **snoigh**: gearr as (le siséal)
l.10: **grean**: snoigh
l.11: **triallta**: taisteal, turais
l.12: **pátrún**: eiseamlár ar féidir aithris a dhéanamh air is é a chóipeáil
l.13: **do dhícheall donais**: an rud is measa is féidir leat

27.

Scrios an Ama gan éifeacht!

A Am an ollchraois, mága an leoin déan maol
'S an talamh cuir ag alpadh a háil chaoin óig;
Stoth fiacla géara an tíogair as a ghiall
'S an Féinics saolach ina fuil féin dóigh;

Na séasúir subhach is dubhach id' chúrsa déan —
Gach aon ní is rogha leat déan, a Am róluaith,
Don saol mór is dá shólaistí róthréith' —
Ach aon chion míofar crosaim ort go crua:

Led' uaireannta ná snoigh caoinghnúis mo ghrá
'S ná grean led' dhianpheann ársa línte ansiúd;
Eisean id' thriallta fágsa fós gan smál
Mar phátrún áilleachta do ghlúnta nua.

Do dhícheall donais déan; fós dá ainneoin
Mairfidh go buan im' dhán mo ghrá síoróg.

Soinéad XX: (*A woman's face with nature's own hand painted...*)

Soinéad é seo nach dtuilleann léamh chomh cúramach, le fírinne, lena ndeachaigh roimhe ná le bunús a leanann é. Is fearr féachaint air mar iarracht éadromchúiseach, dar liom, agus sin amháin is gan impleachtaí thairis sin a bhaint as nach gcuireann aon bhlas le taitneamh ná le tuiscint an iomláin ar aon nós. Maíonn an bard gurb é is cúis le móráilleacht a charad gur ag déanamh mná a bhí an Nádúr nuair a chruthaigh sí é ach go ndeachaigh sí amú i ndeireadh na hoibre!

Gluais:

l.3: **miochair**: búch, caoin, (croí) bog;

l.5: **iad siúd**: na bréagmhná

l.6: **rothlú**: .i. rothlú na súl; **óraíonn**: maisíonn le hór

l.7: **faoina réimeas**: faoina riail, faoina cheannas

l.10: **saoirsiú**: obair saoir, ceardaíocht

l.11: **suimiú... dealú**: cur le... baint ó

l.13: **chóirigh**: réitigh is dheasaigh is chuir bailchríoch air.

28.

Abláil an Nádúir!

Aghaidh <u>mná</u>, ag láimh an Nádúir féin a dathaíodh,
'Tá ortsa, Máistir 's Máistreás mo dhomhainpháise;
Is ionat <u>croí</u> mná, miochair, ach gan aithne
Ar athrú síor an chroí ar nós bréag<u>mhná</u> é;

Súil 's gile ná acu siúd, gan oiread bréige
Sa rothlú, a óraíonn gach ní lena hamharc;
Cruth fir 'tá ort's gach aon chruth faoina réimeas,
Ag goid súl fear 's ag cur gach mná faoi alltacht.

Chun 'bheith id' bhean a cruthaíodh thusa an chéad uair
Gur thréig, sa saoirsiú di, a ciall an Nádúr
'S le suimiú leatsa dhealaigh sí uaim féin thú —
'S aon ní chuir leat, dom' chuspóirse ar fiú náid é.

Ó chóirigh sí do mhná mar shult is spórt thú
'S liomsa do ghrá — <u>úsáid</u> do ghrá is <u>leo</u> siúd.

Dreas 1 (B)

Soinéad XXI: *(So is it not with me as with that Muse...)*

Anseo tá an chéad ionsaí ar an mbréige san ealaín is san fhilíocht sa chás seo —
cáineann an Bard na filí úd a mhórann áilleacht duine a chonaic siad i bpictiúr agus
nach bhfuil mar sin á spreagadh ag grá fíor mar atá seisean. Ní áilleacht fíordhuine
atá ina gcursíos ach gach gné is deise den spéir agus den dúlra agus déanann siad seo
le háibhéil áiféiseach mar is é díol a ndánta amháin is cuspóir dóibh.

Gluais:

l.1:   **éigeas**: litrí, fear litríochta, file

l.3:   **oll**: ollmhór

l.4:   **spéirneach**: duine fíorálainn;   **deannta**: daite;   **meánn**: measann

l.5:   **aontaíonn dís**: déanann péire;   **trí chóimheas maíteach ard**: trí chomparáid ardnósach
atá ina údar maíte nó bróid toisc go bhfuil sé fábhrach

l.8:   **aibhseacht chruinn**: spás ollmhór cruinn idir talamh agus spéir (úsáideann siad gach rud
álainn atá ar talamh, san aer nó sa spéir ina gcomparáidí)

l.10: **spéiriúil**: análainn;   **gin**: duine a gineadh ag..., neach a thuismigh athair nó a
choimpir máthair.

l.12: **órchoinnle**: réaltaí, reanna neimhe geala (atá mar choinnle óir)

l.13: **clostrácht**: fianaise béil gan fíorú, ar aon dul le háilleacht shamhlaithe an duine
neamhréadúil sa phictiúr; ar an mbonn seo a bhunaíonn na filí seo a saothar.

29.

Áilleacht shamhalta agus fíoráilleacht

Ní hionann domsa 'gus don éigeas úd
A spreagann áille ó phictiúr é chun dáin;
Mar mhaisiú ollstór neimhe féin a luann
'S gach spéirneach leis an spéirneach deannta a mheánn;

Is aontaíonn dís trí chóimheas maíteach ard
Le Grian is Ré, 's gach seoid ó mhuir 's ó thír,
Le céad bhláth Aibreáin 's gach tearciontas 'tá
Ina aibhseacht chruinn ag aer glan neimhe á iamh.

Ó scriobhadh mise, fíor i ngrá, dán fíor,
Is creid mé ansin: mo ghrá chomh spéiriúil tá
Le haon ghin mháthar daonna, ach chomh geal níl
Leis na hórchoinnle ar buan sa spéir a n-áit.

Níos mó scrío'dh siadsan, clostrácht leo gur binn,
Áibhéal ní dhéanfadsa, nach aidhm dom díol.

Soinéad XXII: *(My glass shall not persuade me I am old...)*

"Réasúnaíocht" éadromchroíoch atá sa dán seo trína gcruthaíonn an file dó féin nach féidir eisean a bheith sean fad atá a chara dil óg; mar tá a chroí i gcliabh a charad, timpeallaithe ag a áilleachtsan, agus croí a charad i gcliabh an fhile. Mar sin, cuma céard a fheictear sa scáthán, fad atá an cara óg ní féidir aois a bheith air féin. Áitíonn sé ar an ógfhear aire chomh maith a thabhairt dá chroí agus atá seisean ag tabhairt dá chroísan — ar mhaithe leis féin ar ndóigh!

Gluais:

l.1:   **ní áiteoidh orm**: ní chuirfidh ina luí orm;   **gur aosta mé**: go bhfuil mé sean

l.2:   **chúns tá...**: chomh fada is go bhfuil...;   **maoth**: bogchroíoch;   **ar comhaois**: den aois chéanna

l.3:   **sonród**: tabharfaidh mé faoi deara

l.6:   **feisteas**: culaith (éadaí);   **cuibhiúil**: i gcomhréiteach le deabhéasa agus leis an deadhealramh, cuí is ceart

l.7:   **cliabh**: ucht, cliabhrach

l.8:   **taoi**: tá tú

l.9:   **díot... déan**: tabhair aire anmhaith duit féin

l.10: **nímse**: déanaimse

l.12: **cumhdaíonn ó**: díonann ar....;   **buime**: banaltra (páiste), máthair altrama.

l.13: Ná ceap gur cinnte go bhfaighidh tú do chroí slán nuair a bheidh mo cheannsa marbh

30.

Babhtáil na gcroíthe
is comhaois na gcarad!

Scáthán ní áiteoidh orm gur aosta mé
Chúns tá tú féin 's an óige mhaoth ar comhaois;
Nuair ' shonród línte an ama ámh i do ghné
Iarrfad go gcuire an bás lem' laetha críoch.

An áille úd uile, arae, dod' chlúdach 'tá,
Níl ann ach feisteas cuibhiúil cóir mo chroí,
Id' chliabh 'tá beo mar tá do chroíse im' lár —
Cén dóigh, más ea, gur sine mé ná taoi?

Mar sin, a chroí, díot féin dianchúram déan
Mar ' nímse — ní dom féin ach ar do shon —
Den chroí seo leatsa im' chliabh le haire thréan,
Amhail cumhdaíonn buime chaoin a naí ón olc.

Dóigh, ámh, ná déan ded' chroí is mo chroíse ar lár —
Thug tú dom é 's níor iarr tú é a athfháil.

Soinéad XXIII: *(As an unperfect actor on the stage...)*

Anseo míníonn an file a éagumas chun a mhothúcháin a chur in iúl go sásúil i gcaint; is cosúil é le haisteoir neirbhíseach gan taithí, nó le hainmhí allta a lagaítear ag treise na feirge a mhothaíonn sé; fágann méid a ghrá gan chaint é agus mar sin ina dhánta amháin atá a mhothúcháin curtha in iúl go deaslabhartha éifeachtach; sin an áit ar gá éisteacht leis agus is iad na súile a chaithfidh gnó na gcluas a dhéanamh:

Gluais:

l.2: **cearthaí**: neirbhís

l.3: **alltán**: neach (duine nó ainmhí) fiáin fíochmhar; **borb**: allta, fíochmhar, míshéimh, forneartmhar; **fíoch**: mothú anláidir ar fad

l.4: **barraíocht**: an iomarca

l.5: **téann... díom**: teipeann orm; **cheal**: de cheal, de bharr easpa...; **ríomh**: rá, aithris, insint

l.7: **dealraím**: bíonn cosúlacht orm...; **dul i léig**: lagú, neart a chailleadh

l.8: **faoi rólucht**: faoi ualach róthrom;

l.9: **deaslabhra**: cur in iúl ealaíonta feidhmiúil

l.10: **urlabhra**: cumas cainte, teanga; **glór**: guth

l.11: **impí**: iarraidh go tréan

l.12: **níos feidhmiúla**: níos treise is níos éifeachtaí

l.13: **gan ghlór**: gan ghuth, balbh

l.14: **bua mín**: cumas caolchúiseach

31.

An grá gan urlabhra!

Mar aisteoir 'tá gan foirfeacht fós sa cheird
A dtéann a pháirt le cearthaí air amú;
Nó alltán borb líon lán de fhíoch chomh tréan
Go lagaíonn barraíocht threise a chroí 's a chumhacht;

Mar sin a théann ' cheal muiníne díom féin
Mo pháirt iomlán i ndráma an ghrá a ríomh;
'S i neart mo ghrá féin dealraím dul i léig,
Faoi rólucht ag tromualach mo ghrá fhír.

Im' dhánta mar sin mo dheaslabhra bíodh
'S urlabhra balbh dom' chliabh a thabharfaidh glór,
Ag impí grá 's ag cuartú ann aisíoc
Níos feidhmiúla ná teanga ar bith go mór.

Ó, foghlaim scríobh an ghrá gan ghlór a léamh;
Cloisteáil na súl, bua mín an ghrá is ea é.

Soinéad XXIV: *(Mine eye hath played the painter and hath stell'd...)*

Soinéad féinseasmhach eile: tá samhail dá chara déanta ag súil an fhile ar a chroí, pictiúr a shásaíonn critéir amháin ar a laghad den mhórealaín, .i. an pheirspictíocht, ina gcaitear breathnú trí phlánaí ag doimhneachtaí éagsúla; sa chás seo trí chliabhrach an fhile, ansin trí shúile a charad ghrámhair agus trína chroí féin — an dánlann ina bhfuil an pictiúr ar crochadh — chun an tsamhail a fheiceáil. Easnamh mór amháin ar shaothar seo na súile nach féidir léi a theaspáint ach a bhfeiceann sí, agus mar sin nach dtugann sí léargas ar bith ar chroí an duine:

Gluais:

l.2:   **do sciamhchruth**: do chruth nó do dhealramh andathúil;   **greanta**: inscríofa, clóite

l.3:   **imiann**: dúnann isteach, timpeallaíonn, imdhruideann

l.4:   **buaic**: an pointe (nó gné) is airde

l.6:   **grinniú**: féachaint go cúramach ar., scrúdú

l.8:   **glónraíodh**: clúdaíodh le brat maisiúil gloine

l.9:   **soilíos**: aisce, gar

l.12:   **gliúcaíonn**: féachann (le súile leathdhúnta);   **aoibhneas**: ardshonas

l.14:   **a bhfeicid**: na rudaí a fheiceann siad

32.

An tsúil ina healaíontóir!

Dem' shúil tá péintéir déanta 's aici tá
Do sciamhchruth buailte, greanta ar chlár mo chroí;
Mo chorp an fráma a imiann an íom<u>há</u>,
'S an pheirspict<u>íocht</u>, 's í is buaic don ardeal<u>aín</u>;

Mar tríd an bpéintéir féin ní mór a scil
A ghrinniú chun do <u>í</u>omhá a aimsiú cruinn,
'Tá crochta i ndánlann bheo mo chléibh, laistigh
De phánaí ar led' shúile a glónraíodh iad.

Féach sin mar shoilíos déanta ag súil do shúil! —
Línigh mo shúil do chruth, 's do shúile féin
Pánaí mo chléibhe iad, is tríothu siúd
Gliúca<u>íonn</u> an ghrian faoi aoibhneas ar do scéimh.

Cleas, ámh, nach bhfuil ag súile dá n-eal<u>aín</u>:
Líníd a bhfeicid, 's ní heol dóibh an croí.

Soinéad XXV: _(Let those who are in favour with their stars...)_

Léiríonn an Bard anseo méid an áidh atá air gur as a ghrá a bhaineann sé a shonas, nach ar dheamhéin na réaltaí ná lucht tionchair is cumhachta atá sé ag brath ná ar ghean an phobail ar laochra. Is leor an cor contráilte is lú — féachaint fheargach óna n-éarlamh nó cailliúint amháin — chun sástacht ainsín tiarna nó laoch an phobail a mhilleadh. Ag an bhfile atá an t-aon údar sonais nach dteipfidh air:

Gluais:

l.1:   faoi ghnaoi a réaltaí: faoi fhábhar na réaltaí;   ámharach;   maíodh: déanaidís gaisce
l.3 is l.4: ón ní .... glóir: .i. ón ngrá;   sult: siamsa, ansonas
l.5:   spréann: osclaíonn amach go hiomlán, leathann;   ainsín: duine atá faoi ghnaoi duine chumhachtaigh;   flatha: prionsaí, fir chumhachtacha
l.8:   grainc: féachaint míshástachta
l.9:   trodaí: trodaire, gaiscíoch;   brúite: a bhfuil lorg iliomad buillí troma air;   as neart: faoina láidreacht
l.10:   ní luaithe a chloí: chomh luath is a bhuaitear air;   iar: tar éis;   gleo: cath, troid
l.12:   dianéacht: gníomh gaisce, beart anchróga

33.

Is é an grá
an fhoinse shonais is fearr...

Iad siúd atá faoi ghnaoi a réaltaí maíodh
As ardchéim 's onóir phoiblí; ach ó ghlóir
Mar sin cé chosc an t-ádh mé, faighimse ón ní
Is mó dá dtugaim glóir mo shult is mó.

Spréann ainsíní dá bhfhlatha a bpiotail ghlé
Mar ' leathann bláithín umhal a stór don ghrian;
'S a mbród go domhain tá adhlactha iontu féin —
Le grainc ón bhflaith 'na nglóir féin éagann siad.

An trodaí brúite ar mór as neart a cháil
Ní luaithe a chloí — iar míle bua — sa ghleo,
As leabhar na laoch bíonn scriosta go hiom<u>lán</u>,
'S gach dianéacht leis i ndearmad téann go deo.

Nach aoibhinn domsa a thugann — 's a fhaigheann — grá,
'S nach dtig liom cur — ná curtha bheith — as áit.

Soinéad XXVI: _(Lord of my love, to whom in vassalage...)_

Seo an chéad chuid den "dán" seacht soinéad faoina sheal ar shiúl óna chara cléibhe; cuireann sé a dhomhainmheas ar a chara in iúl faoi fhaitíos áfach go dteipfidh air méid a cheana is a mheasa a léiriú de bharr a éagumais teanga féin. Chuige sin tá sé ag brath ar ardthuiscint is ar léirstin a charad a theaspáinfidh grá an fhile go cruinn fíor dó, tá súil aige. Ansin, agus meas a charad gnóite aige, féadfaidh sé maíomh as méid a ghrá dó:

Gluais:

l.1:   <u>triath</u>: tiarna, taoiseach;   <u>géillsine</u>: glacadh umhal le ceannas is cumhacht rialtóra

l.2:   <u>mogha</u>: giolla, sclábhaí;   <u>snaidhmthe</u>: ceangailte, aontaithe;   <u>feabhas</u>: sármhaitheas

l.3:   <u>i do dháil</u>: chugat, i do láthair

l.4:   <u>maíomh faoim' mheabhair</u>: gaisce a dhéanamh faoi cé chomh cliste deisbhéalach atá mé

l.8:   <u>léirstean</u>: cumas na hintinne chun fírinní a fheiceáil, .i. a thuiscint go soiléir

l.10: <u>léas</u>: gile, solas;   <u>le deaghnaoi</u>: go dea-mhéineach soilíosach

l.11: <u>stiallta</u>: gioballach, faoi fheisteas stróicthe;   <u>maisiúil</u>: go deas, slachtmhar

<u>l.14</u>: Nuair a bheidh sé cinnte faoi mheas a charad a bheith gnóite aige ní bheidh eagla air go gcaithfidh seisean amhras ar a ghrá dó ná go gcuirfidh sé an grá sin faoi thriail.

34.

Ar shiúl (1): Dearbhú dílseachta

A Thriath mo ghrá, mo ghéillsine duit tá
'Na mogha buan snaidhmthe teann leat ag do fheabhas;
Seolaim an scríbhinn seo go humhal id' dháil
Mar léiriú dílseacht' 's ní chun maíomh faoim' mheabhair:

Olldílseacht ar a gcuirfidh meabhair chomh tréith
Cuma lomnocht de cheal na bhfocal cruinn;
Is tréan mo dhóchas, ámh, go bhfeicfir féin
Id' mheabhair ghlan í led' léirstean ghlé go fíor:

Is cibé réalta ansin a stiúraíonn mé
Go ndírí orm a léas le deaghnaoi,
Mo ghrá bocht stiallta a chóireoidh maisiúil glé
Ag teaspáint duit gur fiú mé do mheas caoin.

Ansin as méid mo ghrá duit féadfad maíomh:
Go sin bead ceilte is slán mo ghrá ód' thriail.

Soinéad XXVII: *(Weary with toil, I haste me to my bed...)*

Léirítear anseo an méid a airíonn an file a chara uaidh. Cé go mbíonn sé traochta ag saothar dian an lae ní thig leis codladh san oíche leis an oibriú a bhíonn ar a intinn ag cumadh samhlacha dá chara. Mar sin de bharr na hoibre coirp de ló agus intinne istoíche níl an file ag fáil scíthe ar bith:

Gluais:

l.1: **luain**: obair andian, tiaráil; **go beo**: láithreach, gan mhoill

l.3: **aistear**: turas

l.5: **áitreabh**: áit chónaithe, teach; **umhal**: gan mórtas

l.6: **chughat**: "chúat "(na Mumhan); **beartaíonn**: ullmhaíonn

l.7: **fabhra**: clúdach (fionnach) súile; **fann**: anlag; **ar leathadh**: oscailte go hiomlán

l.10: **láithríonn**: cuireann i mo láthair, nochtann dom; **amharc**: dhá shiolla — amh - arc

l.11: **gráice**: gránnacht; **aduain**: fíoraisteach, diamhair, aerachtúil

l.12: **níos**: a dhéanann; **sine**: staid shean, gan bhrí; **sine gné**: an cuma sean (a bhíonn ar an oíche dhubh)

l.14: **só**: fóillíocht, saoirse ó obair is ó bhuairt

35.

Ar shiúl (2): Gan suan gan srann!

Tuirseach ón luain chun leapa téim go beo,
Scíth mheala géag a bhíonn ón taisteal traochta;
Im' cheann, ámh, tosaíonn láithreach aistear mór
Mar obair mheoin 's an obair choirp lándéanta;

Mo smaointe, arae, i bhfad óm' áitreabh umhal
Oilithreacht ómóis chughat i gcéin beartaíonn,
'S coinníonn mo fhabhraí fanna ar leathadh buan
Ag stánadh ar dhuibhe a fheiceann fiú na daill.

Ach m' anam lena shamhlaíochtradharc gan súil
Láithríonn dom' amharc dall do scáil shoiléir,
Mar sheod 'tá ar crochadh i ngráice oíche aduain,
' Níos breá an dubhoíche is úrbheo sine a gné.

Mar sin, istoíche im' mheon, 's im' chorp de ló,
Dom féin is duitse, scíth ní fhaighim ná só.

Soinéad XXVIII: *(How can I then return in happy plight...)*

Sa soinéad seo cuirtear in iúl don chara dil a mhéid atá an tréimhse i gcéin uaidh ag goilliúint ar an bhfile. Tá scíth agus sonas bainte de, agus na mórnaimhde sin, oíche agus lá, i gcomhghuaillíocht chun a chinntiú nach bhfaighidh sé faoiseamh. Le diansaothar a chránn an lá é agus lena mheabhrú dó a fhad is atá sé óna chara a chéasann an oíche é. Teipeann ar gach iarracht leis chun an phian a laghdú:

Gluais:

l.1:   **aoibh**: dreach sonasach

l.2:   **leas**: tairbhe, maith;   **toirmiscthe**: bactha, cosctha

l.3:   **daorbhrú**: íde chruálach

l.5:   **dís**: beirt;   **réim**: riail, limistéar rialaithe

l.6:   **i gcomhar**: ag comhoibriú

l.7:   **luain**: obair andian, tiaráil

l.8:   **cian**: anfhada ar shiúl

l.10: **gur tú a mhaise**: maisíonn tú;   **néal**: scamall

l.11: **tláthaím**: bogaim a fearg nó a cantal

l.12: **niamhair**: maisíonn, gealaíonn tú le hór;   **trílsiú**: glinniúint

36.

Ar shiúl (3):
Gan scíth de ló ná d'oíche

Faoi aoibh gheal sonais conas d'fhillfinn féin,
Ó leas na scíthe toirmiscthe mar táim? —
Gan faoiseamh dom san oíche ó dhaorbhrú lae
Ach lá ag oíche á dhaorbhrú 's oíche ag lá?

'S, cé naimhde an dís do réim a chéile, táid
Mar aon, chun mise a chéasadh, i gcomhar go dlúth —
An lá le luain, an oíche le gearán
Faoim' luain chomh cian, de shíor níos faide, uait.

Gur geal tú maím mar phlámás leis an lá,
'S gur tú a mhaise is smál dubhnéal ar spéir;
'S an oíche shnuadhubh tláthaim trína rá
Go niamhair í roimh thrílsiú dá chéad réalt.

Ach éiríonn lá ar lá mo léan níos mó,
Is oíche ar oíche téann i neart mo bhrón.

Soinéad XXIX: *(When in disgrace with Fortune and men's eyes...)*

Tá sólás mór an chairdis agus an ghrá — fiú le linn scarúna — léirithe go glinn sa soinéad seo. Nuair is ísle é meanmna an fhile, é gan rath ná ádh sa saol agus ag déanamh formaid le gach duine rafar ámharach ní bhíonn aige ach smaoineamh ar a chara cléibhe agus spreagtar oiread sonais agus mórtais ann gur dóigh leis gur fearr a staid féin ná staid an duine is gustalaí nó is cumhachtaí ar bith:

Gluais:

l.1: **gan ghnaoi an áidh**: nuair a bhíonn an t-ádh mífhábhrach dom, .i. i mo aghaidh
l.2: **éaglann**: duine easchoiteannaithe, curtha as an tsochaí;   **mo dháil**: mo staid, mo chás
l.3: **éamh**: gáir chaointe nó impíoch
l.4: **mallaím**: cuirim mallacht ar;   **dubhdhán**: míchinniúint
l.6: **gur breátha a ghné**: atá níos dathúla ná mé
l.7: **réimse**: líon buanna, raon cumas
l.8: **mo rogha siamsa**: an caitheamh aimsire is fearr liom
l.9: **daol**: duairceas, staid domheanmnach
l.10: **dáil**: staid, riocht
l.12: **ceolann**: seinneann, gabhann;   **iomann**: duan, amhrán (maorga)
l.14: **mhalartóinn**: bhabhtálfainn

37.

Ar shiúl (4): Sólás an ghrá faoin mbrón is domhaine...

Gan ghnaoi an áidh 's faoi náire i súile an tslua
Nuair ' chaím im' éaglann uaigneach dubhach mo dháil,
Le héamh gan éifeacht cráim an spéir gan trua,
Dearcaim mo riocht is <u>mall</u>aím mo dhubhdhán;

Mé in éad le fear is saibhre i ndóchas fíor,
Le hollslua cairde nó gur breátha a ghné,
Ag santú a réimse seo, de siúd a ealaín';
'S im' rogha féin siamsa ansin is lú mo spéis.

Sa daol seo, ámh, lem' bhród is meas lánmhúchta
Smaoiním ort féin 's mo dháil, mar fhuiseog shuairc
Le fáinne lae ag léim ó dhomhan seo an duaircis,
Ceolann ag táirseach neimhe a iomann buach:

Faighim maoin chomh mór ó chuimhniú ar do chaoinghrá
Le Ríthe an domhain nach malar<u>tóinn</u> mo dháil.

Soinéad XXX: *(When to the sessions of sweet silent thought...)*

Déantar fairsingiú anseo ar théama an tsoinéid roimhe: san oíche is duibhe agus gach brón is caillteanas dár fhulaing sé agus gach cuimhne léanmhar dá shaol ag cur lionndubh trom air gealaítear an intinn agus scaiptear gach néal bróin trí gan ach smaoineamh ar a chara dil:

Gluais:

l.1: **dáil**: cruinniú, tionól comhairle riaracháin;   **gleo**: fuaim, torann

l.2: **gairim**: glaoim ar (go húdarásach)

l.3: **osnaím**: cuirim osna nó cnead asam;   **ceal**: easpa;   **iliomad**: anchuid (rudaí)

l.4: **m'am tearc ídithe**: mo am gann luachmhar atá caite (gan tairbhe?)

l.5: **is annamh tais**: nach mbíonn fliuch ach go hannamh

l.7: **cian**: lionndubh, troime croí;   **seanmhúchta**: a mhúchadh i bhfad ó shin

l.8: **dúchan**: dorchú, déanamh dubh;   **léan**: brón géar trom

l.9: **údair chaite**: cúiseanna atá imithe

l.10: **ciach**: gruaim

l.11: **ochlán**: cnead

l.12: **amhail is nár ....**: faoi mar nár ...

l.14: **cúiteamh**: beart nó gníomh a chealaíonn nó a laghdaíonn olc nó éagóir nó mí-ádh;
    caill: caillteanas

38.

Ar shiúl (5):
Sólás in oíche na ndubhchuimhní

Chun dáil gan ghleo na smaointe caoine ciúin'
Nuair ' ghairim cuimhne laetha caite an tsaoil
Os<u>naím</u> faoi cheal iliomad dá raibh uaim
'S le seanbhróin m' am tearc ídithe nuachaím:

Ansin bíonn súil, is annamh tais, á bá
Faoi chairde óir croí síorcheilte in oíche an éag';
'S an athuair caoinim cian seanmhúchta an ghrá
'S faoi dhúchan míle radharc is trom mo léan.

Dubhrón bíonn orm faoi údair chaite bróin,
Is áirím liom ó léan go léan faoi chiach
Dubhchuntas seanoch<u>lán</u> is atho<u>chón</u> —
Á nua-íoc agam, amhail 's nár íocadh riamh.

Ortsa má smaoiním, ámh, a chara chroí,
Bíonn cúiteamh do gach caill 's le gach brón críoch.

Soinéad XXXI: *(Thy bosom is endearèd with all hearts...)*

Tá fairsingiú anseo agus toradh loighiciúil (!) ar ídé ó shoinéad níos luaithe — go bhfuil daoine a ghránn a chéile chomh haontaithe sin gur aonad — aon rud amháin — iad; agus, mar ghné de seo, go bhfuil croí duine i gcliabh an té a ghránn sé; tá mar sin croíthe go leor cairde agus gráthóirí de chuid an fhile — cuid díobh ar "shíl" seisean go raibh siad marbh — i gcliabh a charad agus mar thoradh air seo tá gach cuid den fhile féin sa chliabh sin; mar bhí na coda sin de i gcroíthe na seanchairde agus na seanghráthóirí:

Gluais:

l.1: Tá do chliabh níos dile de bharr na gcroíthe (atá istigh ann)

l.2: __dá gceal__: toisc nach raibh siad agam níos mó

l.3: __i réim__: ag rialú

l.5: __dianómósach__: lán de ómós domhain ón gcroí, fíormhothaithe; __tais__: bogfhliuch agus truamhar

l.6: __diaganta__: cráifeach, umhal do dhlí Dé

l.7: __ús__: íocaíocht bhreise ar iasacht (iasacht ghrá na gcarad marbh)

l.10: __comhramh__: mír choncais, trófaí

l.12: __gasra__: grúpa daoine

l.13: __samhail__: íomhá, cosúlacht

39.

Ar shiúl (6):
Sluathuama is seomra comhramh?

Is dilede do chliabhsa croíthe cách
Ar shíleas-sa, dá gceal, nach maireann siad;
Is inti i réim tá an Grá 's gach cuid den Ghrá
'S gach cara a shamhlaíos curtha fadó riamh.

Nach iomaí deoir dhianómósach thais chaoin
A ghoid an grá dil diaganta ó mo shúil
Mar ús do mhairbh nach bhfuil anois, mar ' chím,
Ach aistrithe dod' chliabhsa 's ceilte ansiúd.

Is tusa an uaigh 'na maireann, curtha, an grá
Maisithe ag comhraimh m' iarghráthóirí ' d'éag
'S thug gach cuid díom ba leosan duitse ar láimh;
Rud ba le gasra, is leat go hiomlán é:

Ionat samhail cách díobh siúd a ghráigh mé chím;
'S agat tá — acusan uile — gach cuid díom.

<u>Soinéad XXXII</u>: *(If thou survive my well-contented day...)*

Iarrann an file sa soinéad seo ar a chara a dhánta a léamh tar éis a bháis cé go mbeidh filí i bhfad níos fearr ná é ag scríobh faoin am sin, ach gan iad a léamh de bharr fheabhas a stíle ach de bharr an ghrá atá iontu:

<u>Gluais:</u>

l.1:   <u>trí' m</u>: trí mo;   <u>cinniúnach</u>: a chinneann (shocraíonn) a bhfuil i ndán (dom)

l.2:   <u>deannach</u>: smúit (na huaighe)

l.4:   <u>ranna</u>: véarsaí

l.5:   <u>togha</u>: an chuid is fearr;   <u>linn</u>: ré, aois;   <u>cóimheas</u>: cuir i gcomparáid

<u>l.6:</u>   cé gur fearr go mór saothar gach údair

l.8:   <u>barrtha</u>: sáraithe;   <u>is cumasaí go hard</u>: ar fearr go mór fada iad

l.9:   <u>deonaigh dom é</u>: bí chomh cineálta agus é a thabhairt dom

l.10:   <u>éacht</u>: beart iontach, gníomh ar gá ardchumas chuige

l.11:   <u>aonghin</u>: an t-aon leanbh (.i. a chuid dánta)

l.12:   <u>ar shlua na héigse</u>: i measc aos litríochta

40.

Ar shiúl (7):
An fíorghrá aon-bhua a dhánta...

Má mhairir slán trí' m lá cinniúnach úd
Mo chnámha nuair a bheidh faoi dheannach carntha
Ag brúid an Bháis, 's má bhír ag léamh athuair
Rannta gan slacht do charad ghrách nach maireann;

Le togha na linne nua sin cóimheas iad
Is, saothar gach pinn díobh go mór cé feárr,
Dom' ghrása cuir i dtaisce iad, ní dá stíl
' Bheas barrtha ag filí is cumasaí go hard.

Ó, deonaigh ansin dom smaoineamh grách amháin:
"Dá n-oilfí m' fhile i laetha seo na n-éacht
B'uaisle go mór ná seo aonghin a ghrá,
'S b'airde go mór ar shlua na héigse a chéim:

Ó d'éag sé, ámh, 's go bhfuil ann baird níos feárr,
Léifead iadsiúd dá stíl, eisean dá ghrá."

DEIREADH LEIS AN

GCÉAD DREAS (B)

AN DARA DREAS (A)

(A) Chuig an Stáidbhean chiar

L éirítear sna dréachta seo frithoibriú an fhile do fhealladh a leannáin air. Luascann sé ón deargcháineadh go dtí an impí agus ag céim áirithe téann sé i muinín an ghrinn éadromchúisigh — gháirsiúil fiú de réir chiallú roinnt scoláirí — le hilimeartas focal ar a ainm féin arb é ainm an ógfhir freisin é — chun a neamhchúis faoin scéal uile a theaspáint agus a shástacht chun í (.i. a rúinsearc) a roinnt! Tagann an cáineadh chun buaice sa dán a thugann ainsprid ifreannda uirthi a bhfuil a chara — aingeal — i ngéibhinn docht ina Háidéas deamhanta aici! Cé go bhfuil blaisín éigin grá le brath ar na soinéid impíocha níl iarracht ar bith den tuiscint is den chomhbhá a léiríonn sé dá chara le sonrú iontu.

Soinéad CXXXIII: *(Beshrew that heart that makes my heart to groan...)*

An triantán gan réiteach? Feicimid anseo an cor a thosaigh an chíorthuathail i gcaidrimh chrosta an fhile, an uair seo ó thaobh pháirt na mná sa scéal. Uirthi sin is ar a croí crua atá an file ag cur an mhilleáin, ag rá gur chuir sí an cara óg i ngéibhinn níos measa fós ná é féin. Tá tréigean triarach déanta air féin: ghoid sise é féin uaidh féin, ansin ghoid sí a chara agus thréig sí féin é. Tairgíonn sé mar réiteach a chroí mar ghiall i bpríosún chroí na mná chun a chara a shaoradh láithreach; ansin go bhfeidhmeoidh a chroí mar gharda sa phríosún fuar sin, ag ceapadh nach bhféadfaidh sise a bheith lándian air ina phríosún féin. Léirítear láithreach dó ámh go mbeidh sé faoi ghlas aici agus gur léi go hiomlán é:

Gluais:

l.1:   **scéal ar...:** léan ar...
l.2:   **cneá:** créacht, goin
l.3:   **aige:** ag an gcroí
l.4:   **daor:** cime, sclábhaí;   **daoirse:** easpa saoirse
l.5:   **danarshúil:** súil chruálach;   **d'fhuadaigh:** mheall chun siúil is rinne cime díom
l.6:   **an mé sin eile:** a chara (ba aon aonad amháin iad!);   **i ngéibhinn:** i bpríosún, i gcruachás
l.8:   **léan:** brón domhain, dothairne;   **céasta:** pionósta
l.9:   **cruach:** iarann faghartha;   **brá:** giall
l.12:   **(ró)ghéar:** ag cur gach pionóis a cheadaíonn an dlí i bhfeidhm
l.13:   **beir:** beidh tú;   **faoi iamh:** faoi ghlas
l.14:   **gan rogha:** de mo dheoin nó de mo ainneoinn

41.

Tréigean triarach
is ina chime ina phríosún féin

Scéal ar an gcroí mo chroíse a d'fhág faoi bhrón
Trí dhomhainchneá a thabhairt dom' chara is domsa féin!
Mise liom féin dom' chéasadh aige nach leor,
Gan daor don daoirse a bheith im' chara cléibh?

Do dhanarshúil mé féin uaim féin gur fhuadaigh,
Is chuir níos doichte an mé sin eile i ngéibhinn;
É siúd is mise is tusa — thréig an triúr mé —
Trí huaire an léin mar sin faoi thrí a bheith céasta.

I bpríosún cruach do chléibh déan brá dem' chroí,
Is láithreach croí mo charad saoradh sé,
'S don duine a choinníonn mé 'na gharda bíodh —
Im' phríosúnsa óir ní fhéadfair ' bheith róghéar;

Ach fós féin beir; ionatsa ó táim faoi iamh
Is leat gan rogha mé is gach aon chodán díom.

Soinéad CXXXIV: *(So now I have confessed that he is thine...)*

Úsáidtear meafair ó chúrsaí airgeadais anseo chun cruachás an fhile is a chara i gcrúcaí bhean an chroí chruach a léiriú. Is cosúil an greim atá ag an mbean ar an bhfile le morgáiste; chun é a shaoradh ó na bannaí seo a tháinig an cara isteach sa scéal; ach anois tá seisean faoi cheangal níos doichte ná an file féin. Chun a chara a shaoradh tá an file sásta é féin, an sealúchas a bhí faoi mhorgáiste ó thosach, a fhorghéilleadh, gan na fiacha a ghlanadh agus a bheith ceangailte go deo. Fiú ansin áfach ní scaoilfidh sí an cara — an t-urra — saor:

Gluais:

l.1: **gan phlé**: gan aighneas, gan duine ar bith a mhaífeadh nach leat é.

l.2: **faoi bhannaí ag**: faoi mhorgáiste ag (Sínítear bannaí nuair a chuirtear sealúchas faoi mhorgáiste)

l.3: **forghéillfead**: Ní íocfaidh an file na fiacha — loicfidh sé — agus fágfaidh seo é i seilbh an úsaire (an bhean)

l.3 is l.4: **an mé sin eile**: an cara

l.6: **santach**: leithleasach;   ag iarraidh gach rud di féin;   **bámhar**: tuisceanach, cineálta

l.7: **urra**: duine a théann i mbannaí do dhuine atá ag fáil iasachta — íocfaidh seisean má loiceann an t-iasachtaí

l.8: **teannta**: ceangailte go docht;   **d'fháisc**: cheangail

l.9: **urrús**: airgead an urra

l.10: Baineann sí brabach as gach rud

l.11: **chuaigh i ngeall**: chuaigh i mbannaí (mar urra)

l.12: **mí-ídiú**: drochíde;   **éagaoin**: míchineálta

l.14: **tráill**: cime, sclábhaí

42.

Úsaireacht gan taise

Siúd admhaithe gur leatsa é anois gan phlé
Is ag do thoil faoi bhannaí táimse, i sáinn;
Mé féin forghéillfead chun go bhfaighead an mé
Sin eile ar ais uait mar mo shíorshólás:

É ' thabhairt ní mian leat, ámh, ná leis ' bheith saor
Mar tusa santach 's eisean bámhar tá;
Mar urra domsa a scríobh sé a ainm caomh
Don bhanna, é féin chomh teannta liomsa ' d'fháisc.

Lánurrús d' áille bainfirse as an scéal,
A úsaire, dar tobar úis gach ní,
Is cara, a chuaigh i ngeall dom, céasair é
Is caillimse é tríd' mhí-ídiú éagaoin.

Chailleas uaim é, sinn beirt agatsa tá;
D'íoc sé gach suim, ach fós táim gafa im' thráill.

Soinéad CXXXV: *(Whoever hath her wish, thou hast thy will...)*

Más é do thoil é! Seo ceann de shoinéid na n-imeartas focal. Bunaithe atá sé ar an bhfíric gur ionann sa bhunteanga ainm an fhile, ainm an charad *(Will)* agus *toil* agus *mian* agus.... Má tá cuspóir dáiríre leis mar dhréacht sin iarraidh ar an mbean a ghráigh sé é a choinneáil mar cé go bhfuil an Will nua aici d'fhéadfadh sí glacadh fós leis an sean-Will mar a ghabhann an mhuir breis uisce cé go mbíonn sí lán cheana:

Gluais:

l.2: **iomarcach**: nach bhfuil riachtanach, níos mó ná dóthain; **líon**: uimhir

l.4: **aguisín**: mírín bhreise

l.5: **deonfaidh**: tabharfaidh go móraigeanta

l.6: **áit folaigh**: áit cheilte, i bhfolach; cró folaigh

l.7: **gnaoi**: gné thaitneamhach

l.8: **údar**: cúis, fáth

l.13: **éaradh**: eiteachtáil, diúltú; **dúr**: éagaoin, míchneasta; **sirtheoir**: iarrthóir (fábhair anseo)

43.

Toil na mná go ndéantar!

Agat, cibé faoid' mhian, do Will féin tá
'S Will breise leis, Will iomarcach dod' líon;
Mar mise is mó ná leor de shíor dod' chrá
Is m' aguisín á chur led' thoil róchaoin.

Nach ndeonfaidh tusa do mo mhiansa aon uair
Áit folaigh i do mhórmhian rófhairsing féin?
Cén ghnaoi i ngach aon mhian eile ' fhaigheann fábhar uait
'S aon údar glactha im' mhiansa duit nach léir?

An mhuir — lán uisce — glacann báisteach fós
Is cuireann lena stór, cé flúirseach é;
Is tú led shaibhreas Will cuir led' Will-stór
Mo mhianta féin 's rachaidh do Will i méid.

Ná maraíodh éaradh dúr aon sirtheoir lách:
Meas cách mar aon, 's mé leo in aon Will amháin.

Soinéad CXXXVI: *(If thy soul check thee that I come so near...)*

Toil Will go ndéantar! Chugainn arís Will is a stór ach gan a bheith chomh míchuíosach an iarraidh seo. Tá cuma leathdháiríre ar an réasúnaíocht a riartar anseo chun tathaint ar an áille dhubhshúileach ligean don sean-Will teacht ina dáil. Ná bíodh aon scrupall anama uirthi faoi seo mar tá gach cead ag a toil *(will)* teacht anghar dá hanam. Aithníonn sé gur neamhní a bheidh ann i measc an tslua mhóir a bhíonn ina comhluadar ach tá sé sásta a bheith amhlaidh chomh fada is go mbíonn gean aici sin air:

Gluais:

l.1: **gar**: i ngar, comhgarach

l.2: **caoch**: dall nó scothdhall

l.3: **andlúth**: anchomhgarach (Tá cead ag an toil – Will, an file) teacht anghar don anam

l.4: **mo ghuí grá tabhair**: tabhair dom mo mhian grá,.i. a bheith gar duit;   **a chuid**: a rún, a thaisce

l.5: **iomlánóidh**: déanfaidh iomlán

l.7: **toilleann**: tá áit, spás, do...;   **mórlíon**: uimhir mhór

l.9: **ríomh**: comhaireamh, ná comhairítear mé

l.10: **cuntas stóir**: sa chuntas iomlán

l.11: **chúns**: chomh uain is..., chomh fada is a...

44.

An neamhní gráite

Faoim' theacht chomh gar má cheistíonn d' anam thú,
Mionnaigh led' anam caoch gur mé do Will;
'S is cead don toil, mar 's eol dó, teacht andlúth;
'S mar sin, as grá, mo ghuí grá tabhair, a chuid.

Iomlánóidh Will órchiste mór do ghrá
'S de mhianta líonfaidh é, is lem' mhiansa féin;
Aon áit a dtoilleann mórlíon, soiléir tá,
An t-aon i líon anmhór gur neamhní é.

Sa líon mór, mar sin, bíodh mé féin gan ríomh
Cé caithfead 'bheith im' aon id' chuntas stóir;
Caith liom mar náid, an neamhní-mé chúns 'bhíonn
'Na neamh-neamhní ar geal é led' chroí óir:

Tabhair grá do chroí dom' ainm, gráigh é go dil
Is gráfair mise, ós sin is ainm dom — Will.

Soinéad CXXXVII: *(Thou blind fool love, what dost thou to mine eyes...)*

Galar na súl buile arís! Géarcháineadh ar bheirt is bunábhar don dréacht seo: ar a rúnsearc faoina mídhílseacht iolrach — í ina "coimín mór an tsaoil" — agus air féin faoina dhaille nó faoina amharc breoite nach bhfeiceann rud ar bith i gceart. Ar an nGrá (atá de réir traidisiúin dall ar aon nós) a dhíríonn sé a ghearán. Is é an Grá atá ag cur a dhá shúil as ord ar fad agus, níos measa ná sin, a dhéanann duáin de ghalar a shúl chun breith ar a chroí agus a chumas siúd chun measta a chur as alt freisin. Tar éis dóibh roimhe seo dul amú ón bhfírinne is ón gceart tá a chroí is a shúile anois buailte ag an bplá bréagachta seo:

Gluais:

l.1:   **baoth**: amaideach, gan chiall;   **dallán**: duine dall

l.2:   **chíd**: a fheiceann siad

l.4:   **togha na háille**: an chuid is fearr den áilleacht, an sampla is fearr áilleachta; **díogha**: an chuid (sampla) is measa

l.5:   **róbhá**: gean nó cion rómhór (Truaillítear súil trí fheachaint rófhada ar bhean faoi mhealladh rómhór aici — sin a ceapadh!)

l.6:   **buansuíomh**: an áit ina mbíonn sí i gcónaí;   **an áit is rogha don slógh**;   an áit is fearr leis an slua (an bhean atá i gceist)

l.7:   **mire**: gan ord ar bith

l.8:   **gaibhnír**: Déanann tú (duáin) go ceardúil mar a dhéanfadh gabha (as miotal); **nascair**: ceanglaíonn tú;   **meas**: cumas chun rudaí is daoine a mheas

l.9:   **ball leithleach**: áit ar leith, phríobháideach

l.10: **coimín**: faiche nó talamh ar do gach duine é

l.11: **séanfadh**: déarfadh nach fíor é

l.12: chun deachuma fíor agus dílis a chur ar éadan chomh gránna

l.13: i.e. nuair a bhí sé mídhílis dá chara (**Fíor**: fírinne, rud atá fíor);   **claochlú**: athrú iomlán

45.

Plá na súl bréagach

Céard ' dhéanann tusa, a Ghrá bhaoith, a dhall*áin*,
Ar mo dhá shúil, nach bhfeiceann aon ní ' chíd?
Is eol an áilleacht dóibh is chíd a háit,
Mar thogha na háille ámh roghnaíonn siad an díogha.

Súil truaillithe trí fhéachaint le róbhá
Más buansuíomh di an cuan is rogha don slógh;
Du*áin* den bhréagacht mhire súl cén fáth
Go ngaibhnír 's nascair meas mo chroí bhoicht leo?

Cén fáth go mba bhall leithleach le mo chroí
Áit 's eol dó bheith 'na coimín don olltréad?
'S mo shúil go séanfadh seo, an rud a chíonn,
'S go samhlódh dílseacht fhíor le haghaidh chomh bréan?

Ón bhFíor láncheart chuaigh croí 'gus súile amú
'S anois don bhréagphlá seo táid á gclaochlú.

Dreas 2 (A)

Soinéad CXXXIX: *(O call not me to justify the wrong...)*

An buille scoir! Tá coinne ag an bhfile le bata agus bóthar ón stáidbhean chiar sa dán seo. Iarrann sé uirthi gan glaoch air chuici chun go soláthródh sé leithscéalta don mhí-íde a thug sí dá chroí — is léir go bhfuil sí tar éis a dílseacht dó a shárú lena chara — agus an drochscéala a thabhairt díreach dó; é a rá leis, gan é a chur in iúl le clisteacht trí fhéachaintí a súl. Níl gá ar bith, adeir sé, le clisteacht mar tá a chosaint anlag. Impíonn sé uirthi gan a súile a chasadh uaidh cé go dtugann sé míniú mar leithscéal di má chasann. Tá sé gar don bhás, a mhaíonn sé, agus beidh dóthain i bhféachaint amháin uaithi chun é a chríochnú:

Gluais:

l.1: **gair**: glaoigh; **go gcruthóinn cóir**: go dteaspáinfinn go raibh (an t-olc) ceart (le leithscéalta)

l.2: **a ní**: a dhéanann; **éagaoineas**: míchineáltacht

l.3: **goin, leon**: gortaigh, déan dochar coirp do

l.4: Leis an gcumas atá ionat chun mé a ghortú déan seo go díreach le hionsaí láidir le do theanga agus ní le clisteacht trí ghluaiseachtaí do shúl

l.5: **aistrís**: thug tú go háit eile (do fhear eile)

l.6: **ródhil**: andil ar fad; **claon**: dírigh i leataobh, ar fiar

l.7: **cén call duit?**: cén gá atá agat....?

l.8: **dianbhrúite**: faoi ionsaí dian; **faon**: anlag

l.9: **dreach**: méin, dealramh an éadain

l.11: **bíobha**: namhaid (a héadan féin)

l.12: **malairt mairc**: sprioc eile; **créacht**: goin, gortú, cneá

l.13: **marfa**: marbh, maraithe

l.14: **féachaint scoir**: amharc uait a mharós mé

46.

Maraigh in éindigh mé!

Ó ná gair chughat mé chun go gcruthóinn cóir
An t-olc a ní d' éagaoineas ar mo chroí;
Ná goin led' shúil mé ach led' theanga leon;
Led' chumhacht múch mé trí chumhacht 's ní le healaín.

Do ghrá gur aistrís abair: ach im' radharc,
Do shúile, a chroí ródhil, óm' shúil ná claon;
Cén call duit goint le gliceas? — do neart beidh
Rómhór dom' chosaint, 'tá dianbhrúite faon.

'Na leithscéal duit bíodh seo uaim: a dreach mín
Rómhaith is eol dom' ghrá gur namhaid dom é,
'S óm' aghaidh mar sin mo bhíobha casann sí
Go ndírí sí ar mhalairt mairc a créacht:

Ach seo ná déan: 's ós beag nach marfa mé
Múch mé le féachaint scoir 's saor mé ó phéin.

Soinéad CXL: *(Be wise as thou art cruel; do not press...)*

An Danar stuama! Leantar leis an impí a bheith trócaireach anseo ach le haguisín comhairle ar bagairt shéimh é. Ba cheart di ar mhaithe léi féin trua a léiriú, gan a súile a chasadh uaidh agus, fiú más bréag é, a rá go bhfuil grá aici dó. Mura dtarlódh seo, le cailleadh gach dóchais chaillfeadh sé a mheabhair agus bheadh sé ag spídiúchán uirthi agus chreidfeadh go leor daoine drochmhéineacha é is bheadh a clú millte:

Gluais:

l.1:   **críonna**: stuama;   **danartha**: anchruálach;   **brúigh**: cuir faoi bhrú, ciap, cráigh, míshuaimhnigh

l.2:   **balbhán**: duine gan chaint;   **balbhán foighde**: Tá foighde an fhile balbh, fulaingíonn sé gan labhairt;   ach má theipeann ar a fhoighde tosóidh sé ag caint;   **míghean**: easpa bá, easpa ceana; neamhspéis

l.4:   **ar trua aon-leigheas a léin**: nach leigheasfaidh tada ach trua a bhrón trom

l.5:   **gaois**: eagna, stuaim

l.7:   **goilliúnach**: ar éascaí é a chrá, leochaileach

l.8:   **lia**: dochtúir

l.10:   **spídeoinn thú**: bheinn ag díblíocht ort, do do cháineadh go binbeach;
        gealt gan srian: duine as a mheabhair gan smacht

l.12:   **béadán**: cabaireacht faoi dhaoine a mhilleann a gclú de ghnáth

l.13:   **bead amhlaidh**: beidh mé mar sin

l.14:   **ar fiar**: i leataobh, claonta

47.

Den chríonnacht a bheith trócaireach!

Chomh críonna bí is táir danartha; ná brúigh
Mo bhalbhán foighde le míghean róghéar;
Nó tabharfaidh brón dom caint, is caint míniú
Ar bhail mo chroí ar trua aon-leigheas a léin.

Más ceadmhach gaois a mhúineadh duit, seo ab fheárr:
A rá, más bréag é fiú, go ngránn tú mé;
Mar othar goilliúnach 'tá gar don bhás
Aon scéala ach sláinte ón lia ní chloiseann sé.

Chaillfinn le deireadh dóchais, óir, mo mheabhair
'S is baol go spídeoinn thú i mo ghealt gan srian;
'S tá an saol mór báite anois san olc chomh domhain,
Lombhéadán gealt le cluasa gealt gur fíor.

Chun nach mbead amhlaidh, ná do cháil faoi bhréag,
Féach díreach, fiú do chroí ar fiar má théann.

Soinéad CXLII: *(Love is my sin and thy dear virtue, hate...)*

Ceannaigh trua le trua! Impí agus achasán in éineacht ar a leannán atá sa dán seo. Is é a aon pheaca a ghrá di sin; agus is é a haon suáilce-sin a fuath don fhile, fuath atá bunaithe ar a gránna peacúla. Má thuilleann sé cáineadh ní uaithi sin é a bhfuil i bhfad níos mó peacaí den chineál céanna déanta aici, milleadh pósta san áireamh. Tá a ghrá di sin díreach chomh ceart agus cuí lena cuid gránna sise; agus níl aon cheart aici ar thrua nó taise uathu siúd a ghránn sí mura dteaspáineann sí trua don fhile:

Gluais:

l.1:   suáilce: deathréith;   dil: ionúin, grámhar (le híoróin)

l.2:   dar bonn...: (fuath) arb é do ghrá peacúil an bunús atá leis

l.3:   staid: riocht, cás

l.4:   imdheargadh: cáineadh géar

l.5:   beola bréag: béal a dhéanann bréaga;   throchlaigh: shalaigh, thruailligh

l.6:   Trí bhréaga a insint mhill a beola a ndeise féin, rinne siad rud salach dá gcuma taitneamhach dearg

l.6 is l.7: a nasc bréagchonraí grá: Lena béal, le póga, shéalaigh sí conraí grá nár chomhlíon sí iad

l.8:   iomad: go leor;   ceart is cíos a shlad: Trí chaidreamh le fear pósta bhain sí ó bhean eile biseach a leapa pósta, clann agus a dtiocfadh uathu

l.10:   sirim: iarraim (mar pháirtí)

l.13:   ní a cheilir féin: rud a dhiúltaíonn tú féin do dhaoine eile

l.14:   nár dheontar: nár thugtar

48.

Grá peacúil
agus fuath suáilceach gan trua

Mo pheaca, is grá é; is do shuáilce dhil
Sin fuath dom' ghrá, dar bonn do ghráú peacúil;
Ó! i gcomparáid mo staid led' staid féin cuir
Is gheobhaidh tú fios nach dtuilleann sí imdheargadh;

'S má thuilleann féin, ní uaitse ód' bheola bréag,
A throchlaigh a maisí dearga agus a nasc
Bréagchonraí grá chomh minic lem' bheol féin
'S ó iomad leaba a ceart is cíos a shlad.

Mo ghrá chomh dlíthiúil bíodh led' ghrá do chách
A mheallair chughat, mar ' shirim thú, led' shúil;
Id' chroíse fréamhaigh an trua is lena fás
Fíorthrua duit féin, tríd' thruasa, tuillfidh tú.

Más mian leat an ní ' fháil a cheilir féin
Nár dheontar, toisc do shampla féin, duit é.

Soinéad CXLIII: _(Lo as a careful housewife runs to catch...)_

Samhlaoid an-neamhghnáthach ach thar a bheith greannmhar a thugann an file anseo ar a chruachás féin, samhlaoid ón gclós feirme: a pháirtí mná mídhílis agus flosc uirthi chun a chara dil a ghabháil is bean tí tuaithe í atá ag rith i ndiaidh circe (nó coiligh?) atá tar éis eitilt as a clós agus a d' fhág tréigthe ar an talamh a naíonán — an file bocht ar ndóigh — a thosaíonn ar a sheal féin ag rith i ndiaidh na máthar, pictiúr iontach barrúil a thugann tuin i bhfad níos éadroime don scéal uile. Caithfidh an bháb bhocht guí go mbeire an bhean ar a coileach mar ansin amháin a gheobhaidh seisean aire agus sólás uaithi:

Gluais:

l.1:   **cúramach**: coinsiasach
l.2:   **míol na gcleití**: éan (clóis)
l.3:   **báb**: naíonán;   **tiubh te**: tapaidh
l.4:   **ba leasc léi**: nach mbeadh fonn uirthi;   **ar fán**: ar seachrán, caillte
l.5:   **bunóc**: naíonán
l.8:   **nach cás léi**: gur cuma léi, nach bhfuil buairt ar bith uirthi;   **anó**: cruachás, anchaoi
l.10: **ar gcúl**: taobh thiar
l.12: **déan páirt**: déan mar a dhéanfadh...;   **muirneach**: grámhar
l.13: **guífead**: guífidh mé;   **go bhfaighir**: go bhfaighe tú
l.14: **tirim**: t' rim (aonsiollach, ar nós na Mumhan);   **deora goil**: deora caointe

49.

An coileach éalaitheach
is an bháibín tréigthe!

Mar bhean tí chúramach 'tá ag rith chun breith
Ar mhíol na gcleití, ' d'eitil leis as áit,
A báb síos ligeann 's tóraíonn go tiubh te
An t-éan ba leasc léi ' ligean uaithi ar fán;

'S a bunóc thréigthe bhocht dianleanann í
Ag gol chun breith ar mháthair, 'tá faoi stró
I ndiaidh míl roimpi a eitlíonn leis chun cinn,
'S nach cás léi scéal an bháibín 's a hanó:

Mar sin táir féin le neach 'tá ag eitilt uait
'S mise, do bháb, i bhfad ar gcúl sa tóir;
Ach ar do mhian má bheirir, iompaigh chugham,
Déan páirt na máthar muirní 's tabhair dom póg.

'S guífeadsa ansin go bhfaighirse féin do thoil
Má chasair 's pógair tirim mo dheora goil.

Soinéad CXLIV: *(Two loves I have of comfort and despair...)*

Sa dán seo léargas atá contrártha ar fad leis an gceann sa soinéad roimhe a thugtar dúinn ar na caidrimh idir an triúr agus ar a dtionchar ar an bhfile. Is aingeal é a chara atá gafa ina hifreann ag an mbean mhídhílis atá ina deamhan. Ag iarraidh an file a thabhairt go hifreann atá sí trína chara a mhealladh óna thaobh chuici agus diabhal a dhéanamh de. Cé acu ar éirigh léi nó a mhalairt ní bheidh a fhios ag an bhfile go dtí go scaoiltear an cara as ifreann:

Gluais:

l.2:   <u>cathú</u>: mealladh chun peaca

l.3:   <u>slachtmhar</u>: dathúil, deachumtha

l.4:   <u>ainsprid</u>: drochspiorad, spiorad urchóideach;   <u>baineannach</u>: neach de ghnéas na mban, bean;   <u>lí</u>: dath, snua

l.5:   <u>buach</u>: mar a mhothaíonn duine tar éis buachan, caithréimeach;   <u>m' olc banúil</u>: an bhean agam atá olc

l.6:   <u>i gcéin</u>: i bhfad ar shiúl;   <u>óm' fhochair</u>: ó mo aice, ó mo chuideachta.

l.7:   <u>deamhan</u>: diabhal, ainsprid;   <u>deasprid</u>: sprid mhaith

l.8:   <u>meabhlú</u>: mealladh (chun donais);   <u>íonacht</u>: glaine, saoirse ó shalú;   <u>uabhar</u>: díomas, sotal;   <u>bréan</u>: le drochbholadh, lofa

l.10: <u>tuairimiú féadfad:</u> féadfaidh mé tomhas, buille faoi thuairim a thabhairt; <u>meáim</u>: tomhaisim, ceapaim tar éis smaoineamh go cúramach

l.11: <u>comhchairde</u>: 'chaon duine ina chara don duine eile;   <u>araon</u>: an bheirt acu

l.14: <u>go ndóitear as:</u> (go dtí) go ruaigtear as (i. as ifreann) le tine;   <u>íon</u>: glan, neamhthruaillithe

50.

Aingeal agus deamhan in aontíos!

Is liom beirt ghrá, m' éadóchas is sólás,
Mar bheirt sprid ' chránn le cathú mé de shíor:
An t-aingeal maith is fear é, slachtmhar, breá;
An ainsprid, baineannach, ar olc a lí.

Lem' thabhairt luath buach go hifreann m' olc banúil
Meallann óm' fhochair m'aingeal maith i gcéin;
'S 'na dheamhan ba mhian léi an deasprid a thruailliú
Ag meabhlú a íonacht' lena huabhar bréan.

Is cé acu a ndearnadh deamhan go fíor dem' naomh
Tuairimiú féadfad, gan fios cinnte; ach meáim —
Ó táid le chéile ar shiúl, comhchairde araon —
Gur naomh in ifreann carad duine amháin:

-Fios ní bheidh agam, ámh, faoi amhras síor,
Go ndóitear as ag m'ainsprid m' aingeal íon.

DEIREADH LEIS AN

DARA DREAS (A)

AN DARA DREAS

(B) Chuig a chara cléibhe

Teaspáintear sna dánta seo frithghníomhú an Bhaird do fhealladh a charad air. Tuin agus im–mhothú éagsúil ar fad atá le brath anseo: Ní hamháin sástacht chun maithiúnais ach freisin chun leithscéalta a chumadh don chiontóir agus fiú chun an milleán agus na drochiarmhairtí uile a ghlacadh air féin. Tá an friotal ardchúiseach, gan rian den ghreann neafaiseach gan chuibheas atá sna dánta freagracha don leannán. Mar chlabhsúr ar an dreas seo léiríonn dán 57 (soinéad 42) go soiléir thar amhras ar bith cé acu caidreamh is tábhachtaí leis an bhfile!

Soinéad XXXIII: *(Full many a glorious morning have I seen...)*

Anseo a chastar orainn an chéad smál ar chaidreamh an fhile lena dhlúthchara — agus lena leannán ar ndóigh. Ceilt agus dorchú éadan glégeal na gréine ag carn míofar scamall an tsamhail a thugtar do éagóir a charad air. Léiríonn an file tuiscint áfach ar an laige dhaonna mar má thagann smál ar ghrian neimhe is dosheachanta go mbeadh smál ar ghrianta daonna an tsaoil:

Gluais:

l.1: <u>chonac</u>: chonaic mé

l.2: <u>ag beannú</u>: ag cur beannachta ar...

l.3: <u>cluain</u>: míodún, móinéar, achadh féarmhar

l.4: <u>diail</u>: dothuigthe; <u>órú</u>: cur óir ar; <u>aimhghlé</u>: gan ghile, doiléir

l.5: <u>carn</u>: cruach, cnuas mór; <u>néal</u>: scamall

l.6: <u>neamhúil</u>: ó neamh, iontach geal; <u>codraisc</u>: scata gan fiúntas

l.7: <u>folaíodh</u>: cuireadh i bhfolach, ceileadh; <u>duairc</u>: míshona, gruama

l.8: <u>téaltaíonn</u>: imíonn go ciúin fáilí (ag iarraidh aird a sheachaint); <u>léargas</u>: raon radhairc, an fad a fheiceann duine

l.10: <u>niamhracht</u>: sárghile; <u>lánchaithréimeach</u>: lán de mhórtas agus de ardmheanmna (toisc fórsaí na hoíche agus an dorchadais a bheith cloíte aici?)

l.11: <u>monuar</u>: mo léan!, faraoir!

l.12: <u>ollnéall</u>: scamall ollmhór

l.12: <u>faoi chlúid</u>: clúdaithe, ceilte

l.13: <u>faoi seo</u>: dá bharr seo

51.

Grian gheal an chairdis is an ghrá faoi urú!

Nach iomaí maidin ghlórmhar chonac riamh
Le súil ardríoga ag beannú bharr gach sléibh',
Ag pógadh le dreach óir na gcluain glas caoin
'S le draíocht dhiail neimhe ag órú sruth aimhghlé;

Rómhinic thrasnaíodh carn dubhghránna néal
A hardghnúis neamhúil ina gcodraisc tháir
Is d'fholaíodh ón saol duairc a héadan glé
A théaltaíodh siar faoi náire ó léargas cách:

Is amhlaidh ' lonraigh uair go moch mo ghrian
Le niamhracht lánchaithréimeach ar mo ghnúis;
Monuar! Níor liom thar aon uair bhídeach í,
Í bainte díom ag ollnéal dubh faoi chlúid.

Ach fós faoi seo ní lú di puinn mo ghrá;
Mar ollghrian neimhe ar ghrianta an tsaoil bíonn smál.

Soinéad XXXIV: *(Why didst thou promise such a beauteous day...)*

Tá an file níos gearánaí anseo faoin gcoir ina aghaidh. Níor thug a chara comhartha ar bith foláirimh faoina raibh le tarlú — féach samhail na scamall arís againn; agus cé gur shólásaigh sé a chara gonta is gur léirigh sé aithreachas go náireach deorach ní leigheasann sin an dochar. Maothaíonn na deora ar deireadh é áfach:

Gluais:

l.2:   **thug tú orm**: d'áitigh tú orm;   **falaing**: clóca

l.3:   **scoth mé**: tháinig suas liom;   **conair**: bealach;   **dlúimh**: meall, carn gan chuma

l.5:   **réab tú**: bhris tú go borb

l.6:   **greadta**: dianbhuailte;   **drochshíon**: doineann, drochaimsir

l.7:   **ungadh**: ábhar bog inleata a chuimlítear ar chréacht chun é a chneasú.

l.8:   **cneasaíonn**: cuireann craiceann úr is fíochán nua ag fás mar a raibh an corp dochraithe;   **créacht**: cneá, goin, dochar don chorp;   **smál**: drochlorg

l.10:   **aithríoch**: aiféalach, cé go bhfuil aiféala ort.

l.11:   **aiféala**: díomá duine faoi ghníomh, botún nó dochar, a rinne sé.

l.13:   **údan**: úd

l.14:   **fuasclaíd**: ceannaíonn siad saoirse ón gcoir (gan í a chealú)

52.

Achasán agus aithrí

Cén fáth gur gheall tú dhomsa lá chomh breá
'S gur thug tú orm gan falaing gluaiseacht romham
Gur scoth im' chonair mé dlúimh scamall tháir
A cheil do bhreáthacht ina ndéisteancheo?

Gur réab tú tríd an scamall úd ní leor
'S gur thriomaigh m' aghaidh ' bhí greadta ag an drochshíon;
Don ungadh sin ní thugtar moladh mór
A chneasaíonn créacht, an smál gan leigheas má bhíonn.

'S ní leigheas do náire ach oiread ar mo léan;
Cé aithríoch tú is liomsa an cailleadh fós;
Aiféala peacaigh is bocht an faoiseamh é
Dó siúd atá faoi chrois an pheaca mhóir.

Á, ach deora údan *do ghrá ba phéarlaí iad*
Chomh saibhir sin go bhfuasclaíd gach míghníomh.

Soinéad XXXV: *(No more be grieved at that which thou hast done...)*

An éagóir a rinne sé, is cosúil gur mó a ghoill sí ar an óigfhear féin ná ar an bhfile ar deireadh is gur maitheadh dó go hiomlán í. Críochnaíonn an file lena dhearbhú gur chiontaigh sé féin trí leithscéalta agus mínithe a sholáthar dó agus gur measa go fírinneach a chion féin toisc gur cion meabhrach é agus gur cion céadfaí a rinne a chara. I dtéarmaí dlí tá seisean, an gearánaí, ag tabhairt fianaise i bhfábhar an chúisí ina aghaidh féin; agus leis an gcorraíl atá istigh ann tá sé ag cabhrú leis an té atá ag goid uaidh:

Gluais:

l.1: **míghníomh**: drochbheart, cion

l.2: **spíon**: dealg; **draoib**: láib, puiteach

l.3: **urú**: dorchú na gréine (nó na gealaí) ar cúis dó an ghealach (nó an domhan) a bheith sa bhealach; **ré**: an ghealach

l.4: **maoth**: bog, caoin; **cancar**: galar a chnaíonn bláth; **colúil**: déisteanach

l.6: **samhlaoid ... éagóir**: le meafair is cásanna cosúla ag soláthar leithscéalta do do chion

l.7 is l.8: trí d'aimhleas a shéimhiú: trí chuma níos cneasta a chur ar do dhrochghníomh. Chuir an leithscéal mór a thug mé cuma ar an gcoir go raibh sí níos measa ná mar a bhí.

l.9: Peaca céadfaí, is sin amháin, a rinne an cara. Lena intinn a rinne an file peaca agus is measa sin.

l.11: **caingean dlí**: cúis cúirte

l.12: **saofa**: mearbhallach, mínormálach

53.

An féinchúisitheoir!

A thuilleadh bróin faoid' mhíghníomh chugham ná déan —
Sa rós tá spíon 's i scardán airgid draoib:
Ag urú is néal bíonn smál ar ghrian 's ar ré;
Sna blátha is maoithe an cancar colúil bíonn.

Cách déanann locht; mé féin sa chás seo, fiú,
Le samhlaoid ag cur údair led' éagóir,
Truaill_ím_ mé féin trí d'aimhleas a shéimh_iú_
Le leithscéal ' bhí dod' chionta i bhfad rómhór.

Le céadfaí an pheaca cuirimse mo mheabhair —
Do pháirtí contrártha 's é d'abhcóid é —
Is téim chun caingin dlí dom féin im' namhaid;
'S tá i gcogadh saofa cathardha chomh tréan

Mo ghrá is m' fhuath, gur ciontóir cúnta mé
Don ghadaí caoin a ghoideann uaim chomh géar.

Soinéad XXXVI: *(Let me confess that we two must be twain...)*

Sa soinéad seo atá na tagairtí tosaigh do fhíorscaradh na gcarad — ní do sheal óna chéile ach don fhíric nach féidir leo cairdeas a léiriú go poiblí níos mó; nach mbeidh an t-aontas sin a bhíonn idir fíordhlúthchairde ann feasta toisc ar tharla eatarthu. Chun deachlú an ógfhir a chaomhnú tá an file sásta ualach na náire a iompar leis féin, ualach a roinnfí eatarthu dá mbeidís fós ina n-aonad cairdis; mar sin caithfidh siad feasta bheith ina n-aonaráin; rud nach n-athraíonn a ngrá dá chéile ach ní féidir leo a bheith le chéile feasta:

Gluais:

l.1: **dís**: beirt aonarán scartha

l.2: **ní doroinnte**: rud nach féidir é a roinnt nó a scaradh i rudaí éagsúla

l.6: **faltanas deighilteach**: fórsa drochmhéineach atá dár scaradh

l.7 is l.8: Ní athraíonn seo an meas is an fíorchairdeas a mhothaímid dá chéile ach laghdaíonn sé an méid ama is féidir linn caitheamh i gcomhluadar a chéile.

l.8: **dealaíonn**: tógann ó..., baineann de

l.9 is l.10: Ní thig liom mo chairdeas duit a theaspáint go hoscailte chun nach dtarraingeoinn easonóir ort le mo mhíghníomh. **thú a admháil:** mo chairdeas duit a theaspáint go hoscailte.

l.11: **comhbhách**: le mothú cairdiúil

l.13: **dá leithéid sin**: mar sin, den chineál sin

54.

An t-aonad deighilte!

Gur dís an bheirt againn is gá, mo léan,
Cé gur aon ní doroinnte iad ár dhá ngrá;
Mar sin na smáil úd ' fhanann liomsa féin,
Gan ghá led' chúnamh, iompróidh mise amháin.

Sa dá ghrá linn níl ach aon mheas amháin
Faltanas deighilteach cé go bhfuil 'nár saol;
Is cé nach n-athraíonn seo aon-toradh an ghrá
Uaireannta meala ó shult an ghrá deal<u>aíonn</u>.

Arís go deo ní fhéadaim thú a ad<u>mháil</u>
Mo chion seanchaointe chun nach náireoidh thú;
'S leatsa ní thig go hoscailte comhbhách
Mé a <u>on</u>órú nó bainfir sin ded' chlú:

Ach seo ná déan; 's dá leithéid sin mo ghrá,
Ós liomsa tú, gur liomsa do dheacháil.

Soinéad XL: *(Take all my loves, my love, yea, take them all...)*

Dán mearbhlach atá anseo le himeartas i ndiaidh imeartais focal atá bunaithe ar an bhfocal "grá ". I ranna a dó is a trí atá an príomhábhar: ní locht ar bith ar an gcara glacadh le "grá" an fhile — an bhean a bhfuil sé i ngrá léi — ach ba locht air an grá sin a ghoid; maitheann an file dó a ghadaíocht ach déanann gearán sothuigthe faoina throime is atá buille mar seo nuair is ó dhlúthchara gráite atá sé ag teacht:

Gluais:

l.1 go l.4: **grá**: i l.1 daoine gráite atá i gceist;   i l.3 is l.4 mothú an ghrá atá ann

l.5:   **dom' ghrá**: as grá dom

l.5 go l.8: **grá**: bean ghráite an fhile, a rúnsearc

l.8:   **toiliúil**: ag leanacht is ag sásamh a thola féin, gan éisteacht le comhairle a leasa

l.9:   **bradaíl**: goid

l.11:   **chí ....**: tá a fhios ag an nGrá

l.13:   Is neach álainn grástúil (.i. Gnaoi) an t-óganach ach is smál air a mhígheanmnaíocht, nó mí-íonacht;   mar sin féin cuireann sé deachuma (sciamh) ar gach locht atá ann féin, lochtaí a bhíonn gránna i ndaoine eile.

55.

A ghrá ná goid mo ghrá!

Gach grá liom tóg, a ghrá — an t-iomlán díobh;
Cén bhreis 'tá ansin agat nach raibh roimh ré?
Grá ar bith, a ghrá, a dtabharfaí air grá fíor:
Roimh breis a fháil ba leat mo ghrá go léir.

Ansin, dom' ghrá, má ghlacair le mo ghrá,
Faoi úsáid seo mo ghrá ní lochtaím thú;
Loch<u>tó</u>far thú má mheallair thú féin, ámh,
'S an ní a dhiúltaís blaisir go toiliúil.

Do bhradaíl maithim duit, a ghadaí shéimh,
Mo bhoichte uaim uilig cé goideann tú;
'S fós féin — chí an Grá! — is troime éa<u>gói</u>r ón ngrá
Mar léan ná an gortú — is eol do chách — ón bhfuath.

A Ghnaoi mhí-íon, 'na mbíonn ar gach olc sciamh,
Maraigh le hoilc mé; ach naimhde ion<u>ainn</u> ná bíodh!

Dreas 2 (B)

Soinéad XLI: *(Those pretty wrongs that liberty commits...)*

Seans gur anseo atá an cáineadh is treise ar éagóir an charad mar léirítear tuiscint iomlán ar chlaonta is ar theaspach na hóige agus ar threise an chathaithe a chuireann mná ar fhear óg anslachtmhar; ach fós féin, deir sé, ba cheart go mbeadh dóthain smachta ag an ógfhear ar a mhianta le gan fealladh ar chara agus na cúinsí a sheachaint a thug air dhá dhílseacht a shárú:

Gluais:

l.1:   **a níos**: a dhéanann;   **deismir**: andeas, taitneamhach
l.2:   **scaitheamh**: tamall
l.3:   **fóireann**: feileann, is gné nádúrtha iad den sciamh agus den óige
l.6:   **dóighiúil**: dathúil, slachtmhar;   **d'ionsaí .... mhoill**: caithfear tabhairt faoi thú a ghabháil láithreach nó beidh tú gafa ag bean eile
l.7:   **ag déanamh suirí**: ag cúirtéireacht
l.9:   **suíomh**: cás, dálaí a shaoil
l.10:   **fhánach**: a théann ar fán ar fud na háite ach freisin amú ón gceart
l.11:   **rancás**: spraoi is scléip
l.12:   **déach**: de dhá chineál nó dhá ghné;   sa chás seo, (dílseacht) beirte
l.13 is l.14: Nuair a mheall an stócach an bhean lena dhathúlacht sáraíodh a dílseacht sin; agus nuair a bhain sé buntáiste as an mealladh sháraigh sé a dhílseacht féin don fhile

56.

Géarcháineadh: Cathú intuigthe ach dílseacht beirte sáraithe

Gach éagóir dheismir riamh a níos an tsaoirse
Nuair ' bhímse scaitheamh ó do chroíse ar shiúl,
Is breá a fhóireann siad dod' sciamh 's dod' aois-se,
De shíor, óir, leanann cathú gach áit thú:

Ós cneasta tú do ghean le tóraíocht tá;
Ós dóighiúil tú, d' ionsaí is gá gan mhoill;
Is, le bean ag déanamh suirí, cén mac mná
A imeos searbh uaithi roimh í a chloí?

Fós féin mo shuíomhsa d'fhéadfá ' fhágáil slán
'S do sciamh is óige fhánach a lochtú
A threoraíonn thú ina rancás fiú san áit
A mbíonn ort dílseacht dhéach ann a shárú:

A cuidsin trí gur mheall chughat í do scéimh,
'S gur fheall an scéimh sin ormsa, do chuid féin.

Soinéad XLII: *(That thou hast her, it is not all my grief...)*

Léiríonn an file a chaillteanais: is trom an buille é cailleadh na mná a ghráigh sé go dil ach is troime fós leis cailleadh a charad. Cumann sé leithscéalta dóibh ansin; gur toisc go ngránn an file í a airíonn an cara grá don bhean; agus go nglacann sise le grá an ógfhir toisc gur cara don fhile é. Cuartaíonn sé sólás sa deireadh sa mhéid gurb iad a chara agus a ghrá atá ag gnóthú tríd an dá chailleadh aigesean. Críochnaíonn sé leis an bhféinmhealladh, bréige mar is ró-eol dó, nach bhfuil grá na mná caillte aige go fírinneach mar gur aon aonad amháin é féin is a chara:

Gluais:

l.3:   **léan**: údar bróin, brón géar trom
l.4:   **goire**: comhgaraí
l.5:   **ciontóirí**: daoine a chiontaíonn in éagóir nó coir
l.6:   Tugann tú grá di mar tá a fhios agat go ngráimse í.
l.8:   **lem' leas**: ar mhaithe liom;   **bámhar**: cionmhar, geanúil
l.10: **creach**: "duais" an ghadaí, an méid a ghoidtear, sa chás seo ón bhfile
l.13: **aon**: aon ní amháin
l.14: **plámás**: moladh áibhéalach, cluanach

57.

Fealladh as grá!

Ise a bheith agat ní iom_lán_ mo bhróin;
B'fhíor a rá, ámh, gur ghráigh mé go fíordhil í;
Tusa a bheith aici, sin mo léan is mó —
Cailleadh sa ghrá ar goire dom mar bhuille í.

Ó gráim cion_tóirí_, seo uaim daoibh leithscéal:
Gránn tusa í siúd ós eol duit di mo ghrása;
Is ar mo shon mí-_ídíonn_ sise mé
'S cead_aíonn_, lem' leas, dom' chara léi a bheith bámhar.

Má chaillim thú dom' ghrása is gnóthú é;
'S má chaillim ise faigheann mo chara an chreach;
Aim_síd_ a chéile, is caillteoir beirte mé
A leagann ormsa an chros mhór seo lem' leas:

Cúis áthais, ámh: is aon mo chara is mé;
Plámás róbhinn! — ní ghránn sí ach mé féin.

DEIREADH LEIS AN

DARA DREAS (B)

AN TRÍÚ DREAS

Chuig an "Stáidbhean chiar"

Cuireann an dreas seo deireadh leis an gcaidreamh leis an stáidbhean ach ní ceiliúradh deorach aiféalach é ach a mhalairt ghlan! Tar éis réitigh eatarthu agus ise móid nua dílseachta a thabhairt theip sí in athuair air. Cáineann sé í faoina lochtaí agus lochtaíonn sé é féin go trom faoi ghrá ar bith a thabhairt di: is fiabhras é an grá seo a bhain a réasún ar fad de agus a chuir a chroí agus a shúile ó fheidhmiú i gceart. Imdheargann sé mar bhuille scoir gan taise gan srianadh í faoina mionna éithigh agus na póstaí a scrios sí.

Dreas 3

Soinéad CXLVI: *(Poor soul, the centre of my sinful earth...)*

Labhraíonn an file lena anam sa dán seo, anam atá timpeallaithe ag an gcorp is ag fórsaí atá lánréidh chun é a scrios. Cáineann sé a anam bocht faoi bheith chomh faillíoch ann féin agus ag cur amú a acmhainní go léir ar an gcorp nach dtarlóidh sa deireadh dó ach bheith ina bhéile do phiasta na huaighe. Comhairlíonn sé dá anam níos mó aire a thabhairt dó féin agus níos lú dá chorp agus sa tslí seo go rathóidh sé. Beidh an Bás féin mar lón beatha aige agus nuair a bheidh an bás féin marbh ní bheidh aon bhás eile le fáil:

Gluais:

1.2: **léigear**: imshuí (arm timpeall ar bhaile nó dún); **ceannairc**: éirí amach (ag baill airm in aghaidh na ceannaireachta); **faoi réir**: lánullmhaithe

1.3: **ag trá**: ag imeacht as; **gá**: ganntanas

1.4: **múir**: ballaí cosanta; **gáifeach**: angheal ildaite (gan chuibheas de ghnáth)

1.6: **ollmhaitheas**: saibhreas anmhór; **meatach**: atá ag meath; **críon**: atá ag dreo (áras meatach críon = corp)

1.7: **oidhre**: duine a fhaigheann rud a fhágtar le huacht; **farasbarr**: brabach, méid nach bhfuil gá leis, fuíollach

1.8: **cúram**: an duine nó rud a mbíonn duine freagrach as, ag tabhairt aire dó

1.9: **caill**: cailliúint, méid a chailltear; **giolla**: seirbhíseach; **bíse**: bí tusa

1.10: **fairsingiú**: méadú

1.11: **drámh**: ábhar gan mhaith; **ráithe**: tréimhse trí mhí

1.13: **ar lón dó**: a itheann

172

58.

An Bás maraithe?

'Anam bhoicht, lár mo chré rópheacúil, 'tá
Faoi léigear ceannaircshlua, dod' scrios faoi réir;
Cén fáth tú ag trá laistigh is ag fulaingt gá
'S amuigh dat<u>hair</u> do mhúir chomh gáifeach glé?

Cén fáth go gcaithfir uait — 's do léas chomh gearr —
Ollmhaitheas ar do áras meatach críon?
An íosfaidh an phiast, an t-oidhre ar d' fharasbarr,
Do chúram? — an é sin dod' chorp is críoch?

Ar chaill do ghiolla bíse, a anam, beo
Is trádh sé siúd led' stórsa a fhairsingiú;
Díol laetha dráimh's faigh ráithí glóire leo
Istigh lánbheaite, amuigh beo bocht bíodh tú:

Íosfair mar lón an Bás, ar lón dó fir,
'S an Bás nuair 's marbh bíonn críoch le bású ansin.

Dreas 3

Soinéad CXLVII: *(My love is as a fever, longing still...)*

Fiabhras an ghrá! Cursíos eile atá anseo ar an scrios atá an grá ag déanamh ar intinn an fhile. Ní ligfidh an fiabhras dó ach na rudaí is measa, gach rud a choinníonn an fiabhras ar siúl, a chaitheamh. Tá deireadh dóchais sroichte ag a réasún mar níor tugadh aird ar bith ar a chomhairle agus tá sé éirithe as mar chomhairleoir. Tá a fhios ag an bhfile céard ba cheart a dhéanamh ach ní haon mhaith dó é. Tá sé ina ghealt doleigheasta, gan é in ann a smaointe a eagrú ná a chur in iúl i gceart. Mídhílseacht na rúnseirce a raibh sé cinnte go raibh sí níos gile ná an ghrian ach atá níos duibhe dorcha ná ifreann féin is siocair lena anó:

Gluais:

l.1: **andúil**: dúil nó mian chun ruda atá chomh tréan nach féidir leis an duine í a shárú; dúil ghalrach docheansaithe

l.2: **a bheir fad do**: a dhéanann níos faide;   **míbhail**: drochstaid (.i. an fiabhras)

l.3: **tomhlaíonn**: itheann agus ólann;   **buanaíonn an aicíd**: coinníonn an galar ar siúl

l.4: **guagach**: neamhsheasmhach, de shíor ag athrú (mar intinn mná!);   **tréith**: lag

l.5: **lia**: dochtúir (leighis)

l.6: **olc**: fearg;   **oideas**: liosta cógas leighis atá le caitheamh ag othar

l.7: **ním**: déanaim

l.8: **ar namhadmhar í don liacht**: a théann in aghaidh chomhairle an dochtúra

l.10: **ar mire buile**: as mo mheabhair ar fad

l.11: **mo phlé**: cumas mo intinne chun smaointe a chumadh is a eagrú;   **cuid**: .i. plé agus smaointe;   **glanghealtáin**: duine atá glan as a mheabhair

l.12: **mhionnaíos breá thú**: dhearbhaíos go tréan go raibh tú breá

l.14: **táir**: tá tú

59.

Éagruas is andúil a bhuanaíonn é

Mo ghrá mar fhiabhras tá, faoi andúil shíor
Sna nithe is mó a bheir fad don mhíbhail féin;
Is tomhlaíonn gach a mbuanaíonn an ai<u>cíd</u>
Chun goile a shásamh, guagach 'tá agus tréith.

Mo réasún foighdeach bocht, ba lia dom' ghrá —
Faoi olc gur fhan gan aird a oidis riamh —
D'imigh, is im' éadóchas ním ad<u>mháil</u>
Gur bás aon mhian ar namhadmhar í don liacht.

Ós cuma anois lem' réasún, thar leigheas táim
'S ar mire buile, faoi mhíshuaimhneas síor,
Mo phlé is mo smaointe mar chuid ghlanghealt<u>áin</u>,
Ón bhfír'nne ar fán is curtha in iúl gan bhrí.

Mar mhionnaíos breá thú is cheap gur geal mar lá,
'S mar ifreann, dubh, 's mar oíche, dorcha, táir.

Soinéad CXLVIII: *(O me! What eyes hath love put in my head...)*

Arís tá na súile is a n-amharc bréagach ag plé leis an bhfile ach an uair seo tá míniú aige ar an bhfadhb. Ní hiad a shúile amháin atá lochtach áfach mar tá a chumas measta as ord freisin agus é ag lochtú gach rud a fheiceann a shúile i gceart. Cuireann sé as dó chomh maith go mbíonn an saol mór á dhísbeagadh ag rá nach bhfuil an bhean a dtugann a shúile grá di álainn in aon chor. Aontaíonn sé ámh nach bhféadfadh súile an ghrá feiceáil i gceart mar bíonn siad á síorchéasadh ag deora agus ag faire gan chodladh san oíche:

Gluais:

l.1: **diail**: anaisteach, an-mhínormálach;

l.2: **freagraíonn**: réitíonn le;   **amharc**: amh-arc - dhá shiolla

l.3: **meas**: cumas chun rudaí is daoine a mheas;   **ar fán**: ar seachrán

l.4: **chíd**: feiceann siad (Cáineann a intinn gach rud a fheiceann a shúile i gceart)

l.5: **adhrann**: onóraíonn (mar dhia, go bunbhríoch)

l.6: Cén cuspóir atá ag daoine lena rá nach mar sin atá an scéal; .i. nach bhfuil an duine a adhrann mo shúil álainn?

l.7: **léirchruthú**: cruthú soiléir

l.10: **martraíonn**: céasann go trom (mar a dhéantar le mairtíreach);   **goirt**: géar, salannach

l.13: **coinnír**: coinníonn tú

l.14: **súil dearadhairc**: súil a bhfuil amharc maith inti;   **cáim**: locht, máchail

60.

Dallta ag deora an ghrá!

Nach diail na súile a chuir im' cheann an grá,
Nach bhfreagraíonn ar aon dóigh don amharc fíor!
Má fhreagraíonn féin, mo mheas cár imigh ar fán,
Gan cheart a cháineann gach ní i gceart a chíd?

Más breá 'n neach <u>sin</u> a adhrann mo bhréagshúil
Cad 's aidhm don saol a mhaíonn nach amhlaidh 'tá?
Is murar breá, faoin ngrá sin léirchruthú
Nach fíor iad súile an ghrá mar shúile cách.

Ní thig! — bheith fíor ní fhéadfadh súil an ghrá
A martraíonn deora goirte í is faire dhian;
'S ní ionadh dom mo léargas a bheith cearr —
Ní fheiceann fiú, trí spéir nach glan, an ghrian.

A ghrá ghlic! — coinnír dall le deora mé
Nó d'fheicfeadh súil dearadhairc díot gach cáim bhréan.

Soinéad CXLIX: *(Canst thou, O cruel, say I love thee not...)*

Bréagnú láidir an dán seo ar dhearbhú a rúnseirce nach ngránn an file í. Téann sé de a thuiscint go bhféadfadh sí a leithéid a chur ina leith nuair atá sé sásta rud ar bith a dhéanamh ina aghaidh féin, é féin a dhiúltú is fiú amháin a phionósú má bhíonn an mhíshástacht is lú uirthi leis. Adhrann an chuid is fearr de an chuid is measa di sin. Tuigtear an scéal anois dó ámh: níl grá aici ach do dhaoine le radharc na súl agus tá seisean dallta ag a ghrá di!

Gluais:

l.1: **danar**: duine anchruálach

l.2: nuair a bhím ar do thaobhsa i mo aghaidh féin

l.3: **dúil**: spéis

l.4: **diantíorán**: tíoránach gan trua

l.5: Cén duine a bhfuil fuath aige duitse a bhfuil mise cairdiúil leis?

l.6: Cén duine nach bhfuil aon mheas agatsa air a mbímse ag plámás leis?

l.7: **púic**: grainc, dreach míshásta

l.8: **éiric**: íocaíocht, díoltas;   **luathochlán**: cnead láithreach (Nach gcuirim pionós trom láithreach orm féin a bhaineann cneadanna asam má fheicim go bhfuil tú míshásta liom?)

l.9 is l.10: Cén deathréith nó maitheas atá ionam atá chomh mórtasach gur dóigh léi go bhfuil sé faoina gradam a bheith ina seirbhíseach duitse?

l.11: **díogha**: an chuid is measa

l.12: **sméid**: comhartha cinn nó súile

l.12: nach gcaithfidh tú ach comhartha a thabhairt le do shúil chun go ndéanfaidh siad rud ort.

l.13: **gráinnigh**: bíodh fuath agat...

61.

Grá gan chúiteamh an daill!

An fíor, a dhanair! uait nach ngráimse thú
Leatsa nuair ' ghabhaim im' choinne féin i bpáirt?
Nach ortsa a smaoiním nuair a bhím gan dúil
Im' leas féin 's ar do shonsa im' dhiantíor<u>án</u>?

Cé ' ghráiníonn thusa ar cara dósan mé?
Cé air, ar beag leatsa é, a ním lú<u>táil</u>?
Le gach púic uaitse riamh nach mbainim féin
Troméiric asam féin le luathoch<u>lán</u>?

Cén feabhas is mór liom ionam féin atá
Chomh huaibhreach sin gur scorn leis duitse fóint? —
Do dhíogha nuair ' adhartar ag mo thréithe is fearr,
Ar leor sméid súile uait mar ordú dóibh.

Ach gráinnigh leat, do mheon anois ós léir:
Gráirse iad siúd a chíonn, 's is dall mé féin.

Soinéad CL: *(O from what power hast thou this powerful might...)*

Déanann ár soinéadaí iontas an iarraidh seo de chumas diail na mná é a shiabhradh, draíocht a imirt air; a amharc a chur as ord ar fad, agus tabhairt air meas níos mó a bheith aige ar a drochghnéithe siúd ná ar shárghnéithe aoinne eile. Ar an mbonn seo deir sé nach bhfuil ceart aici a bheith ag magadh faoi mar atá gach duine a fheiceann a lochtaí sise go soiléir ach gur mó a thuilleann sé grá uaithi:

Gluais:

l.1: **ábhalneart:** láidreacht mínádúrtha mór.

l.2: mo chroí a chur faoi do riail le do lochtaí, leis na gnéithe atá in easnamh nó de dhíth ort

l.4: dearbhú nach ndéanann gile na gréine an lá níos deise

l.5: **mórbhua:** cumas buntáisteach mór

l.6: **drámh:** ábhar gan mhaith;   **dríodar:** salachar ag íochtar lachta, deascadh

l.7: **stuaim:** innealtacht, ábaltacht

l.8: **togha gach togha:** an ní nó an ghné is fearr ar fad;   **díogha:** cuid is measa

l.10: de ainneoin na bhfáthanna go léir a fheicim is a chloisim chun fuath a thabhairt duit.

l.11: **formhór:** an chuid is mó

l.12: **staid:** bail, riocht

l.13: **gin:** tuismigh, déan

l.14: **is móide is fiú mé:** is mó a thuillim dá bharr sin...

62.

Éileamh ar chúiteamh!

Cén t-ábhalneart a bheir duit do shárchumhacht,
Ceannas mo chroí trí easnamhacht a fháil? —
Mé a chur ag bréagnú radharc cruinn fíor mo shúl
'S ag maíomh nach maise a ghile ghlé don lá?

Cad as go bhfaighir ón donas an mórbhua
Go bhfuil i ndrámh 's i ndríodar féin do ghníomh
Láidreacht chomh mór á léiriú agus stuaim
Gur fearr, im' mheon, ná togha gach togha do dhíogha?

Cé mhúin duit tabhairt orm thú a ghrá níos mó
Dá mhéad a chím 's a chloisim cúis le fuath? —
Cé gráimse an ní is gráin leis an bhfor<u>mhór</u>
Leo siúd níor cheart duit fuath dom' staid a thabhairt:

Má ghin duit d' easpa fiúntais ionam grá
Is móide is fiú mé uait do ghrása a fháil.

Soinéad CLI: *(Love is too young to know what conscience is...)*

Freagra é an dréacht seo, meastar, ar tháinseamh* a ghrá nach raibh aon choinsias ag an bhfile. Luann sé mar thús cosanta an seanchreideamh go bhfuil an grá (.i. Cúipid) óg, ró-óg do thuiscint ar an gcoinsias. Deir sé léi freisin gan é a lochtú go róthréan mar is baolach go ndéanfaidh sí na hoilc chéanna a rinne seisean; agus má fheallann sise air go bhfeallfaidh sé féin ar an gcuid is uaisle dá nádúr don chuid is anuaisle, don cholainn is dá hainmhianta agus go ndéanfar rud suarach dá ngrá:

* **táinseamh**: géarcháineadh, cur i leith

Gluais:

l.1:   **gurbh aithnid dó...**: chun gurbh eol dó céard é (an coinsias)

l.3:   **gleacaí**: duine sleamhainchúiseach, cleasach

l.6:   **tréasún**: coir in aghaidh an stáit, .i. aontacht ghrá na beirte; (déanann sé tréasún in aghaidh na coda is uaisle de féin i bhfábhar na coda is ísle, an corp)

l.7:   **go rathóidh sé**: go mbeidh rath air, go n-éireoidh leis

l.9:   **comharthaíonn sé**: teaspáineann sé thú (le comhartha) (mar a roghnaíonn saighdiúir i gcath namhaid faoi leith)

l.10:   **lán...... thar maoil**: lán ar fad, líon lán

l.11:   **amhas**: seirbhíseach, saighdiúir pá

l.12:   **feachtas**: gníomhaíocht leanúnach mhíleata chun cuspóir áirithe a fhíorú.

l.13:   Ní easpa coinsiasa ar bith uaim é go dtugaim grá ort

63.

Grá gan choinsias?

Tá an grá ró-óg gurbh aithnid dó 'n coinsias,
A bheirtear, ámh, mar 's eol do chách, ón ngrá;
'S faoim' chionsa, a ghleacaí chaoin, ná labhair ródhian,
Nó im' lochtaísa is róbhaol go gciontófá:

Óir feall orm tusa, is ar mo uaisleacht féin
Feallaimse do mo chorp 's dá thréasún táir;
Deir m'anam le mo chorp go rathóidh sé
Sa ghrá, tá seans; dom' fheoil 's leor sin mar fháth:

'S ag éiri, ar chlos d' ainm, comharthaíonn sé thú
Mar dhuais a ghlóire is lán de bhród thar maoil,
Róshásta bíonn sé ' bheith id' amhas bocht umhal,
Id' fheachtais seasamh 's tuitim duit led' thaobh.

Ní aon cheal coinsias' ortsa grá go nglaoim;
As grá dil duitse titim, óir, 's éirím.

Soinéad CLII: *(In loving thee thou know'st I am foresworn...)*

Fágann ár bhfile slán leis an "stáidbhean chiar" ach ní go ceolmhar taidhiúir* é ach le hachasán a leantar ag leithscéal íoróineach atá níos ollscriostaí fós mar imdheargadh** ná an cáineadh tosaigh. Tar éis í a cháineadh uair amháin eile faoin bpósadh a scrios sí agus faoina grá athnuaite dósan a chríochnú le móid úr fuatha gabhann sé a leithscéal faoi í a cháineadh mar tá i bhfad níos mó mionn briste aige féin: na mionna a thug sé faoina fírinne-se is faoina dílseacht is faoina cineáltas mín, gan trácht ar fhianaise a shúl a shéanadh di. Is buille scoir níos mó ná ceiliúradh fliuchshúileach an leathrann éarthach*** deireannach faoin mionn bréige go raibh áilleacht inti:

* **taidhiúir**: bog binn caointeach;
** **imdheargadh**: scláradh, cáineadh anghéar;   ***éarthach**: a dhiúltaíonn le béim

Gluais:

l.3: **móid leapa bhris**: nuair a bhí sí mídhílis le fear pósta;
      dílseacht nua: an t-athmhuintearas idir í féin agus an file

l.4: **úrmhóid**: móid nua;   **úrghrá**: grá nua

l.5: **a chasadh leat**: thú a cháineadh faoi...;   a lua go cáinteach leat

l.6: **is bréagmhionnach mé thar cách**: tá níos mó mionn bréige tugtha agamsa ná ag aon duine eile

l.7: Thug sé mionnaí go raibh sí seasmhach dílis fíor agus ós rud é go raibh sí mídhílis dó bhí sé á mímheas, bhí na mionnaí bréagach

l.11: **mar shoillsiú ort**: chun thú a fheiceáil "faoi sholas níos fearr";
      súile caochta: "bréagshúile" na soinéad roimhe

l.13: **scéimhiúil**: álainn, dóighiúil

64.

Ceiliúradh* na mionn briste!

Is eol duit trí thú a ghrá go mionnaím bréag;
Mar rinnis, ámh, faoi dhó led' mhionn grá chughamsa;
— Móid leapa bhris tú 's dílseacht nua do réab
Le húrmhóid ghráine i ndiaidh úrghrá a thabhairt dom.

Ach cén fáth dhá mhionnbhriseadh a chasadh leatsa? —
Bhris mise scór! — 's bréagmhionnach mé thar cách!
Gach móid liom, óir, is mionn í a rinn mímheas ort
'S gach creideamh fíor liom ionat caillte tá:

Domhain-mhionna thugas, óir, faoi do dhomhain-chaoineas,
Faoid' ghrá, faoid' sheasmhacht is faoid' dhílseacht fhíor;
'S mar shoillsiú ort d'fhéach ort le súile caochta
Nó bhain mionn astu in aghaidh gach ní a chíd.

Mar mhionnaíos scéimhiúil thú — mo náire ghéar! —
In aghaidh na fírinne ' thug mionn chomh bréan.

***ceiliúradh**: fágáil slán (deireannach);

DEIREADH LEIS AN

TRÍÚ DREAS

AN CEATHRÚ DREAS

Mír a hAon

Tá an stáidbhean imithe as an scéal anois agus baineann fuílleach na ndánta leis an gcaidreamh leis an ógfhear, na cora miona is móra ann go bun a scríbe. Tá an dreas deiridh seo roinnte ina dhá fhodhreas: mír a haon a chríochnaíonn le coimhthiú na gcarad tar éis easaontais is fuaraithe eatarthu; agus an dara mír a mhaireann ón athmhuintearas go dtí an scarúint dheireannach.

Sa chéad mhír tá na dánta eagraithe ina ngrúpaí ar seicheamh le téama(í) coitianta aontaitheach(a) gach ceann mar seo a leanas:

(a) 65 — 72:   tréimhse scartha: an t-ullmhú, an t-aistear, na mothúcháin;

(b) 73 — 81:   móradh áilleacht an ógfhir, cáineadh agus sólás ag an deireadh;

(c) 81 — 87:   geallúint cáile síoraí dá chara; léiriú ar an mbealach chuige sin;

(d) 88 — 95:   gach tairbhe agus gach sólás ó oilc an tsaoil atá ina gcairdeas;

(e) 96 — 100:   an dubhachas faoi aois an fhile agus an dearmad iomlán a chaithfear a dhéanamh air gan mhoill tar éis a bháis;

(f) 101 — 115:   rianú céim ar chéim ar mheath an chairdis, ó leith-scéalta an fhile faoina fhaillí i moladh a charad, go teacht i láthair file eile a mholann níos sásúla é, go tréancháineadh is éaradh an fhile ag a chara.

Soinéad XXXIX: *(O, how thy worth with manners may I sing...)*

Ar ais linn chun téama na scarúna agus chun réasúnaíochta atá bunaithe ar an dearbhú gur aonad iad beirt a bhfuil grá nó fíorchairdeas eatarthu. Sa dán seo tugann an file fáth eile go gcaithfidh sé féin agus a chara a bheith ina n-aonaráin deighilte : nach mbeidh ina dhánta mórtha ach féinmholadh má leanann siad ina n-aonad agus nach bhfaighidh a chara an moladh uile atá lántuillte aige dó féin amháin. Léirítear freisin sóláis na scarúna:

Gluais:

l.1: **cuibheas**: dearcadh síbhialta, saor ó lábántacht

l.3: **luaíocht**: cúiteamh a thuilltear

l.5: **deighilte**: scartha óna chéile

l.6: Ná bíodh daoine ag ceapadh is ag rá gur aonad — aon rud amháin — sinn de bharr ár ndlúthchaidrimh

l.7: **go bhféada mé:** chun go mbeidh mé in ann (Modh foshuiteach)

l.9: **éagmais:** scarúint is an t-uaigneas is cumha a bhaineann léi;

l.9 **scrúdtach**: deacrach, anróiteach

l.10: **uain mheala:** am agus áiméar (deis) antaitneamhach; **domlasta**: searbh, neamhmhilis

l.11: **bréagadh:** mealladh

l.13 is l.14: Tá an file ina aonar ach sna smaointe agus sna moltaí a spreagann a scarúint óna chara tá a chara beo ina láthair agus beirt ann in áit duine amháin!

65.

Gá le deighilt
is searbhmhilseacht na scarúna!

Cén dóigh le cuibheas dod' fheabhas-sa a sheinnfead dán
Ós tú díom féin an chuid is fearr go léir?
Óm' mholadh féin cén luaíocht 'tá le fáil?
Do mholadhsa, óir, cé dó é ach dom féin?

Faoin aon chúis seo ár saolta deighilte bíodh
Is clú an aonaid cailleadh ár bhfíorghrá
Go bhféada mé, de bharr na deighilte, an ní
A thabhairt duit atá tuillte agatsa amháin.

A Éagmais! Ó, nár chéasadh scrúdtach tú
Murach uain mheala id' shó domlasta a bhíonn
An t-am le smaointe grá a bhréagadh ar shiúl —
Am agus smaointe a mheallair féin chomh binn!

Is múinir dís as aon a dhéanamh dúinn
Trí dhuine a mholadh anseo 'tá as seo ar shiúl.

Soinéad XLVIII: *(How careful was I, when I took my way...)*

Is cosúil gur cúlú san am atá sa chuntas seo ar ullmhú an fhile dá thuras óna chara agus tá mana oilc ann i míthuar an fhile go ngoidfear a chara uaidh, an t-aon ní nár chuir sé in áit taisce shábháilte. Sa dara rann tá comharthaí go n-airíonn an file go bhfuil meas a charad caillte cheana aige:

Gluais:

1.2: iata: dúnta go docht, faoi ghlas

1.3: crobha feille: lámha fealltacha;

1.4: faoi iontaoibh: go bhféadfaí brath orthu

1.5: mionrach: rudaí bídeacha gan luach

1.7: ionúine: dile;   buaireamh: .i. údar buartha, cúis imní

1.8: marc: sprioc

1.9: faoi iamh: faoi ghlas

1.11: gaibhniú: iamh (i ngabhann, mar a dhéantar le hainmhithe fáin);   bámhar: geanúil;
      maoth: bog(chroíoch) caoin

1.12: le do dhúil: de réir mar is maith leat

1.14: bradaí: duine atá tugtha don ghadaíocht

66.

Ullmhú do thaisteal;

an tseoid is luachmhaire i mbaol?

Nár mhór mo chúram gach mionrud a shá
In áit shlán iata 's mé ag cur chun slí,
Chun ' bheith ag crobha feille gan úsáid
'S dom' úsáid féin i dtaiscí faoi iontaoibh.

Ach tusa, ar mionrach leat gach seoid im' stór,
Mo léan is mó, ba uair dom ardshólás;
Tú, is ionúine thar cách, 's m' aon bhuaireamh mór
Tá fágtha id' mharc do gach aon ghadaí táir: —

Thusa níor chuir mé i gcófra ar bith faoi iamh,
Ach áit nach bhfuilir — ann cé braithim thú —
Faoi ghaibhniú bámhar maoth istigh im' chliabh
Ar féidir teacht ann 's imeacht as led' dhúil;

Ach goidfear thú ón áit sin fiú, is baol,
— Ba bhradaí an dílseacht féin faoi dhuais chomh daor.

Soinéad L: *(How heavy do I journey on the way...)*

Cuntas atá anseo ar thuras gan taitneamh an fhile — agus a chóra iompair! — chun siúil óna chara. Úsáidtear an staigín bocht mar mheán chun leimhe agus tuirsiúlacht an aistir agus troime croí an taistealaí a léiriú:

Gluais:

l.2: **ag tnúth**: ag súil go mór, ag dúil go tréan (mífhoighneach?)

l.3: **traochadh**: tuirsiú, spíonadh, tnáitheadh; **sóil**: scíthiúil, sócúil

l.5: **beathach**: capall; **tnáite**: spíonta, traochta

l.6: **spadchoisíonn**: siúlann go tromchosach, righin; **troime**: meáchan (mór)

l.7: **amhail**: faoi mar a

l.9: **saighdeann**: cuireann iallach air (dul ar aghaidh) trí é a ghortú le rud biorach géar; **brod**: rinn spoir

l.11: **ochlán**: torann a ligeann ainmhí nó duine as de bharr gortaithe (nó troime croí!)

l.12: **gontaí**: a ghearrann níos measa

67.

Via Doloris!

Nach trom ar feadh mo shlí a ghluaisim romham,
Trom mar nuair ' bheidh, mar 'táim gan scíth ag tnúth,
Lem' thraochadh críoch, smaoineod faoi shuaimhneas sóil:
"Ba óm' chara dil gach slat den tslí a chuas! "

An beathach iompair, tnáite ag mo shíorbhuairt,
Spadchoisíonn leis chun bheith dom' throime in ann,
Amhail mhúinfeadh dúchas éigin dó mar bhrúid
Nach maith liom luas, dom' thógáil uaitse 'tá.

Ní shaighdeann é chun cinn brod fuilteach géar
A bhrúnn mo fheargsa trína thaobh gach seal;
'S go trom le hochlán péine a fhreagraíonn sé,
Ar gontaí é dom féin ná an prioc dá chneas;

Ón ochlán seo, óir, seo im' intinn bíonn:
Mo léan tá romham, mo shonas tá i mo dhiaidh.

Soinéad LI: *(Thus can my love excuse the slow offence...)*

Leantar de scéal an chapaill bhoicht. Gabhtar leithscéal dó faoina mhoille ar an turas ó bhaile agus as grá gealltar gan a bheith ródhian air ar an turas ar ais, nuair nach bhféadfadh an t-each ba lúfaire ar bith dul sách tapaidh don mharcach seo. Is deacair an réasúnú ag an deireadh a leanacht — feictear domsa gur féidir gur ag magadh faoin ainmhí bocht atá an file:

Gluais:

1.1: **loghadh:** a mhaitheamh, ligean leis
1.2: **leasc:** támáilte, spadánta
1.3: **áitreabh:** teach cónaithe; **deabhadh:** deifir
l.6: **buaic:** an pointe is airde : feicfear dom go mbeidh aon luas, fiú an luas is mó, mall
1.7: **luífinn brod:** d'oibreoinn na spoir
1.8: **siúl:** gluaiseacht
l.10 is l.11: Grá an bunábhar atá i mian an fhile agus mar sin tá sí lán de bhrí agus de fhuinneamh — tá sé san "fhuil "aici (de thoradh a síolraithe — a "póir ")
1.12: **staigín:** clibistín, seanchapall gan chuma, gan éitir
l.13 is l.14: in aonturas a chuaigh an capall go mall ar an turas ó bhaile;   ligfidh an file dó mar sin dul chomh tapaidh is a theastaíonn uaidh abhaile! (ó nach bhfuil each ar bith a rachadh sách tapaidh don fhile — chomh mear lena mhian ardmhiotalach — tá sé chomh maith dó ligean don bhrúid bhocht é a thabhairt abhaile ag a ráta siúil is airde féin.)

68.

Rocinante ina Pheigeasas!

Féadfaidh mar seo mo ghrá a mhoille a loghadh
Dom' iompróir leasc nuair ' bhím ag taisteal uait:
Ód' áitreabhsa cén fáth go ndéanfainn deabhadh? —
'S go mbead ag filleadh níl aon chall le luas.

Ansin cá bhfaighidh mo bhrúid bhocht, ámh, leithscéal?
Is mall a dhealróidh, óir, buaic féin an luais;
'S go luífinn brod cé ar mhuin na gaoithe a bhéinn
'S i sciatháin fiú ní fheicfidh mé aon siúl?

Níl each a choinneodh siúl ansin lem' mhian,
'S ós grá lánfhoirfe is mianach di mar mhéin
Feoil leamh ar bith 'na pór ardmheanmnach níl;
'S dom' staigín seo, as grá, ón ngrá leithscéal:

"Ó chuaigh sé rímhall uait ar shiúl, d'aon ghnó,
Scaoilfead leis srian 's abhaile chughat brostód."

Soinéad XLIII: *(When most I wink, then do mine eyes best see...)*

Filltear go ceann dornán dánta ar théamaí is eachtraí gan oiread crostachta is a ghin an scarúint agus an coimhthíos. Anseo tá an file ag cásamh bheith ar shiúl óna chara, ag cur síos ar an gcaoi a ngealaíonn a shamhail na hoícheanta dubha, agus ar mhéid a thnútháin lena fheiceáil arís — faoi sholas geal lae:

Gluais:

l.2: **drámh**: earraí nó ábhar gan mhaith gan luach

l.3: **faoi shuan:** ina chodladh

l.6: Nach gcruthódh do íomhá radharc angheal feiceálach go deo

l.7: faoi sholas an lae nach bhfuil leath chomh geal le do ghilese

l.8: **glinn**: ansoiléir

l.12: **fás**: folamh gan substaint; **amharc**: *amh - arc* an fuaimniú, mar is iondúil

l.13: **go bhfeicead:** go dtí go bhfeicfidh mé (Modh foshuiteach, aimsir láithreach chun am éiginnte a chur in iúl)

69.

Scáil gheal na hoíche!

Dá fhad mo chodladh is fearr a chíonn mo shúil
A bhreathnaíonn drámh gan luach ó cheann ceann lae;
San oíche chíonn sí thusa is í faoi shuan
'S do scáil sa doircheacht bíonn 'na treorú glé.

Do scáil ó déanann scáthanna chomh geal
Nach gcumfadh cruth do scáile taibhseacht dhiail
Faoi ghile lae — ded' ghilese nach leath —
Ó tá don tsúil gan radharc do scáil chomh glinn.

Nach sona beannachtach a bheadh mo shúil
Le féachaint ort faoi sholas lae ghil bheo!
San oíche mharbh ós léir trí throime shuain
Do scáil chaoin fhás ar shúil gan amharc fós.

Oíche é gach lá go bhfeicead thú athuair,
'S is lá gach oíche a bhfeicim thú i mo shuan.

Soinéad XLIV: *(If the dull substance of my flesh were thought...)*

I bhfad óna chara dó tá an file á chásamh nach de smaoineamh atá a chorp déanta mar go bhféadfadh sé aistriú láithreach sa chás sin ó áit ar bith go dtí láthair a charad. Ní de smaoineamh atá sé déanta ámh ach de na ceithre dhúil — an t-aer, an tine (na dúile éadroma), an t-uisce agus an chré (na dúile troma), — go mórmhór an dá cheann troma nach bhfaigheann sé uathu ach deora agus mar sin caithfidh sé foighneamh faoi chumha:

Gluais:

l.1: <u>leamhábhar</u>: ábhar nó damhna gan bhrí

l.1: Dá mba rud é gur de smaoineamh a bheadh mo chuid feola, mo chorp, déanta; dá mba smaoineamh an t-ábhar a bheadh ann.

l.2: <u>maslach</u>: tuirsiúil, traochtach

l.3: <u>achar</u>: fad slí

l.4: <u>críoch is céine</u>: tír nó stát is faide ar shiúl; <u>dáil</u>: aice, fochair, foisceacht, cóngar....
<u>(i do dháil</u>: i do láthair, i do theannta) ; <u>don áit a mbír</u>: go dtí an áit ina mbíonn tú

l.6: <u>giodán</u>: ball beag

l.7: <u>luath</u>: mear, antapaidh

l.8: Tagann an mhian i nduine i dtosach dul go háit agus láithreach léimeann an smaoineamh go dtí an áit sin

l.9: <u>bascann</u>: scriosann, déanann blúiríní beaga de

l.11: Tá oiread sin díom déanta de uisce is de chré.

l.12: <u>foighneamh le</u>: bheith foighdeach le; fulaingt

l.13: <u>dúile támha</u>: na dúile troma, an t-uisce agus an chré; (<u>támh</u>: támáilte, gan bhrí)

l.14: <u>a mbrón araon</u>: brón na beirte acu

70.

Dúile contráilte

Leamhábhar m' fheola dá mba smaoineamh é
Ní bhacfadh aon fhad maslach mé óm' shlí;
D'ainneoin an achair, óir, d'aistreofaí mé
Ón gcríoch is céine ód' dháil don áit a mbír.

Ba chuma ansin mo chos ' bheith leagtha fúm
Sa ghiodán féir is faide ar shiúl ód' shuíomh,
Thar muir 's thar tír ó léimeann smaoineamh luath
Chomh mear 's a roghnaíonn dúil dó sprioc dá thriall.

Ach bascann smaoineamh mé nach smaoineamh mé,
Na mílte fada óir léimfinn 's tú ar shiúl;
Ach cumadh oiread d'uisce mé 's de chré,
Foighneamh le toil an Ama is gá go dubhach;

Is tada óm' dhúile támha faighimse féin
Ach deora troma, comhartha a mbróin araon.

Soinéad XLV: *(The other two, slight air and purging fire...)*

Úsáideann an file teoiric na gceithre dhúl anseo chun míniú iontach cliste a thabhairt ar an bhfáth nach féidir leis a bheith sona ná socair agus é scartha óna chara: bíonn a mhian agus a smaoineamh ar de thine agus de aer atá siad déanta — na dúile éadroma luatha — i gcónaí lena chara; fágann sin an file, gan an dá dhúil is beoga, faoi dhrochbhail; ansin tagann an dá dhúil sin ar ais ag rá go bhfuil an cara i mbarr a mhaitheasa agus bíonn an file go breá; ach gan mhoill tagann buairt arís air faoin gcara agus seolann sé a mhian is a smaoineamh ar ais chuige agus siúd tosaithe an timthriall an athuair:

Gluais:

l.1: **róchaol**: anéadlúth ("anéadrom") ar fad;   **láníonaíonn**: déanann íon go hiomlán, dónn gach salachar as;   **íon**: glan, saor ó dhrochábhair mheasctha;   **bíd**: bíonn siad

l.4: **ar luas**: go gasta, go tapaidh;   **ealaíonn... ar luas**: gluaiseann siad le luas ollmhór

l.6: **iar dtéaltú**: tar éis imeacht go mear;   **maoth**: bogmhothaitheach, miochair

l.8: **á bhrúisceadh**: á bhascadh, ina leircín;   **lionndubh**: troime croí, an galar dubhach

l.9: go dtí go gcuireann na dúile éadroma an bheatha ar ais le chéile i gceart arís

l.10: **toscairí**: ionadaithe a sheoltar chuig cruinniú nó chuig stát eile mar theachtaí;   **rómheara**: anluasmhar, luaimneach

l.13: **faoi néal:** faoi scamall buartha

71.

Dúile ar iarraidh!

An t-aer róchaol is an tine a láníon*aíonn*,
Pé áit a mbím bíd leatsa mar dhá dhúil: —
De aer mo smaoineamh, tine atá im' mhian,
'S éal*aíonn* an dís anseo — ansiúd ar luas.

Na dúile luatha seo, óir, nuair a bhíonn
Iar dtéaltú chughat ar theachtaireacht mhaoth ghrá
Mo shaol, dá cheithre dhúil a bhíonn gan dís,
Á bhrúisceadh ag lionndubh trom, luíonn siar chun báis;

Comhsh*uíomh* na beatha arís go n-athbhun*aíonn*
Na toscairí rómheara, ar ais uait féin,
'S ní luaithe chughamsa fillte iad slán arís
Ná tugaid faoid' dheashláinte dhom deascéal;

'S bím sona: ach ansin, faoi néal gan mhoill,
Seolaim ar ais iad, 's bím faoi ghruaim arís.

Soinéad LII: *(So am I as the rich, whose blessèd key...)*

Sa soinéad seo léiríonn an Bard méid a mheasa agus a cheana ar an ógfhear á chur i gcomparáid le hórchiste is le seoid nó ball éadaigh ardluachmhar a choinnítear i dtaisce do ócáidí anspeisialta. Smaoineamh eile a athchantar sa dán gur móide an taitneamh a thugann rud feiceálach ar bith a annaimhe a fheictear é, mar chlocha lómhara atá taiscithe, féilte na bliana nó culaith mórluacha faoi ghlas i gcófra; agus is mar sin atá a chara dó féin mar ní fheiceann sé, is léir, ach fíorannamh é; ach bíodh sé i láthair nó ar shiúl spreagann sé mothúcháin taitneamhacha — ríméad nó dóchas:

Gluais:

l.3:   __is tearc:__ is beag ...;   __clocha bua:__ seoda, clocha lómhara

l.4:   chun faobhar a choinneáil ar a phléisiúr trí gan féachaint go rómhinic ar a sheoda; __rinn:__ bior, pointe (géar) ag deireadh nó foirceann ruda.

l.5:   __tromchúiseach:__ sollúnta, gan ghreann

__l.7 is l.8:__ I gcoiléir anchostasacha — agus i gcoróinéid diúic! — bíonn na seoda is deise gann agus scartha óna chéile. __scáinte:__ éadlúth, ceann anseo is ansiúd

l.7:   __séad:__ mír nó earra anluachmhar

l.8:   __dalba:__ anmhór is anfheiceálach;   __coróinéad:__ coróin (bheag) diúic

l.10:   __folaíonn:__ ceileann;   __éide:__ ball éadaigh, culaith éadaí

l.11:   __leithleach:__ ar leith, speisialta

__l.11 is l.12:__ Tugann an chulaith breis gile agus suntais do ócáid speisialta nuair a fhuasclaítear as géibheann an chófra é.

l.12:   __breáthacht:__ andeise, galántacht

l.13:   __fiúntas:__ deathréithe, ardmhaitheas

l.14:   __glóir:__ áthas gan teorainn;   ardmhórtas anama

72.

An tseoid faoi ghlas

Mar fhear a' tsaibhris mé le heochair rúin
Nach ligeann chun a stóir dhil iata ach é;
'S is tearc uair ' scrúdaíonn sé a chlocha bua
Chun rinn a shuilt le hannaimhe a choinneáil géar;

Mar sin d'ár bhféilte, is gann tromhchúiseach iad;
Óir, le teacht annamh, sa bhliain mhall gan spéis
Amhail séada lómhara is róscáinte a suíomh
Nó mar ollseoda dalba i gcoróinéad:

Tá an t-am ina mbír uaim mar mo chófra séad
Nó an vardrús iata a fholaíonn éide ardluach'
A bheir do uair róleithleach sonas glé
Trí nochtadh a breáthacht', scaoilte ó ghlas athuair.

Duitse 's róbhreá, le fiúntas 'tá i do chúis,
Le glóir 's tú ann, le dóchas 's tú ar shiúl.

Soinéad XLVI: *(Mine eye and heart are at a mortal war...)*

Arís anseo tá anléiriú ar choimhlintí inmheánacha mheon agus mhothúcháin an fhile faoina chara dil: tá an tsúil agus an croí ag aighneas faoi radharc an ógánaigh agus is iad na smaointe na giúróirí a chaithfidh an bhreith a thabhairt a shocróidh an cás, rud a dhéanann siad go hanchóimheáite cothrom:

Gluais:

l.2: <u>**caoinchreach do radhairc:**</u> an chreach andeas arbh í do radharc í; <u>**creach:**</u> rud ar fiú seilbh a fháil air (trí ghadaíocht — nó go dlithiúil!)

<u>**l.3:**</u> gan cead a bheith ag an gcroí go deo féachaint ort.

l.4: <u>**séanadh:**</u> diúltú; <u>**rún:**</u> aidhm is cuspóir (an chroí)

l.5: <u>**dearbhaíonn:**</u> deir go dearbh, le béim; <u>**suíomh:**</u> áit ina bhfuil rud suite (nó le fáil)

l.6: <u>**uaimh rúin:**</u> pluais rúnda; <u>**threáigh:**</u> chuaigh tríd; <u>**ga:**</u> gléas géar troda, sleá; líne solais

l.7: <u>**bréagnaíonn:**</u> deir nach fíor; <u>**an cosantóir:**</u> an tsúil

l.8: <u>**dealramh:**</u> cuma, cruth (seachtrach)

l.9: <u>**a chinneadh:**</u> a shocrú le breith údarásach; <u>**rollaítear:**</u> cuirtear giúiré le chéile

73.

Cogadh na súile is an chroí

I gcogadh marfach tá mo chroí is mo shúil
Faoi roinnt chaoinchreach do radhairc; lem' shúil is mian
Ód' fhéachaint cosc ' bheith ar mo chroí go buan;
Is séanadh aon chirt ar chosc, sin rún mo chroí.

Dearbhaíonn mo chroí gur ann atá do shuíomh —
Uaimh rúin nár threáigh í riamh ga súile glé —
Ach bréagnaíonn seo an cosantóir gan mhoill
Ag rá gur inti 'tá do dhealramh séimh.

Chun ceart na seilbhe a chinneadh rolláitear
Lánchoiste smaointe, tionóntaí mo chroí,
'S is trína dtrombhreith seo a shocraítear
Don chroí is don tsúil a gcuid 's a gcion ceart cuí:

Mar seo: do choda amuigh, táid ag mo shúil;
Do chroí is a ghrá laistigh mo chroí go bhfuair.

Soinéad XLVII: *(Betwixt mine eye and heart a league is took...)*

Tá an croí is an tsúil anois ag comhoibriú lena leas araon; cuntas agus miondealú anchliste agus anchruinn ar oibriú na gcéadfaí, an réasúin agus na mothúchán i gcás cairdis agus grá atá anseo ach mionscrúdú agus athsmaoineamh anchúramach a dhéanamh ar a bhfuil ar chúl shamhlaoidí an fhile — agus seo na céadta roimh ré na heolaíochta, gan trácht ar an tsíceolaíocht:

Gluais:

l.1:   **conradh**: comhaontú nó comhréiteach ag deireadh cogaidh

l.2:   **soilíos**: aisce, gar;   fábhar

l.4:   **tréithlag**: anlag, gan bhrí

l.5:   **fleá chraois:** féasta mór itheacháin;   **samhail**: íomhá, pictiúr

l.6:   **féasta daite:** béile mór péinteáilte

l.7:   **aoi**: duine a iarrtar chuig cóisir nó fleá;   **ar a tráth:** ar a seal, nuair is é a seal nó a huain é

l.8:   **riar**: soláthar, stór, cion

l.11:   **raon mo smaointe:** an fad atá mo smaointe in ann dul

l.11:   Ní féidir leat dul chomh fada sin uaim nach sroichfidh mo smaointe thú

l.13:   **más suan dóibh:** má bhíonn siad ina gcodladh;   **glinn (*glín*):** ansoiléir

l.14:   **aoibhneas**: ríméad;   ansiamsa, tógáil croí agus anama

74.

Comhoibriú súile agus croí

Idir mo shúil 's mo chroí tá conradh réidh
Is soilís déanaid beirt anois dá chéile;
Féachaint nuair ' theastaíonn ó mo shúil go géar
'S a osnaí grá nuair ' mhúchann mo chroí tréithlag;

Déanann mo shúil fleá chraois ar shamhail mo ghrá
'S iarrann ansin don fhéasta daite an croí;
'S an tsúil 'na haoi don chroí bíonn ar a tráth
'S dá smaointe grá roinneann sé léi a riar.

Mar sin trí d' íomhá dhaite nó trím' ghrá
Bíonn tú de shíor liom fiú 's tú uaim ar shiúl;
Thar raon mo smaointe taisteal níl tú in ann
'S bím síoraí leosan 's iadsan leat go buan;

Nó más suan dóibh, im' radharc do phictiúr glinn
Dúisíonn mo chroí chun aoibhnis shúile is chroí.

Soinéad LIII: _(What is your substance, whereof are you made...)_

Tá dóigh fíorneamhghnáthach eile anseo ag an bhfile chun áilleacht fhoirfe choirp agus phearsan an fhir óig a chur i dtuiscint dúinn: gach gné álainn atá nó a bhí riamh in aon duine fiú sna pearsana stairiúla ba mhó cáil faoina ndathúlacht tá sé san óigfhear seo; ní hamháin sin ach breáthachtaí uile an dúlra — úire antaitneamhach an earraigh is féile an fhómhair — tá siad go léir ann; agus mar sin tá an t-ábhar ann chun íomhá nó pictiúr de aon cheann díobh a sholáthar; tá "scáil" gach duine agus gach ní álainn ann. Agus breis thairis sin ...:

Gluais:

l.2, 3, 4: <u>scáil</u>: íomhá nó (maca)samhail (i gcodarsnacht le "substaint ")
l.2:   <u>iomad</u>: anchuid, uimhir anmhór;   **<u>aduain</u>**: fíorait, aerachtúil
l.3:   <u>cách, gach aon:</u> gach duine
l.4:   <u>féadann tusa:</u> tá tusa in ann
l.5:   <u>macasamhail</u>: cóip, íomhá
l.6:   <u>aithris lag</u>: cóip mhíchruinn, nach dtugann a cheart don duine;   **<u>líníodh</u>**: tarraingíodh
l.7:   <u>togh</u>: roghnaigh
l.8:   <u>cló:</u> foirm, deilbh;   **<u>daite</u>**: deannta, i bpictiúr, péinteáilte
l.9:   <u>fómhar</u>: _fó - mhar_
l.11: <u>méith</u>: antorthúil
l.12: <u>cumraíocht</u>: cruth, dealramh
l.13: <u>léiriú gnaoi:</u> teaspánadh áilleachta

75.

Taisce na n-áilleachtaí uile!

Cén t-ábhar ionat nó cén mianach tá
Go bhfuil faoid mháistreacht iomad scáil aduain?
— Ag cách ó tá — ag gach aon — scáil amháin,
Ach féadann tusa, aon neach, gach scáil a thabhairt:

Cuntas Adónais tabhair — a mhacasamhail
Is aithris lag ar uaitse a líníodh í;
Gach gné dá scéimh do phictiúr Héilin togh
— Siúd faoi chló Gréagach tusa daite arís!

Faoin earrach úrgheal nó faoin bhfómhar labhair:
San earrach scáil do áille móire is léir;
An fómhar méith ar d' fhéile tá 'na shamhail —
Aithnímid thú san uile chumraíocht shéimh.

Páirt agat tá i ngach aon léiriú gnaoi,
Ach aon chruth níl mar tú le seasmhacht croí.

Soinéad LIV: *(O how much more doth beauty beauteous seem...)*

Anseo meabhraíonn an file don stócach — sealbhóir gach áilleachta — nach leor an áilleacht sheachtrach choirp inti féin amháin; gur gá mar iomlánú uirthi an fhírinne (dílseacht agus neamhbhréagacht). Mar shoiléiriú gaireann sé chuige sampla an róis shláintiúil is an róis a bhfuil an cancar uirthi; níl aon difríocht datha ná bolaidh eatarthu ach toisc gur dealramh seachtrach folamh agus gan tada eile atá ina áilleacht ní bhíonn meas ná aird ar an mbláth galraithe agus ligtear dó dul ar ceal ar fad; déantar cumhrachtaí áille áfach den bhláth sláintiúil — maireann a áilleacht tar éis a bháis — mar a mhairfidh brí áilleacht an óigfhir, agus í "driogtha" i bhfilíocht a charad:

Gluais:

l.2:   **an fhírinne:** an neamhbhréagacht agus an dílseacht

l.4:   **caomh:** séimh agus antaitneamhach

l.5:   **cancarbhláth:** bláth a bhfuil an cancar (aicíd lofach, chnaíteach) air;   **lí:** dath

l.6:   **snua:** dath taitneamhach maisiúil;   **cumhránach:** a thugann boladh andeas uaidh

l.7:   **spíon:** dealg;   **damhas:** damhsa

l.8:   **caoinphuth:** leoithne bhog

l.9:   **taibhseacht:** cruth nó dealramh geal taitneamhach;   **fás:** folamh;   **bua:** deaghné

l.10:   **trá:** dul i léig, meath

l.11:   **éagann:** faigheann bás

l.13:   **macaomh:** ógánach;   **bhúidh (búch):** mhaoith (maoth), chaoin

l.14:   **an dé:** an bheatha

76.

Ní áilleacht go fírinne

Nach mór is áille linn an áilleacht féin
Má bhíonn an fhír'nne léi 'na maisiú óir;
An rós tá breá, ach bréatha fós linn é
Faoin mboladh úd cumhra caomh 'na croí 'tá beo.

I gcancarbhlátha a lí tá lán chomh domhain
Le húrshnua gléigeal cumhránach an róis;
Chomh géar a spíon, chomh haerach céanna a ndamhas
Nuair ' nochtann caoinphuth samhraidh a n-ál bach<u>lóg</u>;

Ach ós é an taibhseacht fhás a n-aon mhórbhua
Gan iarraidh mairid is téann gan mheas ag trá
'S éagann leo féin — ní hamhlaidh an rós gealshnuach,
Bolaí róchumhra a ndéantar dá chaoinbhás:

Is mar sin díotsa, a mhacaoimh álainn bhúidh,
An dé nuair ' thráfaidh, driogfad d' fhíorbhrí uait.

Soinéad LIX: _(If there be nothing new but that which is...)_

Castar anseo teoiric na dtimthriallacha orainn, go dtiteann an tsraith chéanna tarlaithe amach arís is arís eile ag idirthréimhsí tráthrialta agus mar sin nach bhfuil tada nua ar an saol. Am amú mar sin dícheall gach aoinne chun a bheith céadcheapthach; níl ann ach mar a bheadh bean torthach ag iompar linbh a rugadh cheana. Más fíor seo ba bhreá leis an bhfile féachaint siar sa stair chun go léifeadh sé na cuntais a scríobhadh ar a chara is ar a áilleacht i saolta roimhe seo, go bhfeicfeadh sé a íomhá san ársacht agus go bhfaigheadh sé fios an feabhas nó a mhalairt a thagann ar dhaoine leis na timthriallacha seo. Cibé scéal é tá sé dearfa gur moladh go hard ag údair na ré ársa daoine nach raibh leath chomh hinmholta lena chara:

Gluais:

l.2:   **meallta**: imithe nó treoraithe amú

l.3:   **faoi stró chun:** ag déanamh ár ndíchill chun

l.4:   **athualach**: an t-ualach nó lasta céanna arís ;   **iarnaíonán**: páiste a bhí ann cheana

l.5:   **amharc**: _amh' rc_ (siolla amháin);   **taifid**: comhaid, cuntais chláraithe chaomhnaithe

l.6:   **imthriall**: cúrsa iomlán timpeall, imrothlú iomlán amháin

l.8:   an uair a cuireadh aigní is a smaointe in iúl i gcomharthaí scríofa i dtosach

l.10:   **feart**: iontas, míorúilt;   **diamhair**: domhínithe (álainn), dothuigthe, ("dochreidte"). **cabhail**: corp (gan ghéaga go hiondúil)

l.12:   **gineann**: déanann, tuismíonn;   **imrothlú**: casadh timpeall aise agus teacht arís go dtí an áit chéanna (mar a dhéanann an domhan uair is athuair;   agus an t-am más fíor do theoiric na dtimthriallacha)

77.

Rotha ollmhór an tsaoil
- is na staire!

Má tá ann neamhní nua, 's má bhí gach ní
'Tá ann ann cheana, ár meoin nach meallta tá,
Faoi stró chun cumtha úrnua a mhí-iompraíonn,
Dá dhara breith, athualach iarnaíonáin.

Faraoir nach bhféadfaí amharc trí thaifid siar
Thar cúig chéad imthriall fada gréine, fiú,
Is d' íomhá ' fheiceáil i leabhar seanda críon,
Tráth léiríodh meabhair i samhalra den chéad uair:

Go bhfeicinn céard a déarfadh ansin fút
An seansaol, 's faoin bhfeart diamhair seo, do chabhail;
'S ar _fheabhs_aíomarna, nó arbh fhearr iad siúd —
An ngineann an t-imrothlú meath nó feabhas;

Meabhracha an tseansaoil, ámh, róchinnte táim,
D' ábhair ba mheasa thug siad moladh anard.

Soinéad LXVII: *(Ah, wherefore with infection should he live...)*

Gearán é seo faoin iallach atá ar a chara maireachtáil i saol agus i gcomhluadair nach bhfuil maith go leor dó ó thaobh buanna is áilleachta. Na drochdhaoine gan fiúntas a gcleachtaíonn sé a gcuideachta tá siad ag baint earraíochta as mar cuireann a dheacháil cuma measúil ar a ngníomhaíochtaí siadsan. Ar scála níos leithne tá an "ealaín bhréige" ag mí-úsáid a áilleachta dá ndroch-chuspóirí féin. Ní péintéirí atá i gceist anseo ach dreachadóirí a chuireann cuma bréige álainn ar aighthe nach bhfuil álainn go fírinneach. Le breasal (dearg) a dhéantar seo agus ar shnua a chara atáthar ag déanamh aithrise; tá a áilleacht mar sin á goid acu. Tá an Nádúr gan acmhainní; níl an fhuil féin aici a chuireadh dath dearg in éadan daoine agus sin an fáth go bhfuil deirge a charad á goid. Eisean an t-aon fhoinse áilleachta atá fágtha aici agus b'fhearr dó gan a bheith beo sa saol seo atá chomh fada sin faoina leibhéal:

Gluais:

l.1:   **galrú**: cúinsí (daoine!) a scaipeann galar

l.2:   **éagráifeacht**: olc, neamhchráifeacht;   **cuallacht**: comhluadar

l.3:   **brabús**: tairbhe, buntáiste

l.4:   **sciamhú**: ag cur cuma breá ar ...

l.6:   Is scáil mharbh — nó gan ach samhail — dá éadan beo an dathábhar dearg

l.7:   **áille bhocht:** áilleacht thánaisteach lucht dreachtha;   **camshlí**: bealach fada timpeall, bealach neamhdhíreach.

l.8:   **dá rós:** dá shnua beo dearg;   **rós scáile:** samhail mharbh dá rós — an breasal

l.11 is l.12: Cé go ndearbhaíonn sí go bhfuil go leor foinsí áilleachta aici is uaidhsean a fuair siadsan a bhfuil acu de sciamh (bhréige);   is é aon fhoinse áilleachta an Nádúir é.

78.

Foinse aonair na háilleachta

Ó! Leis an ngalrú 'tuige an gcónódh sé
'S go maiseodh sé éagráifeacht lena chuallacht? —
'S an Peaca ag gnóthú brabúis as dá réir
Á sciamhú féin go mór lena chomhluadar?

Cad chuige an gcóipeálfadh an bhréag-Ealaín
A ghrua — scáil mharbh á goid dá ghealshnua beo?
— 'S an Áille bhocht go gcuartódh trí chamshlí
Rós scáile nuair is beathúil fíor dá rós?

Cad chuige an mairfeadh sé? — an Nádúr tá
Creachta gan fuil a dheargódh féithe beo;
Dá shaothrúsan — eisean a ciste amháin —
A mhaireann sí, cé maíonn sí as go leor.

Taiscíonn sí é le cruthú cén mhaoin ' bhí
Aici fadó roimh theacht dár n-aois seo an díogha.

Soinéad LXVIII: *(Thus is his cheek the map of days outworn...)*

Forbraítear téama an dáin roimhe: tá fíoráilleacht an tseansaoil le feiceáil fós in aon duine amháin, i gcara cléibhe an fhile nach n-úsáideann cúntaí saorga ná coda seachtracha coimhthíocha ar bith chun cuma bréige álainn a chur air féin, agus lucht na bréagáilleachta ag dul chomh fada le gruaig daoine marbha a chaitheamh! Tá sé ina thaisce is ina chairt ag an Nádúr de gach uile ghné den áilleacht lánfhírinneach a bhíodh ann anallód:

Gluais:

l.4:   Ní chuireadh aoinne dreachadh fadó ar a ghrua;   **áit shuite:** áit shocraithe.

l.5:   **lomadh:** bearradh;   **go danartha:** go neamhshíbhialta

l.6:   **dlaoithe:** gruaig, folt

l.7:   **tabhairt:** caitheamh

l.8:   Níor chuir gruaig duine álainn mhairbh cuma breá ar dhuine a fuair í tar éis bhás an "fhíorúinéara".

l.9:   **linnte:** aoiseanna, réanna;   **seanda:** Ársa, ciana

l.11: Ní dhéanann sé sciamh dó féin le coda daoine eile

l.12: Ní ghléasann sé a áilleacht bheo le rudaí seanda

l.13: **cairt thaisce:** léaráid a theaspáineann gach gné den nádúr.

79.

Léarscáil is taisce an Nádúir

’Na léarscáil laetha caite a ghrua gheal tá
Nuair ’ mhair, mar bhlátha anois, an Áille is d’éag;
Le comharthaí bréige scéimhe ní raibh gá
Ná aon áit shuite ar ghnúis bheo dá leith<u>éid</u>.

Níor lomadh fós go danartha chun siúil
Dlaoithe óir na marbh, ceart buan na huaighe féin,
Le dara saol ar chloigeann úr a thabhairt;
’S níor chuir folt Áille mairbhe ar chomharba scléip.

Na linnte seanda naofa tá soiléir
Gan snas ná <u>ornáid</u> ann, é féin go fíor
Nach bhfíonn de ghlaise ghoidte a shamhradh féin
’S nach dtógann sean mar nuafheis<u>tiú</u> dá sciamh.

Cairt thaisce an Nádúir é ’gus air sin chíonn
An ealaín bhréige an sciamh fadó mar bhíodh.

Soinéad LXIX: *(Those parts of thee which the world's eye doth view...)*

Cineál molta agus foláirimh in éineacht atá anseo don chompánach: níl duine nach molann a dhathúlacht gan smál agus sin tuillte go hiomlán mar nach bhfuil gné ar bith den áilleacht choirp in easnamh air. I dtuin réadúil fhíriciúil a mholtar é mar glacann cách gur fíric é. Tá daoine áirithe ámh a athraíonn tuin nuair a thosaíonn siad ag caint faoi áilleacht eile an ógánaigh, áilleacht a aigne, rud a mheasann siad óna iompar. Deir siad seo nach bhfuil an áilleacht fhoirfe chéanna san aigne is atá sa chorp agus sin toisc go bhfuil an fear óg ag titim chun lábántachta. Do uirísleacht a n-intinní siúd áfach a chuireann an file seo síos:

Gluais:

l.1: ar gach ball de do chorp

l.2: **de dhíth níl puinn:** níl faic in easnamh; **a d'ardódh smaointe cléibh:** a chuirfeadh daoine ag aireachtáil níos fearr, a rachadh i bhfeidhm go maith orthu

l.3: **ón anam:** go fíormhothaithe, ó íochtar croí

l.4: **lomfhíor:** go fírinneach gan áibhéal ná mothú ar bith

l.5: **seachtracht:** gnéithe seachtracha, an corp

l.6: **bheir:** thugann

l.7: **athrach teiste:** meastúchán de chineál eile ar fad; **síobann uait:** scuabann chun siúil

l.8: **níos sia:** níos faide

l.11: **brúisc:** duine gan mhíneadas gan chultúr

l.12: **fiaile:** lusra nádúrtha gan saothrú (fiáin), plandaí fiáine

l.13 is l.14: Deir siad nach bhfuil boladh do bhlátha chomh deas lena chruth, nach bhfuil do aigne chomh hálainn le do chorp mar go bhfuil tú éirithe lábánta (daoscair).

80.

Mens insana
in corpore sano?

Ar gach cuid díot a fheiceann súile an tslua
De dhíth níl puinn a d' ardódh smaointe cléibh;
Sin luann gach teanga, ón anam, leat mar bhua
De chaint lomfhíor, mar ' mholann naimhde féin.

Do sheachtracht bíonn faoi mholadh seachtrach buan;
Gach teanga a bheir duit, ámh, do cheart chomh fial,
Le hathrach teiste an moladh síobann uait
Ó chíd níos sia ná radharc na súile cinn:

In áilleacht d' aigne, ansin a fhéachann siad
Is measaid í trí fheabhas do ghníomh a thomhas;
A mbrúiscmheoin, ámh, — a súile cé bhí caoin —
Breánbholadh fiaile cuireann led' chaoinrós:

Le cruth ní comhmhaith cumhracht ag do bhláth;
An chúis — ag dul i lábántacht atáir.

Soinéad LXX: *(That thou art blamed shall not be thy defect...)*

Déanann an file anseo iarracht an dochar a bhaint as an gcáineadh a luadh sa dán roimhe ag rá gur biadán é agus gan aird a thabhairt air, go rachaidh sé i laghad le himeacht ama ach é féin a iompar i gceart; rud atá is a bheidh fíordheacair mar go mbeidh cancar na duáilce, an oilc, de shíor á ionsaí de bharr a mhóráilleachta; mar a ionsaíonn cancar na rós na bláithíní óga is deise. Molann sé an cara faoi theacht slán trí chontúirtí na hóige, ach tugann foláireamh leis an moladh: ní féidir an formad a shrianú go buan mar athléiríonn sé é féin, fiú i gcás an duine is airde moladh agus deachlú:

Gluais:

l.1:   **easnamh**: easpa, ceal, locht
l.2:   Bhíodh lucht na cainte mícharthannaí i gcónaí ag cáineadh daoine dathúla.
l.3:   Ba dhrochchomhartha, mana oilc, le daoine áirithe an áilleacht mhór
l.4:   Ceapadh riamh go mba dhrochthuar é cág nó préachán aonair ag eitilt tríd an spéir.
l.5:   **marc**: sprioc (is sa bhláth maoth óg is mó atá dúil mar sprioc ag cancar na duáilce).
l.6:   **cáim**: locht, aineamh
l.7:   **faomhfaidh**: glacfaidh (lucht biadáin lena iompar);   **bách**: fábhrach, tuisceanach
l.8:   Glacfaidh siad níos mó leis gur duine maith é diaidh ar ndiaidh.
l.9:   **luíochán**: ionsaí gan choinne ó áit fholaithe
l.11:   **geimhleoidh**: ceanglóidh
l.11 is l.12: Cé go molfar é ní bheidh sé saor go hiomlán choíche ón bhformad (Láithrítí an formad mar bheithíoch a bhí in ann an gheimheal is treise a réabadh.)
l.13:   mura gcuirfeadh drochamhras éigin scáth, duibhe ar do áilleacht ... (**mur** = mura)

220

81.

Formad is biadán
is cúis le cáineadh an ógfhir

Má cháintear thú ní comhartha easnaimh é —
Ba sprioc, óir, riamh an Áilleacht don Bhiadán;
Míthuar ag daoine an mhaise dhiail seo, an scéimh —
Mar eitilt phréacháin tríd an spéir gheal bhán.

Cancar an Oilc 's í an róisín 's milse a mharc,
'S do bhláthsa tairgeann snua gan cháim dá lobhadh;
Ach bíse maith is faomhfaidh an Biadán bách
Níos mó faoi mhealladh an Ama réidh do fheabhas;

Thar luíochán laetha d' óige chuaigh tú slán
Gan ionsaí, nó t'réis ionsaithe go buach;
Do mholadh as seo cé tréan ní gheimhleoidh, ámh,
Go buan an Formad, a éalóidh uair 's athuair.

Mur scáthódh amhras éigin oilc do ghnaoi
Na ríochtaí croíthe bheadh agat faoid' riail.

Soinéad LXIII: *(Against my love shall be as I am now...)*

Athleagan atá sa dán seo ar scriostacht an Ama is ar an díothú a dhéanann sé ar an óige, ar an áilleacht is ar gach gné chorpartha; agus athdhearbhú ar rún daingean an fhile chun áilleacht a charad a chaomhnú beo is a tharrtháil ón olldíothú ina rannta:

Gluais:

l.2:   **bascadh**: scrios, brúisceadh;   **críon**: dreoite, feoite

l.3:   **uairibh**: uaireanta an chloig;   **silte**: bainte as braon ar bhraon

l.4:   **roic**: línte is fillteacha a chuireann an aois nó an bhuairt sa chraiceann;
     groí: bríomhar, meanmnach

l.5:   **doilbh**: duairc, gruama;   **iar**: tar éis;   **triall**: dul, taisteal

l.8:   **téaltú**: éalú go tapaidh ciúin

l.9:   **diandaingniú**: ag neartú mo chórais chosanta go mór.

l.10: **scian fhill**: scian fhealltach;   **millteach**: scriostach, a dhéanann scrios

l.11 is l.12: chun nach ngearrfar áilleacht mo charad dhil as cuimhne na ndaoine nuair a
     thiocfaidh deireadh lena shaol.

l.14: **go deo**: de shíor, go síoraí

82.

Síorcháil tar éis meatha is bháis

Don am a mbeidh, mar ' táimse anois, mo ghrá
Ag bascadhláimh an Ama brúite críon;
A fhuil ag uairibh silte, a mhalaí lán
De línte is roic 's a mhaidin óige ghroí

Go domhain-dubhoíche dhoilbh na haoise iar dtriall;
'S gach áilleacht, darbh eisean rí, nuair ' bheidh
Ag goid chun siúil stór seod a earraigh chaoin
'S ag téaltú léi — nó téaltaithe — as radharc;

Do am mar sin anois ag diandaingniú
In aghaidh scian fhill na haoise milltí táim
Chun nach mbeidh gearrtha aici ón gcuimhne bhuan
Áilleacht mo ghrá le saol mo charad ghrách:

Feicfear sna línte dubha seo a áilleacht fós,
Is mairfid, 's eisean iontu, glas go deo.

Soinéad LV: _(Not marble, nor the gilded monuments...)_

Déantar soiléiriú is fairsingiú anseo ar dhearbhú an fhile go gcoinneoidh sé áilleacht an charad dhil beo tar éis a bháis: mairfidh sí níos faide ná mar a choinneoidh a leachtaí breátha marmair cáil ríthe clúiteacha beo agus beidh taifead aige a chaomhnóidh a chuimhne slán in ainneoin ollscrios cogaí agus fhuath namhad, beo go deo na ndeor:

Gluais:

l.1:   **niafa**: óraithe, maisithe le hór
l.3:   **faoi iamh:** dúnta (mar atá na mór-rithe faoina leachtaí)
l.4:   **straoill**: bean shalach mhíshlachtmhar (Is straoill é an tAm a shalaíonn gach rud dá dheise);   **bréan:** déisteanach
l.5:   **stollfaidh**: réabfaidh, stróicfidh
l.6:   **bruíonta**: troideanna, cogaí;   **saor**: ceardaithe
l.7:   **Marsa:** dia an chogaidh
l.8:   **díothóidh:** déanfaidh neamhní de;   **taifead**: cuntas cláraithe a chaomhnaíonn eolas is cuimhne ar dhuine nó ar ní nó ar eachtra
l.9:   **claon:** atá claonta i do aghaidh
l.11: **sliocht:** síolrach, glúin
l.12: **dán:** dréacht filíochta agus cinniúint
l.13: **go brách na Breithe:** go lá an Luain, go deo;   **Breith**: an Breithiúnas Deireannach
l.14: **bithbheo:** beo go deo

83.

Cáil shíoraí dá chara ina dhánta

Marmar ná leachtaí niafa gach mór-rí
Ní faide ná an rann cumhachtach seo a ré;
'S is gile a lonróidh tusa im' dhán faoi iamh
Ná an chruachloch, smeartha ag straoill an Ama bhréan.

Nuair ' stollfaidh léirscrios cogaidh dealbha anuas
Is réabfaidh bruíonta saothar saor ón bhfréamh,
Claíomh Mharsa ná mearlasair chogaidh chrua
Ní dhíothóidh taifead beo do chuimhne glé.

In aghaidh an bháis 's an naimhdis chlaoin gan spéis
Gluaisfir chun cinn is ag do chlú beidh áit
I súile shliocht gach sleachta, ré iar ré,
A chaithfidh an saol seo as go críoch gach dáin;

Go brách na Breithe a chuirfidh ort éirí,
Anseo is i súile leannán bithbheo taoi.

Soinéad LX: *(Like as the waves make towards the pebbled shore...)*

Dán ar imeacht na nóiméad, ar a ngluaiseacht gan taise chun cinn ar shála a chéile an soinéad seo. Gach céim sa bheatha ní mhaireann sí ach meandar: a luaithe agus a shroichtear an bhuaic, an aibíocht, tosaíonn na hionsaithe meatacha, scriostar breáthacht na hóige, buailtear séala an dreoite ar an gcorp agus caitear is creimtear chun siúil gan trua gach mír de bhronntanas an Nádúir. De mhíle ainneoin thíoránach an Ama áfach mairfidh cáil an óigfhir trí na cianta i ndánta seo a charad:

Gluais:

l.1:   **duirling**: cladach méaróg (mionchloch)

l.2:   **siúl**: taisteal, gluaiseacht

l.3:   **comharba**: an duine a ghabhann áit rialtóra ag deireadh a réime;   **suíomh**: ionad

l.4:   **comhleantach**: gach tonn ag leanacht toinne agus á leanacht ag tonn

l.5:   **lear**: fairsinge mhór, go háirithe an fharraige;   **lear an tsolais**: an saol, an bheatha

l.6:   **streachlaíonn**: tarraingíonn é féin (fan na talún);   téann go hanmhall

l.7:   **urú**: dorchú, drochathrú;   **meatach**: a dhéanann meath;   **claon**: olc

l.8:   **cuireann ar díth**: neamhníonn, díothaíonn, scriosann as ar fad

l.9:   **snua**: dath is cuma folláin;   **ídíonn**: scriosann;   **róluath**: go hantapaidh

l.10: **snoíonn**: gearrann (as cloch, adhmad...);   **braoi:** cuid fhionnach den chlár éadain taobh thuas den tsúil;   **dreo**: feo, críonadh

l.12: **buainfidh**: bainfidh (le speal nó corrán)

l.14: **mórfaidh**: molfaidh go hard

84.

Sáróidh moltaí an ógfhir
ollscrios gan trua an Ama

Mar thonnta mara ar dhuirling rompu ag triall
Ár nóiméid saoil ag siúl chun deiridh tá;
Gach aon dá chomharbathonn ag géilleadh suímh,
Faoi stró comhleantach *deifríonn* an t-iom*lán*.

An Bhreith ní luaithe ar lear an tsolais mhóir
Go *coróin* óir na *haibíochta* streach*laíonn*;
'S gan mhoill ionsaíonn gach urú cam a ghlóir
'S cuireann an tAm a thabhartas fial ar díth.

Bláthshnua na hóige *ídíonn* an tAm róluath
Is snoíonn thar braoi na Scéimhe i línte an dreo;
Ar stór an nádúir déanann craos gan trua —
Aon ní nach mbuainfidh a speal ní sheasann beo.

Fós féin, faoi dhóchas, beo trí chianta romhainn
Mórfaidh mo dhuan do fheabhas dá dhianain*neoin*.

Dreas 4 - Mír 1

Soinéad LXIV: *(When I have seen by Time's fell hand defacèd...)*

Seo dán domhainmharanach eile ar an meath is ar bhásmhaireacht gach neach shaolta agus ar a dtorthaí sin don fhile, dá chairdeas is dá ghrá. Murab ionann is bunús na marbhnaí seo ní le sólás ná le dúshlánacht a chríochnaíonn sé ach beagnach san éadóchas:

Gluais:

l.1: **éagruth**: cruth scriosta, easpa crutha de bharr scriosta
l.2: **taibhseacht**: dealramh geal fíorghalánta; **uaibhreach**: díomasach, mórtasach; **linnte**: aoiseanna, réanna
l.3: **stollta**: réabtha as a chéile, stróicthe anuas; **ar lár**: go talamh, marbh (faoi laoch)
l.4: **fíoch**: confa, fíochmhaireacht
l.5: **cíocrach**: anocrasach
l.6: **le hiompú dán:** le haisiompú na gcinniúintí, nuair a thosaíonn an taobh eile ag buachan
l.7: **teann**: crua, tréan; **ag cur cúil ar ...:** ag tiomáint siar roimhe
l.8: Gach a mbuann taobh amháin cailleann an taobh eile é.
l.9: **idirbhabhtáil**: malartú rudaí le chéile
l.10: **lánchealaithe**: scriosta as go hiomlán
l.11: **brúite**: basctha, treascartha; **tláith**: lag, anbhann, gan mhisneach
l.14: **bheith dá dhíth:** bheith dá éagmais, bheith gan é.

228

85.

Ollscrios uileláithreach
is sceon gan sólás

Nuair ' fheicim éagruth lámh an Ama tháir
Ar thaibhseacht uaibhreach linnte marbh ar díth,
Túir a bhí uair arduasal stollta ar lár
'S ag fíoch an éaga ina mhogha an buanphrás síor;

Nuair ' chím an t-aigeán cíocrach ag breith bua
Ar ríocht na talún is, le hiompú dán,
An ithir theann ar thréanmhuir ag cur cúil
— Cailleadh le bua agus bua le cailleadh ag fás;

Ar feiscint idirbhabhtáil seo na stát
Nó stát é féin lánchealaithe go buan
Brúite ag an léirscrios machnaíonn m' intinn tláith
Go dtiocfaidh an tAm 's mo ghrá go mbéarfaidh uaim:

Tá an smaoineamh seo mar bhás is níl rogha ach caí
Faoim' sheilbh ar sheod 's mo sceon roimh bheith dá dhíth.

Soinéad LXV: *(Since brass, nor stone, nor earth, nor boundless sea...)*

Leanann aigne chéasta an Bhaird ar a chúrsa machnamhach faoi na dubhfhírinní móra dosheachanta: ó scriostar as ar fad na nithe is daingne agus is do-ionsaithe, is treise, is crua agus is taibhsiúla conas a fhéadfaidh an áilleacht chaoin thréith teacht slán ón díothú? Tar éis ghéilleadh éadóchasach an dáin roimhe leantar éamh agus achainí truaimhéileach thús an dáin seo le léaró beag dóchais. Is ar mhíorúilt áfach atá seo bunaithe: go lonróidh a ghrá go deo i scríbhinn dubh! — ina dhánta:

Gluais:

l.2: **réimeas dubhach:** rialú brónach

l.3: **tagra:** argóint (i gcás dlí); **fiúnach:** confa, fíoch, fearg ollmhór; **guí:** achainí do thrócaire (ar fhiúnach an éaga)

l.5: **anáil mheala:** anáil aoibhinn mhilis

l.6: tar éis léigear an Ama a scriosann le tolgadh (bualadh trom) lá i ndiaidh lae.

l.7: **creag:** carraig chrochta; **daighean:** daingean

l.8: **dreonn:** meathann; **i dtráth:** tar éis pé mhéid ama is gá

l.9: **folófar:** ceilfear

l.10: **scothsheoid an Ama:** an scéimh, .i. an áilleacht (seoid is fearr an Ama)

l.11: **tréanlámh:** lámh láidir

86.

Ollscrios - ach slánú:
An dubh ina gheal!

An chruach, an chloch, an tír 's an mhuir gan chríoch
— Gach aon faoi réimeas dubhach an éaga ó tá,
Cén tagra roimh an bhfiúnach seo, cén guí,
A dhéanfaidh an Áille ar laige a brí ná bláth?

Och! anáil mheala an tsamhraidh! — conas ' bheidh
Iar léigear scriostach laetha tolgach' slán? —
Ó nach bhfuil ann dúr<u>chreag</u> doghafa, daighean
Ná geataí cruach chomh tréan nach ndreonn i dtráth?

Dubhsmaoineamh sceoin! Cá bhfolófar, monuar!
Scothsheoid an Ama ó chiste an Ama slán?
Cén tréanlámh ' choinneos siar a chos mhear luath?
Cé choscfaidh air a chreach den Scéimh a fháil?

Ní féidir! — gan an mhíorúilt seo a bheith fíor —
Lon<u>róidh</u> mo ghrása i gcló dubh geal de shíor!

Soinéad LXXXI: *(Or I shall live your epitaph to make...)*

Malairt iomlán anseo athuair againn: cibé acu is faide a mhaireann coinneoidh dánta an fhile cuimhne agus ainm a charad beo go deo cé go rachaidh sé féin ar neamhní ar fad. Beidh na duanta molta ina leacht cuimhneacháin agus ina dtuama feiceálach a fheicfidh gach glúin sa todhchaí agus gan ag an bhfile féin ach gnáthuaigh gan aird; agus beidh a chara beo go deo ar bhéal daoine:

Gluais:

l.1:   **go gcumad:** go dtí go (nó chun go) gcumfad (Modh Foshuiteach);   **feartlaoi:** duan molta duine mhairbh

l.2:   **beir:** beidh tú

l.3:   **síobfaidh:** scuabfaidh, ardóidh leis

l.8:   Beidh dánta a charad mar thuama, a bhfeicfidh cách é, don óganach

l.9:   **rannaíocht:** dánta, filíocht;   **maoth:** caoin, miochair

l.11:   **na todhchaí:** an ama atá romhainn, na fáistineachta

l.11:   **atheachtróidh:** inseoidh arís

l.13:   **brí:** éifeacht

l.14:   **an áit is beoga anáil:** an áit a bhfuil an anáil níos beoga ná in aon áit eile

87.

Beo go buan ar bheola an tslua!

Mairfeadsa slán go gcumad feartlaoi fút —
Sin nó beir beo 'gus mé faoi lobhadh cré sínte:
Ní shíobfaidh an bás do chuimhnese chun siúil,
I ndearmad cé go mbeidh gach aon chuid díomsa.

Uaidh seo ag d' ainmse beatha shíoraí beidh
Cé caithfeadsa lem' imeacht dul ar ceal;
Níos fearr ná gnáthuaigh bhocht ón gcré ní bhfaighead —
Is tuama buan agatsa i súil na bhfear.

Leacht cuimhne agatsa beidh im' rannaíocht mhaoth,
A léifidh súile glé nár cruthaíodh fós;
Is béil na todhchaí atheachtróidh do shaol
Nuair 's marbh gan anáil cách anois 'tá beo:

Mairfir go buan — im' pheann an bhrí sin tá —
I mbéal féin daoine, an áit is beoga anáil.

Soinéad XXXVII: *(As a decrepit father takes delight...)*

Imítear sa chéad dá shoinéad eile ó théama na deighilte is na scarúna atá suntasach arís i soinéad XXXIX — meastar go bhféadfadh ord lochtach a bheith sa lámhscríbhinn. Cursíos atá anseo ar an taitneamh a bhaineann an file as rath is éachtaí a charad óig, a chúitíonn leis go fial an dóigh ar chosc an t-ádh gangaideach a leithéid de bhuanna air féin:

Gluais:

l.1: **cranda**: anbhann (gan lúth) agus míchumtha le haois is le galair
l.3: **loite**: gortaithe go dona, faoi éagumas;   **gangaid**: drochmhéin, faltanas
l.5: **céim**: seasamh sóisialta
l.7 is l.8: Cibé gradam a thuilleann tú le do thalainn súimse cuid de chugam féin agus mé nódaithe le do stór onóracha mar a bheadh beangán nódaithe le crann.
l.10: **scáil**: Tá an méid a bhaineann an file as rath a charad ina scáil nó frithchaitheamh ar na honóracha féin, .i. an tsubstaint.
l.11: **flúirse**: fairsinge, raidhse
l.14: **faoi dheich... táim:** táim deich n-uaire níos sona
l.13: **airí:** (sain)tréith, (dea)cháilíocht phearsanta

234

88.

Glóir thánaisteach

Mar athair cranda a bhaineann ríméad ard
As éachtaí óige a pháiste lúfair féin
Bainimse, loite ag gangaid ghéar an Áidh,
Ód' dhílseacht 's feabhas mo shólás-sa go léir:

Mar pé acu céim nó áilleacht, meabhair nó maoin,
Aon bhua díobh seo, iad uile, nó níos mó,
Ionat le teideal cóir faoi choróin suíonn,
Nascaim mo ghrá trí nódú leis mar stór:

'S ní bocht mé ansin, faoi lot nó easonóir;
Mar oiread substainte sa scáil seo tá
Go bhfaighimse id' fhlúirse mhéith mo dhóthain mhór
'S trí roinnt ded' ghlóir ollmhórsa mairim slán:

Ionatsa guím go raibh gach airí is fearr —
Fuair mé mo ghuí; faoi dheich níos sona táim!

Soinéad XXXVIII: _(How can my Muse want subject to invent...)_

Admhaíonn an file a fhiacha don ógfhear a sholáthraíonn anraidhse bunábhair don scríbhneoir, ábhar atá róbhreá agus ró-uasal do bhunús na ndrochfhilí is a ndánta lábánta. Má ghnóthaíonn saothar an fhile gradam ar bith is dá chara agus dá shárthréithe atá an moladh sin ag dul. Is fearr é ná na Béithe féin mar inspioráid don fhilíocht:

Gluais:

l.1: **ábhar cumtha:** ábhar, téamaí, a bhféadfainn scríobh fúthu
l.2: **tálann:** soláthraíonn go fial
l.3: **ardfheabhasmhar:** sármhaith ar fad, ar ardleibhéal feabhais
l.4: **oitir:** salach, lábánta
l.4: go mbeadh gach údar ísealaigeanta ag scríobh faoi.
l.6: **gur fiú:** ar fiú;   **iniúchadh:** léamh go mion, cur faoi scrúdú
l.7: **balbh:** gan chaint, gan urlabhra
l.8: **ar solas geal don chumadh tú:** atá i do sholas geal do lucht scríofa
l.9: **Bé:** bandia a thugadh inspioráid do chumadóirí is do gach cineál ealaíontóra;
      faoi dheich: deich n-uaire
l.10: **gaireann:** glaonn ar (impíonn lucht cumtha cabhair ar na Béithe.)
l.11: **sireann:** iarrann cabhair ar
l.12: **duanta:** dánta, amhráin;   **slánóidh aois imchian:** mairfidh go haois iontach ard
l.13: má thaitníonn mo chuid mionfhilíochta leis an aois aisteach seo
l.14: **stró:** obair dhian

89.

An cara cléibhe ina dheichiú Bé!

Gan ábhar cumtha conas ' bheadh mo Bhé
Is tusa beo a thálann ar mo dhán
Do théama caoin ar ró-ardfheabhasmhar é
Go mbeadh gach páipéar oitir á theaspáint?

Leat féin gabh buíochas ionamsa má bhíonn
Aon ní gur fiú é a iniúchadh os comhair do shúl;
Mar cé chomh balbh sin 'tá nach dtig leis scríobh
Chughatsa, ar solas geal don chumadh tú?

Bí tusa id' dheichiú Bé, faoi dheich níos fearr
Ná an sean-naoiniúr a ghaireann lucht na rím,
'S gineadh an té a shireann thú dá dhán
Duanta gan éag a shlánóidh aois imchian.

Mo mhionBhé leis an ré ait seo más binn
Agamsa an stró, duitse gach moladh bíodh.

Soinéad LXI: *(Is it thy will thy image should keep open...)*

Soinéad eile ón seal scarúna é seo a léiríonn méid uaigneas is chumha an fhile is a chásmhaireacht faoina chara a choinníonn lándúisithe é trí iomad oícheanta dubha. Bíonn samhail, nó samhalta, a chompánaigh os comhair a shúl ag magadh faoi, samhlaítear dó; agus ní spiorad a charad a bhíonn ann ag spíodóireacht air as éad; a ghrá cásmhar féin don fhear óg a choinníonn ina dhúiseacht é mar fhear faire fad atá an t-ógfhear gan cíos ná cás air ach é ag déanamh scléipe i gcomhluadar dreama eile i bhfad uaidh:

Gluais:

l.1:   **leata**: ar lánoscailt

l.2:   **gan bhrí**: lánmharbh

l.4:   **ded' shamhail:** cosúil leat

l.5:   **taise**: taibhse, spiorad nó cosúlacht chorportha duine a fheictear — más fíor a gcreidtear — i bhfad ón áit ina bhfuil sé.

l.6:   **taighde**: scrúdú agus fiosrú;   **ním**: déanaim

l.7:   **m'údair náire:** drochrudaí a dhéanaim agus ar cúis náire iad;   **uair só:** seal ar suaimhneas gan saothar

l.11:   **coscann mé dem' scíth:** coinníonn ó mo chodladh is ón scíste mé

l.12:   **led' leas:** ar mhaithe leatsa;   **foraire:** fear faire, garda

l.14:   **ó... róghearr:** róghar dóibh

90.

An faraire oíche

An í do thoil do shamhail go gcoinneodh leata
Mo dhá shúil throm' don oíche dhubh gan bhrí?
An í do mhian mo shuan a bheith á scaipeadh
'S céad scáil ded' shamhail im' radharc ag déanamh grinn?

An é do thaise a bhíonn tú uait ag seoladh
Chun taighde i bhfad ó bhaile ar gach a ním,
Chun m' údair náire a aimsiú is gach uair só liom,
Ag méid is neart do éada á chur chun slí? —

Ní hé! — do ghrá, cé mór, chomh mór sin níl:
Mo ghrása a choinníonn oscailte mo shúil,
Mo ghrá fíor féin a choscann mé dem' scíth
Chun ' bheith led' leas-sa im' fhoraire go buan:

Fairimse dhuitse, ar shiúl id' dhúiseacht 'tá
I bhfad, bhfad uaimse — ó dhream nach mé rógheárr!

Soinéad LVII: *(Being your slave, what should I do but tend...)*

Dearbhaíonn an file anseo a umhlaíocht iomlán dá chara: is sclábhaí é nach bhfuil de dhualgas ná de ghnó aige ach riar agus fónamh dá mháistir óg gan ghearán gan cheist, fiú gan cheart ar smaoineamh nó mothú míthaitneamhach ar bith faoi nósa is iompar a rialtóra:

Gluais:

l.1: **daor**: sclábhaí; **céard .... rogha:** cén rogha atá agam; **riar**: freastal
l.2: **gach .... tograíonn tú:** gach uair dá mbuaileann an fonn thú
l.4: **gar**: soilíos, fábhar
l.5: **casaoid**: gearán, clamhsán; **saol - na - saol:** am gan chríoch ('omnia saecula saeculorum'); **ríghin**: malltriallach, spadánta
l.6: **go gcasa:** go dtí go gcasfaidh (modh foshuiteach do am éiginnte)
l.7: **a mheas:** a cheapadh; **seirbhe**: míthaitneamhacht, mothú searbh domlasta; **duairc**: gruama, míshonasach; **ded' dhíth:** gan do chomhluadar
l.8: **mogha**: sclábhaí
l.9: **ní thig... liom:** ní fhéadaim; **fiafraí**: ceist a chur, fiosrú
l.10: Cá bhfuil tú nó céard atá ar bun agat (a shamhlú)
l.11: **foighneamh dubhach:** fulaingt go foighneach brónach
l.12: **aoibhneas:** gliondar, ardshonas
l.13: **baothán**: duine baoth, amadán; **cé déanair:** cé go ndéanann tú
l.14: **aimhleas:** drochbheart, dochar

91.

An grá foighneach fulangach dall!

Ós mé do dhaor, céard domsa is rogha ach riar
Ar gach mian leat gach uair dá dtograíonn tú;
Am luachmhar agam féin le caitheamh níl
Ná gar le déanamh nó go mbíonn sin uait;

'S níl cead casaoid faoin saol - na - saol mall ríghin
A mbímse ag faire an chloig go gcasa tú;
Ná a mheas gur géar an tseirbhe dhuairc ded' dhíth
Ón nóiméad ' fhágair slán led' mhogha bocht umhal;

'S ní thig le smaoineamh éada liom fiafraí
Cá hann duit, ná aon samhailt faoid' chor is lú
Ach foighneamh dubhach, gan m'intinn ar aon ní
Ach aoibhneas cách, pé áit a mbír ar shiúl;

Baothán chomh fíor an grá, cé déanair féin
Aimhleas id' thoil, aon olc dó siúd ní léir.

Soinéad LVIII: *(That God forbid, that made me first your slave...)*

Forbairt atá sa soinéad seo ar théama sclábhaíocht an fhile dá chara: séanann sé ceart ar bith ar an ógánach a cheistiú faoin tslí a gcaitheann sé a chuid ama ná smaoineamh fiú ar thionchar ar bith a imirt air. Ordaíonn sé dó féin seala a charad as baile a fhulaingt go foighneach ciúin. Aithníonn sé cearta gan teorainn a chompánaigh ar a rogha ruda a dhéanamh ag a rogha ama agus gur dó féin amháin atá sé freagrach. Tríd seo uile ámh tá tuin bhog gearánaí ghortaithe agus achasáin shéimh — is "géibheann duairc" dó a chara a bheith as baile agus tugtar leide nach inmholta i gcónaí a chuid iompair ("pé olc maith é"):

Gluais:

1.2: **seala suilt:** tréimhsí pléisiúir

1.3: ná go n-iarrfadh do sclábhaí tuairisc mhion ort faoin dóigh a chaith tú do chuid ama.

1.4: **ar dlí .... shó:** a bhfuil dualgas dlithiúil orm gach rud a dhéanamh chun cur le do shonas

1.5: **a umhlaíonn do:** a dhéanann rud ar... (go humhal, gan ghearán); **sméid:** comhartha, caochadh súile

1.6: **do dhíth:** thú a bheith as láthair; **géibhinn:** anó, ainnis, príosún

1.7: **ceansa:** sochma, gan bhinbe, mall chun feirge is mothaithe tréana

1.9: **cairt:** liosta scríofa ceart, cearta uile

1.10: **go dtig leat:** go bhféadfaidh tú; **ar do mhian:** mar is maith leat;

1.11: **dáileadh:** a chuid (ama) féin a thabhairt do gach gníomh

1.12: **maitheamh do chionta:** pardún a thabhairt faoi do choireanna

1.14: **daoradh ...... liom:** Níl mé i dteideal thú a cháineadh faoi do phléisiúir; **pé olc maith é:** bíodh sé olc nó maith

92.

An géillsineach lánumhal

Nár lige Dia, daor duitse a rinne díom,
Do sheala suilt im' smaointe go rialóinn;
Ná cuntas uair-ar-uair go n-impeodh díot
Do mhogha, ar dlí dom freastal ar do shó.

Ó! foighníodh mise, a umhlaíonn do gach sméid,
Do dhíth id' shaoirse is mise i ngéibhinn duairc;
'S an fhoighid chiúin cheansa trí gach triail bíodh séimh
'S ná cuireadh i do leithse aon ghortú.

Id' rogha áit' bí; do chairt chomh láidir tá
Go dtig leat ar do mhian dod' rogha gnímh
Do am a dháileadh: agus fútsa amháin
Maitheamh do chionta le do bhreith féin bíonn.

Is liomsa feitheamh — sin más ifreann féin —
Daoradh do shuilt ní liom, pé olc maith é.

Soinéad LXXV: _(So are you to my thoughts as food to life...)_

Sa dán seo léirítear tábhacht an ógánaigh do aigne an fhile agus tugtar cuntas ar an gcoimhlint inmheánach in intinn an fhile faoi. Bíonn sé ag luascadh ó mhothúchán go malairt mhothúcháin agus ó mhian go frithmhian. Pé acu sona nó ainnis é dá bharr is é a chara dil a aon fhoinse aoibhnis is siamsa:

Gluais:

l.2:   <u>ithir</u>: cré (le haghaidh barraí);   <u>frasa</u>: ceatha, múrtha

l.3:   <u>fearaim imreasáin</u>: bíonn achrainn, troideanna ar siúl agam

l.4:   <u>diansprionlóir</u>: fear ansprionlaithe ar fad, scrúille

l.6:   <u>scáth</u>: eagla;   <u>cam</u>: gan a bheith díreach, mímhacánta, mí-ionraic

l.9:   <u>iar</u>: tar éis

l.10:   <u>sracamharc</u>: spleáchadh;   <u>faoi chonfa</u>: cíocrach chun

l.11:   <u>meidhir</u>: súgacht;   sult

l.13:   <u>díth</u>: easpa;   <u>iomad</u>: iomarca, barraíocht

l.14:   <u>aon bhlas</u>: aon rud dá laghad; blúirín ar bith bla go craosach;   <u>ag alpadh:</u> ag ithe go craosach

93.

Lón beatha na hintinne:
ó ampla go sáitheacht

Tusa dom' mheon mar bhia don bheatha tá,
'S mar tá don ithir frasa séasúir chaoin;
'S fútsa, mo shíocháin, fearaimse imreasán
Go minic mar dhiansprionlóir faoina mhaoin:

Anois ag baint suilt as faoi bhród, 's go luath
Faoi scáth go ngoidfidh an aois cham seo a stór;
Fearr liomsa anois ' bheith leatsa amháin, 's don slua
Gan mhoill mo shult a léiriú is fearr liom fós;

Uaireannta lán iar bhféasta de do radharc
'S chun sracamhairc féin faoi chonfa arís go luath;
Gan seilbh ná tóir ar aoibhneas ná ar mheidhir
Ach a bhfaightear, nó a gcaithfear tógáil, uait.

Ó dhíth go hiomad luascaim lá ar lá,
Gan aon bhlas, nó ag alpadh an mhóriomláin.

Soinéad LXII: *(Sin of self-love possesseth all mine eye...)*

Tugtar léargas anseo ar thoradh amháin de dhlúthchairdeas an údair leis an ógánach: tá sé tite in umar domhain an fhéinghrá, é ag ceapadh nach bhfuil fear a bharrtha le sciamh is le fiúntas ar domhan. Nuair a fhéachann sé ámh sa scáthán foilsítear an fhírinne agus an chúis dó: gur seanfhear caite é féin is fíor ach is aonad é féin agus a chara — nó sin a chreideadh daoine — agus mar sin is leis óige agus sciamh an chompánaigh freisin agus is orthusan a bhí an féinghrá bunaithe:

Gluais:

l.2:   codán: cuid bheag

l.5:   gnaíúil: dathúil, dóighiúil, deachumtha

l.6:   cruth: dealramh, cló;   fíor: chomh glónmhar, gar don ídéal nó an cruth fíor foirfe matamaiticiúil

l.7 & l.8: Mo chrítéirí féin a chuirimse i bhfeidhm chun a mheas cé chomh maith is atá mé mar tá mé chomh mór sin níos fearr i ngach réimse ná gach duine!!! (Deirimse féinghrá leat!)

l.9:   léiríonn: teaspáineann (go soiléir);   fíor: mar atá sé go fírinneach (ciall eile ar fad seachas i l.6)

l.10: buailte is mionbhriste ag an tseanaois is ag an gcríonadh

l.11: faoi mhalairt dealraimh: faoi chuma eile ar fad

l.14: dathaím: cuirim cuma níos deise ar..., maisím

94.

Féinghrá na gcarad

Lánseilbh mo shúile ag féinghrá peacúil tá
'S m'anam go léir is gach aon chodán díom;
Is ar an bpeaca seo níl leigheas le fáil
'S é fréamhaithe chomh domhain istigh i mo chroí.

Lem' ghnúis féin gnúis chomh gnaíúil dom ní léir
Ná cruth chomh fíor ná fírinne chomh mór;
Is sainímse dom féin mo fhiúntas féin
Ó sáraím i ngach fiúntas cách gan stró.

Mo scáthán, ámh, nuair ' léiríonn mo chruth fíor,
Greadta is coscartha ag seandacht is ag dreo,
Mo fhéinghrá mór faoi mhalairt dealraimh chím —
Aon neach chomh féinghrách tá 'na pheacach mór!

Is tusa a mholaimse, mar mé, dom féin
Is dathaím m' aois le d' áilleacht úrgheal ghlé.

Soinéad LXVI: *(Tired with all these, for restful death I cry...)*

Imíonn an file sa dán seo ó na fírinní móra agus déanann gearán faoi shaol a linne is na míchleachtais a chránn oiread sin é gurbh fhearr leis suaimhneas an bháis ná leanacht á bhfulaingt — tá sé dóthanach díobh agus den saol. Áiríonn sé na hoilc seo agus deir go n-imeodh sé ón saol ach go b'é go bhfágfadh seo a chara ionúin ina aonar:

Gluais:

l.1:   cloíte: sáraithe, treascartha

l.2:   saolaithe: beirthe;   Feabhas: daoine maithe cumasacha (beirtear bocht iad, gan rath i ndán dóibh)

l.3:   daoine gan acmhainní a bheith gléasta faoi éadaí anfhaiseanta, gáifeacha

l.4:   déantar feall agus calaois ar dhaoine dílse macánta (is íne: is mó atá íon, gan truailliú)

l.5:   onóracha (arda) á dtabhairt do na daoine míchearta

l.6:   striapacha déanta gan taise de ógmhná maithe (ógh: maighdean)

l.7:   gan chóir: go héagórach

l.8:   daoine láidre gan úsáid' cheal ceannairí éifeachtacha

l.9:   ealaíontóirí gan chead cainte

l.10:   daoine le mórbhuanna faoi cheannas daoine gan éirim

l.12:   brá: giall — iallach ar dhaoine maithe fónamh do dhrochdhaoine

95.

Dóthanach de oilc an tsaoil

Cloíte acu, guím scíth an bháis ó oilc seo an tsaoil:
Féachaint 'na dhéirceoir saolaithe ar an bhFeabhas,
'S an Neamhní gátarach faoi éide spraoi,
'S an Dílse is íne sáraithe ag an Meabhal;

Míbhronnadh náireach claon gach Gradaim mhóir;
An tSuáilce, ógh, gan tlás ar méirdríodh í;
An Ceart iom<u>lán</u> lán-náirithe gan chóir,
'S an Neart ag Ceannas bacach curtha ó bhrí;

An Ealaín, balbh ag Údarás ródhian,
'S an Bhaois, mar Shaoi, ag rialú Cumais mhóir,
Mí<u>mheas</u> na Fír'nne simplí mar Shimpl<u>íocht</u>
'S an Mhaith ina brá don Chaptaen Olc ag fóint:

Cloíte acu seo, bheith uathu ar shiúl mo mhian;
Ach bheadh lem' bhás mo ghrá gan neach im' dhiaidh.

Soinéad LXXI: *(No longer mourn for me when I am dead...)*

Imeacht iomlán an dán seo. Ar a bhás is a leanann é atá smaointe an fhile. Comhairlíonn sé dá chompánach óg dearmad láithreach a dhéanamh air; nár mhian leis go gcuimhneodh a chara air dá mba chúis bhróin ar bith sin dó. Ordaíonn sé dó gach smaoineamh faoi, a ainm fiú, a dhíbirt as a intinn chun a chinntiú nach mbeadh an saol mór ag magadh faoi:

Gluais:

l.2:   **aireoidh**: cloisfidh;   **dúr**: gan séimhe, gan taise;   **doicheall**: neamhchneastacht, neamhláchas

l.3:   **gur fhágas:** gur fhág mé

l.4:   **táire**: uiríslacht, ísealaigeantacht;   **cnuimh**: piast

l.5:   **ranna**: dánta, véarsaí;   **léir**: léann tú

l.6:   **ar láimh a scríofa:** ar an láimh a scríobh iad

l.9:   **má chír**: má fheiceann tú

l.10: **in aon chomhábhar:** measctha mar aon rud amháin le...

l.12: Faigheadh do ghrá dom bás chomh luath céanna is a fhaighimse bás.

l.13: **saol an fheasa mhóir:** an saol atá chomh críonna agus chimh heagnaí sin

l.14: **dhéanfadh greann díot:** bheadh ag magadh fút

96.

Ná caoin is ná cuimhnigh

Níos faide ná caoin fúm tar éis mo bháis
Ná aireoidh tú dúrchlog an doichill chrua
Ag fógairt don saol mór gur fhágas slán
Ag táire an tsaoil chun luí le cnuimh tháir uaighe:

Ná cuimhnigh, och!, na rannta seo má léir
Ar láimh a scríofa — gráimse thú chomh mór
Dearmad gurbh fhearr liom i do aigne shéimh
'S gan duit i gcuimhneamh ormsa ach údar bróin.

Na línte seo — athiarraim ort — má chír
Is mise in aon chomhábhar leis an gcré
Mo ainmse fiú ná lig id' láthair díom
Ach le mo bheatha téadh do ghrása in éag:

Nó scrúdódh saol an fheasa mhóir do bhuairt
'S dhéanfadh greann díot fúmsa is mé san uaigh.

Dreas 4 - Mír 1

Soinéad LXXII: *(O, lest the world should task you to recite...)*

Fadú atá anseo leis an soinéad roimhe le hathléiriú is fairsingiú ar na smaointe is soiléiriú ar na fáthanna leo. Mura ndéanann an cara dearmad iomlán díreach tar éis a bháis ar an bhfile beifear á cheistiú faoi údar a chaointe agus a ghrá mhóir don duine marbh agus caithfidh sé bréag éigin a chumadh mar mhíniú; bréag mar nach bhfuil, dar leis an bhfile, fiúntas ar bith ann féin a thuillfeadh grá dá leithéid. Chuirfeadh an bhréag seo cuma bhréagach ar ghrá fíor an ógánaigh. Le bréaga is náire a sheachaint ba fhearr ainm an fhile a adhlacadh lena chorp:

Gluais:

l.1: **chuirfeadh ort:** chuirfeadh iallach ort, thabharfadh ort; **ríomh:** insint
l.4: **puinn feabhais:** deathréith ar bith; **ní fhéadfair:** ní fhéadfaidh tú
l.5: **suáilceach:** maith, morálta, dea-intinneach; **sníomhaim:** déanaim snáth ó abhras (le túirne), mar sin cumaim
l.7: **iar:** tar éis
l.8: **spriúnlóir:** scrúile, duine an-neamhfhial ; **fonn:** fuaimnigh mar *'fún'*
l.11: **colainn:** corp
l.12: **ná maireadh:** .i. ná maireadh mo ainm
l.13: **gach dá dtagann uaim:** gach rud a thagann uaim, .i. a deirim nó a dhéanaim

97.

Cuimhnigh do dheachlú
is dearmad mo ainm

An saol mór chun nach gcuirfeadh ort a ríomh
Cén fiúntas ionam ' mhair, go dtabharfá grá
I ndiaidh bháis dom, lándearmad mé, a chroí —
Puinn feabhais ní fhéadfair ionamsa a theaspáint

Gan bréag shuáilceach éigin dom a shníomh
'S níos mó a dhéanamh dom ná tuillim uait;
'S moladh níos mó a thabhairt dom iar mo chríoch
Ná tabharfaidh an spriúnlóir, Fírinne, le fonn.

Chun nach mbeadh cuma bréagach ar d' fhíorghrá
Trí labhairt as grá go fábhrach fúm le bréag
Mo ainm lem' cholainn cuirtear san aon áit
'S ná maireadh chun nach náireoidh thú ná mé.

Is náire domsa gach dá dtagann uaim
Mar ba cheart duitse, ó gránn tú ní gan luach.

Dreas 4 - Mír 1

Soinéad LXXIII: *(That time of year thou mayst in me behold...)*

Tar éis na smaointe báis agus iarbháis meath agus ársú an fhile is ábhar don soinéad clúiteach seo: láithrítear dúinn samhail ar shamhail de chéim dheireannach an tsaoil; crann lomtha fómhair, crónachan an lae agus tine ar tí a múchta. Feiceann an cara é seo agus cé go bhfuil ordaithe dó an file a dhearmad go díreach tar éis a bháis i ndánta díreach roimhe tuin achainí atá ar an soinéad seo, achainí ar mhéadú ceana agus aire don seanchara:

Gluais:

l.1: **bail**: staid (choirp agus shláinte)
l.2: **duilleog fhánach**: fíorchorrdhuilleog, duilleog sé nó seachráin
l.4: Níl ach scaithimhín ó bhí gach craobh ina cór ag na héiníní ceoil.
l.5: **samhail**: cosúlacht;   **cróntráth**: clapsholas tráthnóna;
l.6: **iar**: tar éis;   **trá**: dul i léig;   **gile fhann**: solas lag
l.7: **fuadaíonn**: goideann chun siúil
l.8: **leathchúpla**: duine de chúpla;   **gach aon:** gach duine;   **sáimhe**: scíth shuaimhneach
l.9: **luisniú**: deirge, loinnir dhearg
l.11: **ar dán di:** arb í a cinniúint (bás a fháil uirthi)
l.12: **lón**: cothú
l.14: **id' dháil:** i do theannta, i do fhochair

98.

Geimhreadh is cróntráth is múchadh

An tráth sin bliana im' bhailse anois is léir
Nach mbíonn ar crochadh ach duilleog fhánach bhuí
Ar ghéaga righne ar crith san fhuacht géar —
Cóir loma creachta, ag éin ar ball ' bhí binn.

Is léir duit ionam samhail chróntrátha lae
Iar dtrá do ghile fhann luí gréine thiar
Go luath a fhuadaíonn an dubhoíche léi —
Leathchúpla an bháis, gach aon faoi sháimhe a iann.

Ionam lagluisniú tine duit is léir,
Ar luaithreach caite a hóige atá ina luí,
A leaba bháis ar dán di uirthi éag,
Múchta ag an lón ' thug beatha di 'gus brí:

Is léir duit seo, 's is láidre fós dá bharr
Do ghrá don té nach mbeidh ach seal id' dháil.

Soinéad LXXIV: *(But be contented when that fell arrest...)*

Dán eile faoin mbás is faoin iarbhás a aithníonn an toradh scriostach ach atá an athuair soirbhíoch faoin sólás atá sa chuimhne a chinnteoidh a dhánta dó lena chara. Bréagnú é seo ar an treoir a tugadh don óigfhear cúpla soinéad siar lándearmad a dhéanamh air, sin nó is athsmaoineamh é. Ní fiú tada an corp a fhaigheann an chré, a dhearbhaíonn sé anois; an t-aon ní luachmhar sin a bhfuil sa chorp, na smaointe is na dánta a ghineann siad; agus ag a chara a bheidh siad sin:

Gluais:

l.1:   **an póilín táir:** an bás

l.3:   **leas:** maith, tairbhe

l.5:   **athbhreithníonn:** iniúchann arís, féachann arís ar

l.6:   **coisriceadh:** tíolacadh, tiomnaíodh

l.7:   **dlí:** cion, nó cuid, dlithiúil nó nádúrtha

l.9:   **moirt:** dríodar, díogha, drámh

l.10: **ainnis:** truaimhéalach, gan luach

l.11: **cladhartha:** gan mhaith, urchóideach;   **meatachán:** duine meata, gan mhisneach

l.13: Níl aon luach sa chorp ann féin; sa mhéid atá ann atá an fiúntas — an aigne agus a torthaí, na dánta sa chás seo

l.14: **bheir:** tugann

99.

Leacht cuimhne a spioraid

Ach bí gan bhuairt: 's nuair ' thiocfaidh an póilín táir
A bhéarfaidh gan cheart bannaí mé chun siúil
Leas éigin ag mo shaol sna rainn seo tá,
A fhanfaidh mar leacht cuimhne leat go buan.

Nuair ' athbhreithníonn tú seo, séard ' athbhreithnír,
An chuid sin díom a coisriceadh duit féin;
Ní fhaigheann an chré ach cré, a ceart 's a dlí;
Mo chuid is fearr, mo spiorad, is leatsa é:

Níl caillte agat, más ea, ach moirt an tsaoil,
Creach ainnis piast, mo chorp bocht ós marbhán,
Sprioc chladhartha meatacháin ar bith le scian
Nach dtuilleann i do chuimhne chaoin aon áit:

An méid ' tá ann, sin a bhfuil ann de luach;
'Gus sin é seo, is bheir seo dhuit beatha bhuan.

Soinéad LXXVII: *(Thy glass will show thee how thy beauties wear...)*

Dán é seo a seoladh, is cosúil, le bronntanas leabhar de leatháin bhána. Insítear ann céard ba cheart a dhéanamh leo agus an tairbhe a thiocfaidh astu. Ach gach mír eolais nach féidir leis cuimhneamh láithreach air a bhreacadh orthu soláthróidh an leabhar taifead anluachmhar ar a bhfoghlaimíonn sé agus ar a smaoiníonn sé. Is uaidh a léireofar dó cúrsa claochlaithe a intinne mar a léiríonn a scáthán meath a dhathúlachta agus an grianchlog éalú chun cinn nóiméid a shaoil. Beidh sé mar mháthair altrama dá smaointe, leanaí a inchinne, agus gach uair dá dtéann sé chuige cuirfidh sé athaithne ar a aigne féin:

Gluais:

l.2: **trá:** ag dul as de réir a chéile

l.3: **bileog:** leathán (leathanach is a chúl);   **bán:** folamh, gan tada scríofa air;
      cló d'aigne: lorg, séala do intinne

l.4: **féadfair:** beidh tú in ann;   **saíocht:** cultúr, léann

l.5: **léireoidh:** teaspáinfidh

l.6: **leata:** ar lánoscailt

l.7: **chífir:** feicfidh tú;   **slime:** fáilíocht, slítheántacht

l.8: **fáilí:** slítheánta, ciúin

l.9: **gabhair:** greamaíonn tú is coinníonn tú

l.10: **altramóidh:** tabharfaidh aire banaltra do

l.13: **gnása:** "searmóntais" — dul chuig a leabhar, sean-nótaí a léamh, nótaí nua a bhreacadh ...

100.

Nota bene! Coimhéad do mheabhair!

Id' scáthán chífir d' áilleacht féin ag dreo,
Sa ghrianchlog stór do nóiméad óir ag trá;
Cló d' aigne a *léir*eoidh duit gach bánbhil*eog*
'S féadfair ón leabhar an tsaíocht seo a bhlaiseadh i dtráth.

Na roic a léireoidh fíor duit do scá*thán*
Uaigheanna leata id' mheabhair a thabharfaidh siad;
'S chífir ód' dhiail an tAm le slime scáth
Ag éalú leis go fáilí don tsíora*íocht*.

Féach — gach rud i do chuimhne anois nach ngabhair
Taiscigh sna leatháin bhána, a altram*óidh*
Do leanaí uile ar máthair dóibh do mheabhair
'S ar d'aigne duit úraithne a sholáthr*óidh*.

Na gnása seo, gach uair da bhféachann tú,
Déanfaidh do leas 's do leabhar duit a shaibh*riú*.

Soinéad XLIX: *(Against that time (if ever that time come...)*

Dán míthuarach eile atá anseo ina léirítear faitíos an fhile go dtiocfaidh an lá a mbeidh a chara cléibhe coimhthíoch ar fad chuige. Nuair a aithbhreithneoidh a chara a gcaidreamh, rud a éileoidh an stuaim agus an chríonnacht, tá an file réidh le haontú chuig críochnú a gcairdis mar is léir dó nach bhfuil, de bharr a easpaí féin, ceart ar bith aige ar chion an ógánaigh:

Gluais:

l.2: **míaoibh:** míshástacht (féachaint míshástachta); **easpaí:** easnaimh, lochtaí

l.3: Beidh ollsuim nó fuíollach a chuntais (cuntas a shaoil agus, mar chuid de, a chaidrimh leis an bhfile) áirithe ag an óigfhear

l.4: **gairthe:** glaoite

l.5: **le coimhthíos:** gan aon chairdeas

l.7: **lánchlaochlaithe:** athraithe go hiomlán; **teochroíocht:** teocht croí

l.8: **go n-aimseoidh:** go bhfaighidh (tar éis cuardaigh); **údair le dúnárus:** cúiseanna le dáiríreacht neamhchairdiúil

l.10: **faoi iamh:** dúnta isteach; **tuilleamh:** fiúntas (an méid a thuillim)

l.12: chun tacaíocht a thabhairt do na cúiseanna cearta atá agat faoin dlí (cúiseanna chun deireadh a chur lena chaidreamh leis an bhfile)

l.14: faoi rá is nach féidir liom cúis ar bith a thabhairt go dtabharfá grá dom.

101.

Deireadh cairdis á thuar

Faoi réir don uair, ariamh má thagann sí,
Míaoibh nuair ' bheidh ort faoi mo easpaí chugham
'S an t-iomlán deiridh beidh do ghrá t'r éis ríomh —
D' iniúchadh a chuntais gairthe ag comhairle is stuaim;

Don uair go ngabhfair tharam le coimhthíos
'S ar éigin lasfaidh chugham grian sin do shúl
'S an grá, lánchlaochlaithe óna sheanteochroíocht,
Go n-aimseoidh údair le dúnárus buan:

Don dubhuair sin faoi réir anseo suím fúm,
Faoi iamh im' eolas ar mo thuilleamh féin
'S im' choinne féin an lámh seo tógaim suas
Dod' údair dhlithiúla mar thacú tréan;

Chun imeacht uaimse tá leat neart an dlí,
Aon chúis lem' ghráú ó nach bhfeádaim ' ríomh.

Soinéad LVI: *(Sweet love, renew thy force. Be it not said...)*

Sa dán seo tá admháil go bhfuil grá na gcarad ag cailleadh brí agus treise trína scarúint agus iarracht ar é a spreagadh chun athbheochana. Tá sé mar an ngoile a shásaítear le bia go hiomlán inniu ach a gcaithfear é a athghéarú chun tuilleadh cothaithe amárach. Comhairlíonn sé dá chara — agus dó féin! — féachaint ar an tréimhse óna chéile mar thuille mara nó taoide a dheighleann lánúin nuagheallta ar an trá óna chéile nuair a líonann sí agus a gcaithfidh siad fanacht ar an dá thaobh de go dtí go dtránn sí. Ansin le hathaontú is le hathnuachan a ngrá beidh cuma níos gile ar gach ní arís:

Gluais:

l.1:   **brí**: neart is fuinneamh

l.2:   **níos maoile**: gan a bheith chomh géar;   **goile**: fonn chun ite

l.3:   **suaimhnítear**: ciúinítear;   **rabharta**: taoide mhór an Earraigh; mothú anláidir

l.4:   **barr mire**: a neart fíochmhar iomlán

l.6:   **dúntar iad le láine:** Bíonn siad chomh lán nach féidir leo níos mó a ligean isteach, ar nós boilg atá lán de bhia, agus caithfear iad a dhúnadh.

l.7:   **tabhair bás (ar)**: maraigh

l.9:   **eatramh**: am nó spás idir eatarthu

l.10: **deighleann**: roinneann ina dhá chuid scartha

l.11: **bruach**: ciumhais (na toinne a dheighil an trá);   **go bhfeice siad**: go dtí go (nó chun go) bhfeice siad

l.12: **trá tuile:** cúlú na farraige;   imeacht na taoide siar ón tír

l.14: **teirce**: ganntanas, annaimhe (Dá mbeadh sé ina shamhradh i gcónaí ní bheadh aoinne ag tnúth leis; toisc an gheimhridh, go háirithe geimhreadh fada gruama, a dhéanann gearr agus gann é, bítear ag tnúth go géar le samhradh nua)

102.

An grá ag turnamh trí leamhthuirse?

A ghrá chaoin, beoigh do bhrí athuair; ná bíodh
Níos maoile an faobhar ortsa ná ar an ngoile,
A suaimhnítear a rabharta inniu le bia
'S athghéarfar é amárach go barr mire:

Bí amhlaidh, a ghrá; 's inniu cé shásaíonn tú
Ocras do shúl go ndúntar iad le láine;
Arís amárach feic leo is ná tabhair bás
Ar spiorad beo an ghrá le buanleadránacht.

An t-eatramh dubhach seo mar an aigéan bíodh
A dheighleann trá is beirt i gcleamhnas úr;
'S gach lá don dá bhruach téid go bhfeice siad
Trá tuile is radharc athbhreáite ag grá geal nua.

Nó geimhreadh bíodh ann, lán de bhuairt is gruaim
Trí theirce a mhéadaíonn in athshamhradh dúil.

Soinéad LXXVI: *(Why is my verse so barren of new pride...)*

Míníonn an file anseo cén fáth nach bhfuil níos mó úrnuachtaí stíle agus nua-aimsearachais ina shaothar, téama a fhairsingítear is a shoiléirítear in áit eile. Is é an fáth atá leis ná nach bhfuil aige go fírinneach ach dhá bhunábhar — an cara agus an grá; agus ní bhíonn ar siúl aige dáiríre ach athleagan a chur ar na buntéamaí céanna:

Gluais:

l.1:   seasc: neamhthorthúil, aimrid;   mórtas: bród, uabhar, gaisce

l.2:   iolracht: níos mó ná ceann amháin, éagsúlacht

l.4:   comhfhoclaíocht nárbh eol: slite chun comhfhocail a chumadh nach raibh eolas orthu — nach raibh á gcleachtadh — roimhe seo.

l.5:   ionann: mar a chéile, sa tslí chéanna

l.7 is l.8: Insíonn beagnach gach focal gur mise an t-údar, ag léiriú go glinn cé uaidh ar tháinig sé.

l.10: éirim: bunsubstaint saothair nó scéil, argóint

l.11: Is é scoth mo shaothair, barr mo chumais scríbhneoireachta, seanfhocail a ghléasadh faoi chulaith nua.

l.14: ríomh: insint, aithris;   ríomhtha (ríofa): a insíodh cheana

103.

Aon éirim, aon stíl!

Cén fáth gur seasc mo rannta i mórtas nua?
Chomh fada ó iolracht gnéithe is athrú beo?
Leis an aois úr cén fáth nach bhféachaim uaim
Ar mhodhanna nua 's ar chomhfhoclaíocht nárbh eol?

Cén fáth go scrí'm gan athrú, ionann riamh,
'S go ngléasaim faoi sheanéide an cumadh nua? —
Gach focal, nach mór, m' ainmse go n-insíonn,
Ag scéitheadh a n-áite breithe ónar ghluais?

 'S é an fáth, a ghrá, gur fútsa a scrí ' m gach duan;
Tusa 's an grá is éirim dóibh go léir;
Is dícheall dom seanbhréithre a fheistiú nua,
Ag athídiú ar ídíodh cheana féin.

Nua agus sean gach lá mar ' bhíonn an ghrian,
Scéal ríomhtha bíonn mo ghrá de shíor ag ríomh.

Soinéad LXXVIII: *(So oft have I invoked thee for my Muse...)*

Moltar is mórtar anseo an spreagadh, an tinfeadh, a thug an t-ógfhear uair is athuair don fhile dá dhánta. Tagann anois áfach den chéad uair filí eile atá in iomaíocht leis an mBard isteach sa scéal. Tá siadsan freisin ag scríobh faoin ógfhear agus tá gnéithe a mhóráilleachta ag cur maise ar gach ealaín. Is iad áfach saothair ár bhfile an t-údar gaisce is mó atá aige mar is eisean a spreag go hiomlán iad; ní bhfuair na filí eile ach cuid dá n-inspioráid uaidh, feabhsú stíle mar shampla. Don fhile seo againne d'ardaigh sé a ainbhfios gan oilteacht go hardchlár an léinn is na healaíne:

Gluais:

l.1:   **agair**: impigh ar;   **d'agraíos**: d'agair mé;   **bé**: bandia spreagtha na filíochta (**do mo Bhé**: do mo chuid filíochta)

l.3:   **coimhthíoch**: eachtrannach, le duine eile;   **béas**: nós

l.5:   **balbháin**: daoine gan chaint, gan ghuth;   **cantain**: canadh, amhráin a ghabháil

l.6:   **ainbhfios**: aineolas, ainléanntacht

l.7:   **sua (saoithe) is dámh**: dochtúirí léinn is cultúir

l.8:   **cuannacht**: ardghrástúlacht, maorgacht;   **uais**: uasal

l.11: **leasú**: maolú, athrú (chun feabhais)

l.12: **maise**: gné bhreá, deiseacht

104.

Iomaíocht faoi inspioráid:
ó aineolas go hardléann

Chomh minic sin d'agraíos thú do mo Bhé
Is fuaireas uait dom' dhánta cabhair chomh caoin
Gur ghabh faoi seo gach peann coimh<u>thíoch</u> mo bhéas
Is fútsa feasta a ndánta scaipeann siad.

Do shúile a mhúin do bhalbháin cantain ard
'S don ainbhfios trom eitilt sna spéartha thuas,
Cleití gur chuir le sciatháin sua is dámh
'S thug dúbailt Maorgachta don Chuannacht uais.

Do bhród is mó, ámh, as mo chnuas-sa bíodh
Ar leatsa a dtionchar is a rugadh uait;
Ní bhfuair uait saothair eile ach leasú stíl',
'S gach Ealaín ód' chaoinmhaisí maisiú fuair.

Ach tusa m' aon eal<u>aín</u>se is feabhsaíonn tú
Go hairde an léinn ghil m' aineolas dubh dúr.

Soinéad LXXIX: *(Whilst I alone did call upon thy aid...)*

Feictear sa dán seo go bhfuil duine de na filí a bhí in iomaíocht leis an mbard tar éis gnaoi agus gean an ógánaigh a ghnóthú agus áit an Bhaird bainte de aige. Admhaíonn sé go raibh gá le file ab fhearr ná é féin chun a cheart a thabhairt do áilleacht an mhacaoimh ach comhairlíonn sé dó gan a bheith meallta: níl an file nua seo aige ag cur comaoine ar bith air ach a ghlanmhalairt. Gach deathréith agus maise dealraimh a luann sé leis an Adónas seo is uaidh a fuair sé iad. Ná gabhadh sé buíochas ar bith leis an bhfile nua más ea mar tá sé íoctha ó thús aige:

Gluais:

l.1:   **éigh ort faoi ...**: ghlaoigh go hard caointeach ort ag iarraidh ......

l.2:   **duan**: dán, iomann;   **caoimhe**: breáthacht

l.3:   **laoithe**: dánta, amhráin;   **cuanna**: stílmheara, snasta;   **dreoite**: críonta

l.9:   **suáilce**: deathréith, iompar morálta;   **bheir**: tugann

l.10:   **sciamh:** áilleacht

l.11:   **grua**: leiceann

l.12:   **ded' phearsain:** de do phearsa (seanleagan tabharthach)

l.13:   **faoina n-abraíonn sé:** faoina ndeireann sé

l.14:   **a bhfuil ag dul duit uaidh:** an méid atá sé i bhfiacha leat (agus ar cheart dósan é a thabhairt duitse!)

105.

A Bhé díshealbhaithe!

Nuair nár éigh ort faoi chabhair ach mise amháin
Im' dhuanta amháin a bhí do chaoimhe chaoin;
Anois mo laoithe cuanna dreoite tá
'S ag Bé úr curtha as áit mo Bhé bhocht thinn.

Faoi théama d'áilleacht' géillim duit, a ghrá,
Gur fiú í saothar pinn níos cumas*aí*,
Ach gach dá gcumann d' fhile fút 'na dhán
Goideann sé uait é is íocann leat é arís:

Su*ái*lce bheir sé dhuit — an focal féin
Ghoid sé ód' iompar: bronnann sé ort sciamh,
Id' ghruasa a fuair sé: moladh faoi aon tréith
Ní féidir tabhairt nach cuid ded' phearsain í:

Buíochas ná gabh leis faoina n-abraíonn sé
A bhfuil ag dul duit uaidh ó íocair féin.

Soinéad LXXX: _(O, how I faint when I of you do write...)_

Dearbhaíonn ár bhfile anseo a rún chun dúshlán an fhile nua a thabhairt! Admhaíonn sé gur cumasaí an file é ach ar aigéan ollmhór bhuanna is fhiúntas a (iar)charad tá sé réidh chun seoladh in aghaidh mhórlong uaibhreach a iomaitheora. Má theipeann air, má sháraíonn ollshoitheach a chéile comhraic é agus go bhfágtar longbhriste é is í an ghné is measa den scéal gurbh é a ghrá (sa dá chiall!) ba údar a scriosta:

Gluais:

l.1: __faonlag__: gan neart ar bith
__l.2:__ mar tá a fhios agam go bhfuil file níos fearr ná mé ag scríobh fút
l.3: __cumhacht__: cumas filíochta
l.5: __aigéan__: farraige ollmhór
__l.5 is l.6:__ Tá ceart ag aon fhile scríobh faoin ógánach.
l.7: __cé umhaile ná...:__ cé go bhfuil mo bhádsa níos simplí ná...; __barc:__ bád, long; __áigh__: anchróga
l.8: __ar dhroim do bhóchna:__ ar bharr do aigéin; __clóchas:__ deiliús, dánaíocht
l.9: __tanaí:__ éadomhain
l.10: __domhain gan saibhseáil:__ cuid dhomhain den fharraige, chomh domhain sin nach féidir a doimhneacht a thomhas
l.12: __mórtas:__ bród, díomas
l.13: __rathaíonn:__ bíonn faoi rath, éiríonn leis; __briste:__ .i. longbhriste
l.14: __oidhe:__ cinniúint is críoch thubaisteach

106.

Dúshlán, muirchath: matalang?

Nach faonlag éirím nuair a scríobhaim fút
Le fios go scríobhtar d' ainm ag sprid níos feárr,
Id' mholadh a ídíonn gach aon chuid dá chumhacht
Lem' theanga a shnadhmadh ag labhairt dom ar do cháil!

 Mar ollaigéan ceadaíonn do mhórfheabhas, ámh,
Na seolta is ísle 'gus is uaisle céim;
'S cé umhaile ná a bhád san, mo bharc áigh
Ar dhroim do bhóchna ag snámh le clóchas téann.

Do thaca is tanaí coinneoidh mise ar snámh
'S eisean thar domhain gan saibhseáil leis ag triall;
Má bhristear mise táim gan luach mar bhád,
Long ard é sin ' tógadh le mórtas fial.

Má rathaíonn seisean 's mise briste bíonn
'S é seo ba mheasa: an grá ba bhun lem' oidhe.

Soinéad LXXXII: *(I grant thou wert not married to my Muse...)*

Aithníonn an file ceart a chuallaí óig ar údar nua níos fearr a chuartú chun a mholtaí a chanadh trína leabhair san a iniúchadh. Dearbhaíonn sé áfach gur cuma cé na gléasanna liteartha ná na cleasanna reitrice a úsáideann siad ina mholadh nach mbeidh ach cuntas cruinn — "fíor" an focal a athchanann sé le béim uair is athuair — amháin ar áilleacht an ógánaigh agus sin cur síos fírinneach simplí a charad:

Gluais:

l.1:   slí anchliste chun a rá nach raibh dualgas ar bith ar an bhfear óg cloí lena chuidsin filíochta amháin dá mholadh.

l.2:   **móradh**: ardmholadh (mar phoiblíocht chun díolta)

l.3:   **tiomnú**: tíolacadh

l.6:   Ós rud é gur léir duit go bhfuil do bhuanna chomh sármhaith nach féidir liomsa iad a mholadh go sásúil

l.8:   **cló níos úire**: údar níos nuanósaí

l.9:   **promhfaidh**: triailfidh, tástálfaidh

l.10: **deis**: seift (reitrice) chun dul i bhfeidhm ar an lucht éisteachta (nó léite) ar an dóigh a dteastaíonn seo ón óráidí nó scríbhneoir.

l.11: **ríomh**: insint, cuntas

l.12: **gan ghó**: gan bhréag, gan amhras

l.13: **feidhm**: úsáid;   **dathú**: dreachadh, maisiú (is cosúil a gcuntais ar áilleacht leis an "mbréagealaíon" a cháineann an file go tréan, mar tá siad mínádúrtha bréagach)

107.

Insint fhíor ar fhíoráilleacht
ó chara fíor

Nach raibh tú le mo Bhé-se pósta admhaím
'S na focail úd do mhóradh gach leabhair úir
Mar thiomnú dá mórthéama ag údair ' bhíonn
Is ceadmhach duit gan smál iad a scrúdú.

Id' eolas táir chomh breá is atáir id' shnua
'S do luach go hard thar raon mo mholta ó chír
Tá, dá bharr sin, ort cuartú as an nua
Do chló níos úire in aois na mórfheabhas síor;

Seo, a ghrá, déan; ach nuair a phromhfaidh siad
Gach gléas is deis sa reitric 'tá le stró
Ní bheidh ar d' áilleacht fhíorsa ach aon ríomh fíor
I gcaint lom fhíor ó chara fíor gan ghó:

'S bheadh feidhm níos fearr dá ndathú gránna ainmhín
Ar ghrua gan fuil: 's mí-ídiú ortsa í.

Soinéad LXXXIII: *(I never saw that you did painting need...)*

Mínítear don ógfhear an fáth nár chaith a sheanchara oiread dúthrachta le moladh áibhéalach ar a áilleacht is a chaith na filí eile, duine amháin go háirithe. Cháin an macaomh é faoin bhfaillí seo nuair ba cheart dó é a mholadh mar ní dhearna seisean dochar ar bith dá áilleacht trí gan scríobh fúithi — trína "thost"— agus ní raibh de thoradh ar iarrachtaí na bhfilí eile ar shíorbheatha a ghnóthú dá áilleacht uathúil ach carn bréagreitrice a bheidh ina thuama di, a mharóidh í. Freisin ba léir don fhile nach raibh gá ar bith ag a áilleacht le háibhéal nó "dathú" agus go raibh fiúntas a charad rómhór chun go bhféadfaí é a chúiteamh le cuntais nach mbeadh ach ina n-aisíocaíocht ar fhiacha file chuige:

Gluais:

l.1: **dathú**: dreachadh, péinteáil

l.3: **ríomhas**: mheáigh mé, d' áirigh mé

l.3 is l.4: Fiú dá gcanfadh an file moltaí áilleacht a charad agus go nglanfadh sé a fhiacha mar fhile dó bheadh sé fós faoi chomaoin aige

l.5: **suanmhar**: díomhaoin (Is beag agus is annamh a scríobh mé fút)

l.6: **ar marthain**: ar an saol, beo

l.7 & l.8: chomh mór atá sé thar cumas na bhfilí nua cuntas sásúil cruinn a thabhairt ar fheabhas is ar áilleacht an ógfhir. **fás**: Dá mhéid iad buanna a charad tá siad fós ag méadú.

l.9: **leagais orm:** chuir tú i mo leith (mar choir); **tost**: gan tada a scríobh á mholadh

l.11 is l.12: mínithe thuas (**dochraím**: déanaim dochar do)

l.13: **caomh**: breá, taitneamhach

108.

Binn peann ina thost!

Níor léir dom riamh go raibh aon dathú uait
'S dathú níor chuireas mar sin le do sciamh;
Ríomhas, nó shíl gur ríomh, gur mó do luach
Ná gealladh folamh m'fhiacha file a íoc.

Mar sin ba shuanmhar mé i mo chuntais fút
Chun go mba léir uait féin, ar marthain tá,
Chomh fada a bhíonn na cleití úra ar gcúl
I ríomh gach luacha atá id' phearsa ag fás.

Mar pheaca leagais orm mo thost, is mó
A shaothrós onóir dom; trí'm bhailbhe arae
Ní dhochraím puinn an scéimh — 's ní bheir go leor
Trí chaint, le haidhm síorbheatha a thabhairt, ach éag.

Beatha níos mó tá beo i do leathshúil chaomh
Ná chruthódh moltaí do bheirt fhile araon.

Soinéad LXXXIV: *(Who is it that says most, which can say more...)*

Téimid ar aghaidh le téama na moltaí: tar éis a mhíniú cén fáth nár mhol sé go háibhéalach é tugann an file anois an moladh is mó is féidir dá chompánach óg trína dhearbhú nach gá mar mholadh air ach a rá gurb é féin é! Ná déantar ach macasamhail chruinn de gach gné de díreach mar atá siad — cóip dá leabhar go beacht mar a chum an Nádúr é, mar a deir an file — agus saothróidh an t-údar cáil agus ardchéim ar fud an tsaoil. Maolú amháin a dhéanann sé ar an adhmholadh seo: má leanann an duine molta ag éirí baoth uallach is chun donais a rachaidh na moltaí:

Gluais:

l.1: **an moltóir is mó:** an duine is mó agus is fearr chun moladh a thabhairt
l.2: **méith:** torthúil (ithir, talamh), lán de bhrí (anseo)
l.3: **imdhruidte:** dúnta isteach
l.4: **Dár gá:** de gach rud is gá...; **cumadh:** cur le chéile, déanamh; **neach:** duine; **'s cómhaith duit féin:** atá chomh maith leat féin.
l.5: **daibhreas:** bochtanas
l.6: Nach ndéanann beagán áibhéil faoina laoch nó a théama
l.8: **mórgacht:** breáthacht, galántacht
l.10: **díth:** easpa, dochar; **dá ndearna:** don mhéid a rinne...
l.11: **samhail:** cóip; **iomrá:** clú (Beidh an saol mór ag caint faoi)
l.13: **cuirir:** cuireann tú
l.14: Toisc go bhfuil tú uallach (mórálach gan réasún) as an moladh agus ag iarraidh a bheith molta, tá na moltaí a dhéantar ort ag éirí níos measa (níos áibhéalaí agus níos neamhfhírinní, is dócha).

109.

Cuntas cruinn ort an moladh is mó

An moltóir 's mó an dtig leis níos mó a rá
Ná an moladh méith gur tusa amháin tú féin?
Id' phearsa, óir, tá imdhruite an t-aon stór lán
Dár gá do chumadh neach 's cómhaith duit féin.

Lomdhaibhreas buan sa pheann sin suite tá
Lena ábhar féin nach gcuireann breis bheag glóire;
Ach d'údarsa má éiríonn leis a rá
Gur tú tú féin 's leor sin dá scéal de mhórgacht.

Dá bhfuil id' leabhar ná déanadh sé ach cóip
Gan díth dá ndearna an Nádúr chomh soiléir;
Is cuirfidh an tsamhail a mheabhair faoi iomrá mór
'S a stíl faoi ardmheas i ngach áit dá dtéann;

Le beannacht d' áille mallacht cuirir féin —
Tríd' uaill faoid' mholadh, an moladh in olcas téann.

Soinéad LXXXV: *(My tongue-tied Muse in manners holds her still...)*

Fadú atá anseo ar mhínú an fhile ar a thost, ar a fhaillí i moladh a charad agus filí eile i gcaitheamh an tamaill ag carnadh moltaí air sa bhfriotal is breátha agus is galánta faoi thinfeadh — nó sin a mhaíonn cuid acu — spioraid a láithríonn chucu san oíche! Ina smaointe réitíonn is cuireann an file le gach abairt is dán molta agus is mó go mór a ngrá siúd mar smaointe don chara ná grá na n-adhmholtóirí. Bíodh ardmheas ag an ógánach orthu seo faoina bhfocail ach faoina smaointe grámhara a chaithfidh sé a chara a mheas:

Gluais:

l.1: **cuibheas**: deabhéasacht, saoirse ó lábántacht ('cuíos')
l.2: **cnuasach**: bailiúchán
l.3: **dréachtaí**: sleachta fileata, liteartha;   **cáim**: locht, éalang
l.4: **urlabhra**: caint, friotal;   **líomhadh**: snasadh
l.7: **sárdhuan**: dán nó amhrán anmhaith;   **fíorlíofa**: ancheardúil, ansnasta, anchríochnúil; **sprid**: seo an neach neamhshaolta a bhíodh ag taibhsiú do fhilí áirithe, má ba fhíor dóibh!
l.8: **toirbhríonn sé**: bronnann sé
l.10: **aguisín**: focal nó sliocht breise (Ní hamháin go n-aontaíonn sé leis na moltaí; cuireann sé leo)
l.12: **céim**: méid
l.13: **ardmheas**: tabhair measúnú ard do ...
l.14: **feidhmiúil**: go tréan, éifeachtach

110.

Tost cuibhiúil is smaointe balbha

Fanann as cuibheas 'na tost mo Bhé gan ghlór
'S do mholadh á thaisciú slán i gcnuasach fial
Ag dréachtaí i scríobh gan cháim le cleití óir
'S in ardurlabhra a líomhaigh gach Bé chaoin.

Deasmaoinímse 's lucht scríofa ag deafhoclaíocht
'S mar chléireach umhal gan léann glaoim riamh
_ "áiméan! "_
Le gach sárdhuan fíorlíofa ón ardsprid chaoin
A thoirbhríonn sí do phinn 'tá rómhín séimh.

Led' mholtaí uile aontaímse gan aon phlé
Is cuirim leo go hiondúil aguisín;
Ach sin im' smaointe a mbíonn a ngrá duit féin,
Cé ar gcúl sna focail, riamh i gcéim chun cinn.

Ardmheas fir eile ar anáil, caint; mé féin
Ar smaointe balbha a labhraíonn feidhmiúil, tréan

Soinéad LXXXVI: *(Was it the proud full sail of his great verse...)*

Tar éis dhúslánacht is leithscéalta is mhíniúchán na ndánta díreach roimhe tá ár bhfile bocht ag admháil ar deireadh go bhfuil an cath caillte aige! Tá a intinn cloíte, a smaointe faoi dhianghlas ina cheann, a aigne ina tuama gan bheatha! Ná ceaptar áfach gurb é long ard mhórtasach (soinéad LXXX) an iomaitheora a threascair a intinn; ná an spiorad sin — agus a bhuíon comhthaibhsí! — a maíonn an file buach go dtagann sé le hinspioráid chuige san oíche, ná síltear gurb eisean a chloígh ár bhfile le linn dó a bheith ina thost. Níorbh iad; aghaidh álainn féin a charad — a aon téama is a fhoinse aonair inspioráide — nuair a nocht sí chuige i ndánta an iomaitheora, a d' fhág é féin in anchaoi is a dhánta gan mhaith, gan éifeacht:

Gluais:

l.1: **borrsheol**: seol ata ag an ngaoth; **lán bróid**: lán de bhród

l.2: **rólómhar**: anluachmhar ar fad

l.3: **d'iaigh**: dhún, chuir faoi ghlas; **inchinn**: ball an choirp sa cheann trína rialaítear na feidhmeanna uile agus trína n-oibríonn an aigne; **faoi chlár**: mar a bheidís i gcónra, adhlactha

l.4: **broinn**: cuid de chorp mná ina n-iompraítear gin nua (anseo, an inchinn atá i gceist nó aigne an fhile — broinn a smaointe); **léas**: gile, ga solais

l.5: **diail**: osnádúrtha; as an ngnáth ar fad

l.6: **gnáthchéim**: gnáthleibhéal, gnáthstaid; **threascair**: leag ar lár, chloígh

l.7: **taibhsebhuíon**: scata spiorad

l.8: **dé:** beatha

l.9: **soirbh**: soilbhir, lách; **coimhthíos**: dúnárasacht, neamhchairdiúlacht

l.10: **glanfhaisnéis**: eolas glan

l.12: **níor thinn... mé:** ní raibh mé tinn, breoite; **d'aon údar sceoin**: de bharr cúise eagla ar bith; **aird**: treo, cearn

111.

Díomua!
- Foinse goidte, is dánta gan bhrí

Arbh é borrsheol lán bróid a dhuain gan cháim
Ag triall ar dhuais rólómhar — ortsa féin —
A d'iaigh mo smaointe im' inchinn bhocht faoi chlár
Is rinn den bhroinn 'nar fhás siad uaigh gan léas?

Arbh é a spiorad, oilte ag spioraid dhiail'
Chun scríobh thar gnáthchéim dhaonna, a threascair mé? —
Níorbh é, 's níorbh iad san oíche an taibhsebhuíon
A chabhraíodh leis, a d'fhág mo dhán gan dé:

*É féin ná an taibhse ansoirbh úd gan choimh*thíos
'Líonann san oíche a mheabhair de ghlanfhaisnéis,
Gurb iad ' bhí buach trím' thost ní thig leo maíomh —
Níor thinn d'aon údar sceoin ón aird sin mé:

Do ghnúis ghlé, ámh, a rannta nuair a líon
Mise gan ábhar d'fhág 's mo dhán gan bhrí.

Soinéad LXXXVII: *(Farewell, thou art too dear for my possessing...)*

Fágann an file an slán deireannach lena chompánach! Tá fios a luacha féin anois ag an ógfhear, fios gur ró-ard an luach sin do sheilbh an fhile agus go bhfuil sé scaoilte ó gach dualgas cairdis. Bronntanas a bhí ina chairdeas a thug sé nuair nárbh eol dó a fhiúntas féin, bronntanas nár thuill a sheanchara; ach anois ó tá meastúchán nua cruinn ar a luach aige féadfaidh sé — le láncheart — an tabhartas a éileamh ar ais. Tá deireadh leis an aisling agus malairt saoil feasta roimh an bhfile:

Gluais:

l.1: **seilbh:** úinéireacht, dílseánacht

l.3: **fuasclaíonn:** saorann; athcheannaíonn as geall;   **teastas luacha:** cáipéis a dhearbhaíonn a luach dlithiúil (agus a scaoileann ó sheilbh an fhile é)

l.4: **téarma:** fad ama;   **bannaí:** teideal dlithiúil seilbhe an fhile ar an ógánach

l.5: Cén chúis atá leis an tseilbh atá agam ort ach gur thug tú thú féin mar bhronntanas dom? Deir an file nach bhfuil ceart ar bith aige ar thabhartas (i. bronntanas) chomh fial.

l.6: **tuilleamh:** ceart de bharr fiúntais

l.7: **ar iarraidh uaim:** in easnamh orm

l.8: **paitinn....aisiompú:** Tá cealú déanta ar cheart eisiatach an fhile ar sheilbh an fhir óig

l.10: **rinn mímheas ormsa:** rinne tú meastúchán míchruinn ormsa.

l.11: **míluacháil:** meastúchán luacha atá míchruinn

l.12: **feabhsú measa:** meastúchán nua níos fearr

l.13: **mealladh taibhrimh:** cluain bhrionglóide

112.

Scaradh na gcarad!

Slán beo! dom' sheilbhse táir ródhaor go mór
'S is eol duit, is ró-dhóigh, do mheastúchán;
Fuasclaíonn do theastas luacha thú go deo
'S téarma mo bhannaí ionat caite tá.

Mar conas ' shealbhaím thusa ach trí do thabhairt?
Don saibhreas sin cén tuilleamh ionam tá? —
Aon chúis led' thabhartas fial tá ar iarraidh uaim
'S mo phaitinn ort á haisiompú dá bharr.

Thugais thú féin do cheartluach nuair nárbh eol duit,
Sin nó rinn mímheas ormsa a fuair uait é;
'S do thabhartas mór ar mhíluacháil a tógadh
Le feabhsú measa abhaile arís chughat téann.

Mar mhealladh taibhrimh shealbhaíós thú, is léir,
Im' Rí i mo shuan, im' dhúiseacht ... malairt scéil!

Soinéad LXXXVIII: *(When thou shalt be disposed to set me light...)*

Buille ar bhuille! Tar éis na scarúna tá an file anois ag ceapadh go bhfuil a (iar)chara ag brath ar a chlú a mhilleadh agus dímheas an phobail a tharraingt air. I bhfad ó fhearg nó dhíomá a bhrath nó ó bheartú an feall a chosc is amhlaidh a léiríonn an file go gcabhróidh sé leis trí fhianaise láidir ina aghaidh féin a sholáthar fiú más bréaga a bheifear ag cur air! Déanfaidh sé seo chun cur le clú is seasamh poiblí an ógfhir. Maíonn sé nach amháin go mbainfidh sé féin tairbhe as seo ach gur leas dúbailte a bheidh ann: is leas mór leis a smaointe a bheith dírithe ar a (iar)chara dil; agus trína chlú féin a mhilleadh beidh sé ag déanamh leasa don ógfhear, agus tairbhe ar bith dósan is tairbhe dó féin é!:

Gluais:

l.1:   **beagmheas**: tabhair luach aníseal do
l.2:   **tarcaisne**: dímheas
l.3:   **i bpáirt leat**: ar do thaobh
l.4:   **mionnaír bréag:** tugann tú mionn éithigh (bréige);   **cáim**: locht
l.6:   **ríomh**: insint
l.7:   **ar daite mé ina smál:** a bhfuil mé (.i. mo aigne is mo charachtar) ar maos ina dhath salach
l.8:   **bainfirse**: bainfidh tusa
l.11: **bua**: tairbhe, sochar, buntáiste;   **ním**: déanaim
l.12: **a dhúbailt bua:** dhá bhua in áit bua amháin;   bua dhá uair níos mó
l.13: **amhlaidh**: mar sin
l.14: **dod' chóirse:** ar mhaithe leatsa, chun go bhfaighe tusa do cheart

113.

Finné fonnmhar
le mioneolas inmheánach!

Nuair ' bheidh tú chun mé a bheagmheas sásta réidh
'S mo cháil do shúil na tarcaisne a theaspáint,
Im' choinne féin i bpáirt leat troidfidh mé
'S cé mionnaír bréag cruthód thú saor ó cháim.

Ós domsa is eol mo laige féin is feárr
Ar mhaithe leatsa féadfad scéalta a ríomh
Faoi lochtaí ceilte, ar daite mé 'na smál,
Is bainfirse, lem' chailliúint, ardghlóir tríd.

Is gnóthóidh mise freisin tríd an gcúis
Trí chasadh chughatsa amháin mo smaointe grá;
'S ós bua mór duitse aon dochar ' ním dom' chlú,
A dhúbailt bua beidh mise as seo ag fáil.

Mo ghrá tá amhlaidh — 's leatsa mé chomh mór
Dod' chóirse fulaingeoidh mé gach éagóir.

Soinéad LXXXIX: *(Say that thou didst forsake me for some fault...)*

Fairsingiú atá anseo agus mionléiriú ar ábhar an tsoinéid roimhe; níl fad nach bhfuil an file sásta dul chun cibé ní nó athrú a theastaíonn ón ógánach a thabhairt dó. Locht nó máchail ar bith a luann sé leis an bhfile mar chúis lena éileamh ar scarúint gníomhóidh seisean ar shlí a chruthóidh fíor é. Más gá dá chás é ligfidh an file air nach bhfuil aithne ar bith aige air — a ainm féin ní luafaidh sé le faitíos go scéithfeadh sé trí dhearmad don saol an fhírinne faoina gcairdeas fada. Níl dochar nach ndéanfadh sé dó féin ar mhaithe leis an bhfear óg mar ós rud é go bhfuil fuath aige sin dó is cuma leis faoi féin:

Gluais:

l.2:   Mar fhreagra (nó fhrithghníomhú) don rud a deir tú fúm athróidh mé mo nós

l.3:   **leag bacaíl orm:** cuir i mo leith go bhfuil mé bacach;   **tuisleach:** ag siúl go hanacair, ag bagairt titim.

l.6:   **'tá led' mhian:** a theastaíonn go géar uait

l.8:   **múchfad:** múchfaidh mé;   **dealróidh mé coimhthíoch:** cuirfidh mé cuma strainséara orm féin

l.9:   Ná téigh ag siúl sna háiteacha agus ag na hamannta ab iondúil leat.

l.11:   **místuaim:** easpa críonnachta, tútachas, tuathalacht

l.13:   **mionnód:** mionnóidh mé, tabharfaidh mé mionna;   **déanfad plé:** déanfaidh mé argóint nó díospóireacht

114.

Féinséanadh is féinuirísliú gan teorainn

Abair gur faoi locht éigin ' thréigis mé
Is freagród do do mhaíomh le hathrú nóis:
Leag bacaíl orm 's gan mhoill siúd tuisleach mé —
Mé a chosaint féin ní dhéanfad ar d'arg_óint_.

Ní fhéadair mise a náiriú leath chomh géar
Chun deachruth a chur ar athrú 'tá led' mhian
'S a náireod féin; 's do thoil má éilíonn é
Mo aithne ort múchfad 's dealróidh mé coimh_thíoch_.

Ód' shiúlta bíse ar iarraidh is i mo bhéal
Ní chónóidh feasta d' ainm róghrámhar caoin;
Nó is baolach trí mhístuaim go ligfinn scéal
Ár n-aithne dile fada leis an saol.

 Im' aghaidh féin mionnód duit is déanfad plé —
Ní fhéadaim neach a ghrá ar fuath leatsa é.

Soinéad XC: *(Then hate me when thou wilt, if ever, now...)*

Iarratas deireannach an fhir dhaortha?: tar éis glacadh leis go bhfuil a chara chun é a thréigean iarrann an file soilíos deireannach amháin air: gan a fhulaingt a mhéadú trí mhoill nó trí bhraiteoireacht; imeacht agus ligeann dó dul i dtaithí ar a shaol athraithe; bheith gan taise, mar a bhí an tÁdh leis an bhfile ó thús agus mar atá an saol á láimhseáil anois; ligean dó an chuid is measa a bhrath láithreach agus gan teacht leis an mbuille mór nuair a bheidh an file díreach tar éis deacrachtaí fada a shárú. Má dhéanann sé seo, gnéithe dá shaol ar dóigh leis an bhfile anois gur deacrach iad ní fheicfidh sé aon fhadhb iontu a thuilleadh:

Gluais:

l.1: **fuathaigh mé:** tabhair fuath dom; **lem' fhuathú:** chun fuath a thabhairt dom

l.2: **lem' chur ó rath:** chun an mhaith a bhaint as mo shaol

l.3: **olc:** mailís, gangaid

l.4: Ná buail buille fealltach mo bháis orm nuair a bheidh an sléacht thart.

l.6: **fogha cúlgharda:** ionsaí ó fhuíollach cúil airm; **léan:** brón agus a chúis; **cloíte, ar lár:** briste buailte i gcath

l.7: **anfa:** eascal, stoirm

l.8: Ná caith achar fada do mo scrios, rud atá ar intinn agat le fada (**déan strambán:** déan scéal fada de)

l.10: **sleachtadh:** slad, leontaí, sléacht; **i gcrích:** déanta

l.11: **príomhruathar:** an t-ionsaí mór

l.12: **díogha:** an chuid is measa

l.14: **amhlaidh:** mar sin,.i. mar bhróin; **le hais:** i gcomparáid

115.

Buailtear buille mór na trócaire
anois orm!

Fuathaigh mé anois – má táir lem' fhuathú riamh —
Anois 's an saol mór réidh lem' chur ó rath;
Bí mar an Ádh le holc chugham, lúb mé síos,
'S i ndiaidh áir mhóir le buille scoir ná tar:

Ná lean nuair ' bheidh ón mbrón seo slán mo chroí
Le fogha cúlgharda ó léan ' bhí cloíte ar lár;
T'r éis oíche ardanfa id' mhaidin fhliuch ná bí
'S lem' scrios seanbheartaithe ná déan stram<u>bán</u>.

Más mian leat, fág — 's ná fan go deireadh scéil
Nuair ' bheidh a sleachtadh ag mionléin eile i gcrích;
Ach sa phríomhruathar tar, is blaisfidh mé
Ó thús díogha féin ollchumhacht an Áidh gan chroí:

Is gnéithe bróin a chím anois 'na mbróin
Amhlaidh, le hais thú a chailleadh, ní dheal<u>róidh</u>.

DEIREADH LEIS AN

GCEATHRÚ DREAS

— **Mír a haon**

DREAS A CEATHAIR

— *Mír a Dó*

Tugann an fodhreas seo an tsraith uile chun críche. Tríd is tríd fágadh na dánta sa mhír seo faoin ngnáthord. Chun an t-iomlán a thabhairt chun barrchéime éigin, áfach, fágadh an dán cáiliúil faoi airíona is buanna an fhíorghrá — soinéad 116 — go deireadh. Tá na gréasáin chéanna le sonrú is a bhí sa mhír roimhe:

(a) 116 — 121: Athmhuintearas ach eagla roimh bhréige óna chara;

(b) 122 — 123: Dánta faoi thréimhse ar shiúl óna chuallaí;

(c) 124 — 127: Faillí an fhile i moladh a charad is téama dóibh seo;

(d) 128 — 131: Soinéid a mhórann a áilleacht is a gheallann síorcháil dó;

(e) 132 — 136: Anseo maíomh as méid a ghrá is dearbhú síordhílseachta; ach láithreach admháil bréige, leithscéal agus gabháil buíochais faoi mhaithiúnas;

(f) 137 — 139: Méid a gheana is a thionchair sin air an téama iontu seo;

(g) 140 — 143: Admháil fill agus faillí arís; úsáideann sé seanéagóir a charad air chun é féin a fhuascailt óna chiontacht;

(h) 144 — 149: Meascán — ionsaí ar lucht a cháinte agus ar an Am; leithscéal faoi bhronntanas táibhlí a thabhairt uaidh; maíomh faoi thairiseacht a ghrá agus a neamhspleáchas ar lucht cumhachta.

Soinéad XCI: *(Some glory in their birth, some in their skill...)*

Tá athrú iomlán sa staid meoin anseo tar éis ghruaim is thuair thubaiste na ndánta roimhe: tá an file ag comóradh mhéid an áidh atá air mar go bhfuil aige seoid is luachmhaire ná aon saibhreas nó siamsa sa saol — grá a charad! Seans ar ndóigh gur briseadh leanúnachais nó botún in uimhriú na soinéad is údar leis an gclaochlú obann meanmna.

Gluais:

l.1:   **mórann**: déanann gaisce;   **stuaim**: oilteacht, innealtacht, scil

l.3:   **áiféiseach**: gan chiall, seafóideach

l.4:   **conairt**: scata cúnna (cluiche)

l.5:   brathann na rudaí a mbaineann daoine taitneamh astu ar a ndearcadh

l.6:   **sult**: pléisiúr, scléip

l.7:   Níl mise claonta chun aon chineál siamsa nó ghníomhaíocht ar leith thar a chéile ná teorannta dó mar fhoinse suilt is mórtais

l.8:   **barrbhua**: buntáiste ar fearr é ná aon cheann eile;   **coiteann**: ginearálta;

l.10: **brat**: ball éadaigh

l.12: **práinn**: bród mór agus ríméad

l.13: **ainnis**: dearóil, an-mhíshona

116.

Is fearr an grá fíor ná na táinte

Mórann roinnt daoine as uaisleacht, roinnt as stuaim,
Cuid as a maoin, cuid as mórneart a ngéag
Nó a bhfeisteas áiféiseach den dearadh is nua,
As seabhaic is conairt nó a gcapaill féin.

Is ag gach meon a thaitneamh freagrach tá
A thugann sult thar gach ní eile dó;
Ach níl mo thomhas-sa i ngnéithe ar leith le fáil —
Le barrbhua coiteann sáraím gach cúis bhróid:

Ná 'n uaisleacht 's airde is uaisle liom do ghrá,
Saibhre ná maoin, ná luach aon bhrait níos mó,
Ardaoibhneas ann thar seabhaic is capaill tá —
Is liom gach údar práinne is tusa im' stór:

Ainnis sa mhéid seo amháin — go bhféadfair uaim
Gach ní a bhaint 's mé a bhá go domhain faoi ghruaim.

Soinéad XCII: *(But do thy worst to steal thyself away...)*

Réiteach na faidhbe? Aimsíonn an file anseo fuascailt amháin, b' fhéidir, ar a dheacrachtaí lena chara óg agus scaoileann seo saor ón domhainghruaim é: toisc go mbrathann a bheatha ar ghrá a charad dó agus go bhfaighidh sé bás má thréigeann seisean é, beidh a chara aige go deireadh a shaoil! Ní bhrathann a shonas mar sin ar mhianta ná ar dhílseacht an charad óig mar má athraíonn seisean agus má dhéanann sé iarracht imeacht uaidh beidh an file básaithe agus ní fhulaingeoidh sé puinn. Saorann an smaoineamh seo é óna bhuartha cuid mhaith le gan ach aon ábhar míshuaimhnis: má fheallann a chara air i nganfhios, go bréagach ......:

Gluais:

l.1:   **aindícheall**: an rud is measa is féidir leat a dhéanamh....

l.3 is l.4: Brathann mo bheatha ar do ghrá, mar sin tiocfaidh mo shaol agus do ghrá dom chun deiridh ag an am céanna.

l.6:   **olc**: míghníomh in aghaidh duine, éagóir

l.8:   Is fearr leis cinnteacht an bháis le cailleadh ghrá a charad ná an éiginnteacht a bheadh ina shaol gan í, agus é ag athrú ó shonas go hainnis le hathraithe an chompánaigh.

l.9:   **ní fhéadair:** ní féidir leat;   **guagacht**: neamhsheasmhacht, inathraitheacht

l.10:   **claochlú**: athrú anmhór;   **téann... ar lár:** imíonn ar ceal

l.11:   **sona**: ámharach;   **teideal**: ceart dlithiúil seilbhe;   **im' chomhair:** i ndán dom, (ag teacht) chugam

l.12:   **sona**: áthasach, sásta;

l.13:   **smál**: ball dorcha, néal nó scáth (ar shonas)

117.

Seilbh gan scáth:
sona le grá agus sona le bás!

D' aindícheall déan chun tú féin a ghoid uaim —
Is liom tú cinnte ar feadh lántéarma an tsaoil!
'S ní sia mo shaol ná fad do ghrása chugham,
Mo bheatha ó brathann ar do ghrá róchaoin.

Roimh an éagóir is mó eagla ní gá
Ó cuirfidh an t-olc is lú lem' bheatha críoch;
Agamsa tá, is róléir dom, staid nios fearr
Ná an bhail éiginnte a bhrathfadh ar do mhian:

Ni fhéadair mé a chrá le guagacht meoin,
Ó téann led' chlaochlú croí mo bheatha ar lár;
Nach sona an teideal ortsa atá im' chomhair —
Sona led' ghrá, sona gan é le bás!

Ach céard chomh sona breá nach baol dó smál?
D'fhéadfá bheith bréagach — sin ní fios dom, ámh.

Soinéad XCIII: *(So shall I live, supposing thou art true...)*

Réiteach chugainn! Is é réiteach na faidhbe — go bhféadfadh a chara a bheith bréagach — creidbheáil i gcónaí go bhfuil sé dílis mar a dhéanann fear le bean chéile mhídhílis. Beidh seo furasta mar ní bhíonn le feiceáil riamh in éadan an fhir óig ach an grá ós mar sin a rinne an Nádúr é; murab ionann is daoine a scéitheann a n-aighthe athrú aigne nó croí orthu:

Gluais:

l.1: **mairfead**: mairfidh mé; mar má chreideann sé go bhfuil a chara mídhílis agus a ghrá caillte, gheobhaidh sé bás (soinéad roimhe)

l.2: **amhail**: ar nós; **céile meallta**: fear pósta le bean mhídhílis

l.4: **ar fán**: imithe ar shiúl

l.8: **gruaim**: dreach buartha; **grainc**: mí-aoibh, "muc ar gach mala"; **nach gnáth**: nach mbíonn ann go hiondúil

l.9: **d' fhoraithin**: d' ordaigh (go sollúnta, ceannasach), shocraigh

l.11: **pé**: cibé; **oibriú**: corraíl, gníomhaíocht; **aigne**: intinn

l.12: **caoineas**: cineáltas, geanúlacht; **caomh**: breá, taitneamhach; séimh; **dís**: beirt

l.13: **rógheall le ....**: thar a bheith cosúil le...; **úll sin Éabha**:.i. meallfaidh a áilleacht daoine chun a scriosta, mar a mheall éabha Ádhamh leis an úll (a bhí chomh deas)

l.14: mura mbíonn do ghníomhartha ar aon dul le do éadan caoin.

118.

Don Slánú is leor creideamh!

Mairfead, mar sin, 's do dhílseacht creidfead fíor
Amhail céile meallta: is domsa fós mar ghrá
Aghaidh an ghrá feicfear, cé gur athraigh sí —
Do dhealramh liom, do chroí óm' chroíse ar fán:

Id' shúilse, arae, níl fuath in ann ' bheith beo
'S ní féidir inti d' athrú a aithneach<u>táil</u> —
Stair an chroí bhréagaigh, ámh, i ngnúis go leor
Bíonn scríofa i ngrainc 's i ngruaim 's i roic nach gnáth.

D'fhoraithin ardchumhacht Neimhe ámh id' chru<u>thú</u>
Go mairfeadh gach grá caoin id' ghnúis de shíor
'S pé <u>oibriú</u> a bheadh id' chroí nó id' aigne ar siúl
Nach léireodh d' aghaidh ach caoineas caomh ón dís: —

Rógheall le húll sin Éabha a bheidh do scéimh
Dod' dhealramh mura bhfreagraíonn maitheas shéimh.

Soinéad XCIV: *(They that have power to hurt and will do none...)*

Moladh is cáineadh! Tosaíonn an dán le moladh dóibh siúd a bhfuil an chumhacht agus an cumas acu chun dochar a dhéanamh do dhaoine eile is nach ndéanann sin. Máistrí agus úinéirí a n-aighthe agus a gclaonta nádúrtha iad seo mar tá smacht iomlán acu orthu. Níl daoine eile ach ina maoir nó ina bhfostaithe dá gclaonta is dá mothúcháin gan acu orthu ach ceannas anteoranta. Céard é cuspóir an mholta seo? — An dochar atá déanta ag an gcompánach óg don fhile léiríonn sé nach dtuilleann seisean an moladh seo; go bhfuil a dhreach dathúil is a thréithe in aghaidh a chéile. Is geall a aghaidh le bláth álainn a mhilltear ag galar an chancair agus ar measa ansin ná an fhiaile is gránna é:

Gluais:

l.1:   **chun gonta**: chun daoine a ghortú

l.2:   **róléir**: ansoiléir, sofheicthe;   **gné**: dreach, éadan

l.3:   **spreagaid**: cuireann siad fonn ar dhaoine rudaí a dhéanamh

l.4:   **gan corraí**: neamhchúiseach, gan mothú;   **rímhall**: anmhall;
       sa chathú téann: géilleann dá ndrochchlaonta

l.6:   Ní chuireann siad saibhreas an Nádúir,. i. a gcumais nádúrtha féin, amú

l.7:   **dílseánaigh**: úinéirí

l.8:   **feabhas**: buanna is cumais (Níl ach smacht anbheag acu ar a gcumais is ar a gclaonta);
       maor: riarthóir, oifigeach (Stiúraíonn sé áit nó sealúchas nach leis féin í / é —
       ní dílseánach é)

l.11: **galrú**: aicíd a thógtar;   **táir**: uiríseal, bréan

l.12: **sáraíonn**: barrann, bíonn níos fearr (Bíonn an fhiaile is gráiciúla níos deise ná é.);
       fiaile: fásra fiáin gan mhaith nó fiú díobhálach;   **gné**: cruth, dealramh

l.14: **fiail**: fiaile

119.

Tiarnaí a n-aighthe is lilí a lobhann!

Iad siúd le cumhacht chun gonta ach gan an mhian;
Nach ndéanann rud is róléir ina ngné;
Cé spreagaid daoine, iad féin 'na gclocha bíonn,
Gan corraí fuar 's rímhall sa chathú téann:

Grástaí na bhFlaitheas faigheann siad le ceart fíor
'S coiglíonn ón diomailt don Nádúr a mhaoin;
Fíordhílseánaigh 'gus tiarnaí a n-éadan iad,
Daoine eile níl dá bhfeabhas féin ach 'na maoir:

Bláth an tsamhraidh cumhra geal don Samhradh tá
Mura maireann 's mura n-éagann ach dó féin;
An bláth caoin, ámh, má bhuaileann galrú táir
Sáraíonn le deise an fhiaile is gránna a ghné;

Na nithe is milse is seirbhe ' bhíonn trí ghníomh;
An lile a lobhann, is bréine í i bhfad ná fiail.

Soinéad XCV: *(How sweet and lovely dost thou make the shame...)*

Leathnaítear sa dán seo tagairt ghairid as dán roimhe seo do ghné den ógánach nach údar sásaimh ar fad í: go gcuireann sé lena dhathúlacht mhór cuma thaitneamhach ar an olc féin, ar gach drochthréith agus drochghníomh. Is cosúil é le bruíon nó pálás draíochta atá ina áit chónaithe ag a lochtaí agus a chuireann brat mín ar gach drochnós agus duáilce. Tuairisc gháirsiúil a eachtraí gnéis féin déantar cuntas tórtha de ach a ainm a lua. Tugtar foláireamh sa deireadh dó ámh nach bhféadfaidh sé brath go deo ar an mbua seo:

Gluais:

l.1: **nír**: déanann tú

l.2: **aicíd**: galar; **cumhra**: le boladh andeas

l.3: **bachlóg**: an ball beag dúnta de phlanda bláfar a osclaíonn ina bhláth

l.4: **cumhracht dhiail**: deabholadh iontach dothuarascála; **faoi iamh**: dúnta

l.6: **áilíosach**: drúisiúil, macnasach

l.7: **dímholadh**: cáineadh, lochtú

l.8: **do lua**: thú a lua, do ainm a chur sa chuntas; **tuairisc dhubh**: cuntas ar dhrochiompar

l.9: **síbhrú**: áras nó pálás draíochta

l.10: **áitreabh**: áit chónaithe

l.11: **folaíonn**: ceileann; **caille**: brat anmhín (a chaitheann mná ar a gceann agus uaireannta thar a n-éadan); **breáthacht**: áilleacht

l.12: **áillíonn**: déanann álainn, breáthaíonn

l.13: **ollbhua**: cumas anmhór ar buntáiste mór dó é

l.14: **maolaíonn**: baineann an faobhar de; **dá chruacht í**: cuma cé chomh crua is atá sí.

120.

Síbhrú na nduáilcí is maisiú an oilc

Nach álainn caoin a nír an náire, fiú,
Mar aicíd bhréan sa róisín cumhra a bhíonn
Ag smálú áilleacht bhachlóg do dheachlú,
I gcumhracht dhiail do pheacaí 'tá faoi iamh!

An teanga a dhéanann scéal do shaoil a ríomh,
Le tagairtí áilíosacha dod' scléip,
Le gach dímholadh molann thú ar shlí —
Déanann do lua dá thuairisc dhubh deascéal.

Cad é mar shíbhrú ag do lochtaí 'tá
A roghnaigh thusa mar a n-áitreabh buan,
'Na bhfolaíonn caille bhreáthachta gach smál
Is áillíonn gach aon ní a fheiceann súil!

Ach faoin ollbhua seo bí ar d' aire, a chroí;
Mí-úsáid maolaíonn scian, dá chruacht í!

Soinéad XCVI: *(Some say thy fault is youth, some wantonness...)*

Déantar fairsingiú sa dán seo ar bhua seo an ógfhir, cuma chneasta a chur ar gach donas ann. An tréith ann ar suáilce le duine amháin í is locht le duine eile í agus ó cuireann sé deachuma ar gach tréith ar aon nós taitníonn gach gné de leis an bpobal. Is cosúil gach locht leis i súile an phobail le seoid gan mórán luacha ar mhéar a mbanríona a dhealraíonn dóibhsean gach pioc chomh luachmhar leis an gcloch lómhar is galánta dá cuid. Tugann an bua mór seo aige anchumas meallta dó; ar nós mactíre le héadan uain atá sé agus níl a fhios cén uimhir daoine a d'fhéadfadh sé a mheabhlú chun a n-aimhleasa dá n-úsáidfeadh sé a bhuanna uile. Impíonn an file air ámh gan seo a dhéanamh mar trí nasc láidir a gcairdis déanann aon dochar do dheachlú an stócaigh an dochar céanna dá sheanchara:

Gluais:

l.1: **roinnt**: roinnt daoine;   **aeraíl**: éadromaigeantacht, é a bheith ró-aerach, fiú macnasach, b'fhéidir

l.2: **siabhradh**: tréith antaitneamhach a chuireann draíocht ar dhaoine;
      siamsacht: sultmhaireacht, claonadh chun spóirt is scléipe

l.3: **móramh**: an chuid is mó (de na daoine);   **mionlach**: an chuid is lú

l.3: An tréith ar locht le dream amháin í is bua le dream eile í;   cuirtear leis seo a chumas chun cuma chneasta a chur ar aon drochchlaonadh ann agus feicfear gur fíor an dearbhú go dtaitníonn gach tréith dá chuid leis an bpobal.

l.4: **tiontaír**: athraíonn tú;   **maise**: ornáid, breáthán, gné thaitneamhach;   **id' dháil**: chugat, i do theannta

l.5: **faoi réim**: i gcumhacht, go (ban)ríúil [go ríonaí]

l.6: **truaillí**: ainnis, dearóil, gan luach

l.7: **id' phearsa is léir:** atá soiléir ionatsa

l.9: **scáfar**: scanraitheach;   **mheabhlódh**: mheallfadh amú

l.11: **amharcóirí**: féachadóirí

l.12: **d'imreofá**: d'úsáidfeá, chuirfeá i bhfeidhm;   **buanna**: cumais, talainn

121.

Mactíre le héadan uain?

Do locht, deir roinnt, sin d' óige, roinnt, d' aer<u>aíl</u>;
Do shiabhradh, roinnt, sin d' óige is siamsacht shéimh;
Le móramh 's mionlach bua is locht tait<u>níonn</u> —
Tion<u>taír</u> 'na mhaise aon locht id' dháil a théann.

Ar mhéar ban<u>ríona</u> 'tá ina suí faoi réim
Don tseoid is truaillí tugtar luacháil ard;
Mar sin deal<u>raíonn</u> gach locht id' phearsa is léir
'Na bhua is le fonn ard<u>mho</u>ltar é ag cách.

Líon scáfar uan mheabh<u>lódh</u> mactíre crua
Dá mb' fhéidir leis gnúis uain a chur air féin —
Is slua amh'r<u>cóirí</u> mheallfá féin chun siúil
Dá n-<u>im</u>reofá do bhuannasa go léir.

Seo, ámh, ná déan; chomh tréan sin gráimse thú
Ós liom tú féin, gur liomsa do dheachlú.

Soinéad XCVII: *(How like a winter hath my absence been...)*

Imítear sa dán seo ó sheirbhe an ghrúpa roimhe. Le scarúint a bhaineann sé agus trí chomhbhá bréige a úsáid go cumasach críochnúil léiríonn an file dá chara — agus dúinne — cé chomh hiomlán agus chomh domhain is a ghoilleann éagmais a charad air. Ní thig leis an taitneamh is lú a bhaint as áilleacht an dúlra, as gile ghlórmhar an tsamhraidh ná as torthúlacht raidhsiúil an fhómhair. De dhíth a chompánaigh dhil is ionann dósan an séasúr is gile agus an geimhreadh is dorcha, fuaire, duairce; agus ceol éinín ar bith dá gcloiseann sé samhlaítear dubhach, dobhrónach dó é:

Gluais:

l.1:   **nach cuma nó ina....:** nach mar a chéile le;   nárbh ionann agus
l.2:   **sult**: siamsa, taitneamh;   **díomuan**: nach maireann ach achar gearr
l.3:   **dianreo**: sioc crua;   **nár gheal:** nach raibh geal
l.4:   **dúluachair**: cuma gruama na tíre, gan bheatha gan ghile, i gcroí an gheimhridh
l.6:   **borrtha**: ata, méadaithe;   **biseach**: méadú clainne, toradh;   **fial**: flúirseach, raidhsiúil
l.7:   **úrshliocht**: toradh nua;   **macnas**: scléip (dhrúisiúil?) ;   **iar**: tar éis
l.8:   **cailleadh a dtriath**: bás a dtiarnaí, .i. a bhfear céile (Ba é an t-earrach athair na clainne nua atá le breith san fhómhar is tá sé marbh.)
l.9:   **torthacht**: torthúlacht, bisiúlacht;   **raidhsiúil**: anfhlúirseach
l.10:   **dílleachta**: páiste ar marbh dá thuismitheoirí;   **ál**: éillín, ginte uile a bheireann ainmhí baineann le chéile
l.12:   **loin**: éin
l.13:   **ceolaid**: canann siad;   **ceiliúr**: cantain na n-éan
l.14:   **lus**: planda

122.

Éagmais (1):
An uain is aoibhne ina geimhreadh!

Nach cuma nó ina gheimhreadh a bhí mo sheal
Uaitse, ó m' aon sult fíor sa bhliain díomuan;
Nach iomaí dianreo d'fhulaing 's lá nár gheal,
Is fuaire shean dúluachra ar gach lomthuath.

An seal seo, ámh, ba thrátha an tsamhraidh é,
Fómhar na flúirse, borrtha ag biseach fial,
Ag úrshliocht mhacnais earraigh, iar a ré,
Mar bhroinnte baintreach, trom iar gcailleadh a dtriath.

Dom féin níor léir sa torthacht raidhsiúil, ámh,
Ach súil le hál gan athair, dílleachtphór;
An samhradh, arae, ag freastal ortsa tá
'S, le tusa ar shiúl, na loin féin bíonn gan ghlór;

'S má cheolaid féin, a gceiliúr bíonn chomh duairc
Gur bán gach lus le sceon roimh gheimhreadh luath.

Soinéad XCVIII: *(From you have I been absent in the spring...)*

Fairsingítear anseo cuntas an dáin roimhe ar an dóigh a ndeachaigh aon tréimhse a chaith an file ar shiúl ón gcara cléibhe i gcionn air: ina earrach atá sé an uair seo áfach, ina Aibreán glégheal bláfar agus an tír lán de bheatha nua is de cheol agus gach duine, an té is dúranta féin, lán de mheanmna is de spraoiúlacht; ach theip air seo ar fad gile ná brí ar bith a mhúscailt i gcroí an fhile toisc é a bheith as láthair óna chompánach dil:

Gluais:

l.2:   **péacach**: gléasta go geal aerach;   **cóiriú**: maisiú, éadaí deasa

l.3:   **cuisle**: féith;   gluaiseacht rithimiúil na fola trí na féitheanna faoi oibriú an chroí; **cách**: gach duine

l.4:   **Satarn**: dia Rómhánach;   **dúr**: gruama, míshona;   **le fíorchorp scléipe:** le teann suilt

l.5:   **laoithe**: amhráin

l.6:   **iléagsúil**: anilghnéitheach;   **lí**: dath

l.7:   **múscail**: dúisigh;   **lár**: lár na cléibhe, an croí

l.8:   **stoth**: bain, tarraing;   **caomh**: álainn, caoin;   **ucht**: ucht (nó brollach) na talún

l.9:   **suntas**: aird leanúnach;   **níor dhlígh uaim:** ní bhfuair uaim mar dhualgas

l.11: **lomshamhlacha**: rudaí nach bhfuil ach ina n-íomhánna (aoibhnis); **aoibhneas**: ardshonas, áilleacht

l.12: **cuspa**: duine (rud) a úsáideann ealaíontóir mar eiseamlár

l.13: **ar díth:** as láthair

l.14: **amhail le do scáil**: faoi mar a bheinn ag súgradh le do scáil (ós é an t-ógfhear an cuspa óna línítear gach áilleacht tá gach gné bhreá den dúlra ina shamhail nó scáil de!)

123.

Éagmais (2): earrach gan éifeacht!

In am an earraigh bhí mé uait ar shiúl
Is Aibreán, péacach faoina chóiriu glé,
Iar <u>beo</u>chuisle óige a chur i gcách chomh húr
Gur dhamhsaigh Satarn dúr le fíorchorp scléip'.

Ach laoithe éan binn ná cumhracht míle bláth,
Iléagsúil ina mboladh 's ina lí,
An samhradh istigh níor mhúscail i mo lár
Go stothfainn iad ón gcaomhucht inar luigh.

Gealbháine lile suntas uaim níor dhligh
'S níor mhol mé, fiú, flanndeirge dhomhain an róis;
Lomshamhlacha, dá mhilseacht, aoibhnis iad
A líníodh uaitse, is cuspa scéimhe dóibh.

Ba gheall le geimhreadh fós é; 's tusa ar díth,
Amhail le do scáil, leo siúd ag súgradh bhíos.

Dreas 4 - Mír 2

Soinéad C: *(Where art thou, Muse, that thou forget'st so long...)*

Gríosú atá sa soinéad seo agus féincháineadh faoina dhíomhaointeas féin. Is léir gur ag deireadh tréimhse tosta a scríobhadh é — nó tost faoina chara ar aon nós — agus áitíonn an file air féin ann éirí as a bheith ag cumadh faoi ábhair gan mhaith is do dhaoine atá gan mheas ar a dhánta; ach feasta dímheas is gráin a tharraingt ar an Am faoi dhochar ar bith a dhéanann sé do áilleacht a chuallaí. Gríosann sé é féin chun cáil shíoraí a ghnóthú dá chara dil sula mbeidh a áilleacht dreoite:

Gluais:

l.1:   **Bé**: an bhandia a spreagann a dhánta;   **balbh**: gan chaint (.i. gan scríobh)

l.3:   **rabharta**: taoide ard an earraigh;   (anseo) mothú ard láidir spreagtha chun filíochta; **duan**: dán

l.4:   **táir**: uiríseal, náireach (Déanann tú na hábhair seo geal ach thú féin dorcha trí scríobh fúthu)

l.5:   **neamartach**: faillíoch, siléagach

l.6:   **míchaite**: caite go dona, curtha amú;   **rannaíocht ard**: filíocht uasal

l.7:   **laoi**: amhrán, dán

l.8:   **éirim**: bunábhar, substaint;   **deismire**: cuma fíordheas

l.9:   **iniúch**: scrúdaigh, grinnigh

l.10: **greannta**: sníofa, buailte as le siséal;   **roc**: iomairín ar an éadan de bharr mheath na haoise (nó buartha)

l.11: **aorthóir**: file a cháineann go géar nó a dhéanann fonóid;   **meath**: dul ar gcúl, cailleadh bhrí na beatha, dul as

l.12: **slad:** scrios

l.14: **sáraigh**: cloígh, buaigh ar ....

124.

Cogadh fógartha ar an Am!

A Bhé, cá bhfuilir? — 's balbh do ghlór rófhada
Faoin ní a thugann duit do chumhacht go léir;
Do rabharta ' bhfuil ar dhuan gan mhaith á chaitheamh?
— Trí shoilsiú ábhar táir ad' dhorchú féin?

Fill, a Bhé neamartach, 's déan slán gan mhoill
An t-am míchaite arís le rannaíocht ard;
Cansa don chluais 'na bhfuil faoi mheas do laoi
'S a thugann éirim 's deismire dod' dhán.

Éirighse, a Bhé; gnúis chaoin mo ghrása iniúch
Is ag an Am roc greannta ansin má chír —
Aon roc — id' aorthóir ar an Meath bíodh tú
'S faoi ghráin i ngach áit slad an Ama bíodh.

Ardcháil níos luaithe tabhair ná dreonn an tAm
Dom' ghrása is sáraigh an speal 's an scian ghéar cham.

Soinéad CI: *(O truant Muse, what shall be thy amends...)*

Is deacair an dán seo a chiallú go beacht. Ceistíonn an file é féin ar dtús faoi conas cúiteamh a dhéanamh san fhaillí a rinne sé san Áilleacht — agus mar sin san Fhírinne de réir fheallsúnacht na linne — mar a luadh ag tús an dáin roimhe seo. Mar fhreagra leithscéalach déarfadh sé, b' fhéidir, nach bhfuil aon ghá ag ceachtar acu, Áilleacht ná Fírinne, le moladh i scríbhinn ná in ealaíon mar gurb iad féin an bhuaic, an togha. Trí gan scríobh faoina chara, foinse aonair na háilleachta agus na fírinne freisin mar sin, a rinne sé an fhaillí; agus cé nach bhfuil seisean ag brath ar an moladh scríofa ní leithscéal é sin le gan scríobh faoi mar gan moltaí an fhile ní mhairfidh cáil a charad go buan mar a thuilleann sé:

Gluais:

l.1:   **cén leasú a bheidh ar...:** conas a dhéanfar leorghníomh nó cúiteamh (san fhaillí a rinne an file trí gan scríobh faoin áilleacht is faoin bhFírinne?)

l.2:   Tá an fhírinne daite go domhain san áilleacht (déanta na fírinne, is ionann iad) — de réir fheallsúnacht na linne.

l.3 is l.4: Tá, mar a míníodh go mion i soinéid roimhe, an áilleacht ag brath ar a chara, a haon fhoinse;   ach is ionann an Fhírinne agus an Áilleacht;   mar sin tá an Fhírinne ag brath freisin air. Ar a chara freisin atá a dhánta — a "Bhé" — ag brath agus tugann sin seasamh ard dóibh.

l.6:   **dathú:** dreachadh (Ní athraíonn dath na Fírinne.)

l.7 is l.8: Níl gá ag an Áilleacht le moladh áibhéalach chun a chruthú go bhfuil sí fíor.

l.8:   **an togha:** an rud, nó an chuid, is fearr;   an scoth

l.9:   **id' thost:** gan labhairt

l.10: **bailbhe:** tost, easpa cainte

l.11: **niafa:** óraithe

l.12: **cianta:** aoiseanna

l.13: **feidhm:** dualgas

l.14: **cian:** i bhfad uainn

125.

"Bíog, a Bhé,
agus buanaigh cáil mo charad!"

Cén leasú a bheidh ar d' fhaillí, a Bhé gan rath,
San Fhír'nne, daite domhain san Áilleacht 'tá?
Táid — Áille is Fír'nne — ar mo ghrása ag brath
 Mar táirse féin, 's bheir sin duit gradam ard.

Tabhair freagra, a Bhé: déarfair, is dóigh, mar ' chím:
"Dathú ón bhFír'nne níl, a dath ós buan,
Ná peann ón Áilleacht chun í a chruthú fíor —
'S é an togha an togha, gan bhreis ná meascadh nua."

Ó nach bhfuil gá é a mholadh, id' thost an bhfanfair?
Ní leithscéal sin dod' bhailbhe, ós tú ' chinnteodh
Mo ghrá thar tuama niafa i bhfad go mairfeadh
Is moladh ard fial go bhfaigheadh trí chianta romhainn.

Déan d'fheidhm, a Bhé: 's lem' mhúineadhsa teaspáin
Don todhchaí chian a scéimh anois mar 'tá.

Soinéad CII: *(My love is strengthened though more weak in seeming;...)*

Míniú níos ceolmhaire ar thost an fhile! Tá a ghrá chomh láidir is a bhí riamh cé nach gcuireann sé in iúl chomh minic é. Is cosúil é leis an bhfiliméala, éan anbhinn, a cheolann gan scíth is a chuireann an choill faoi dhraíocht in oícheanta thús an tsamhraidh. Le taithí rómhór áfach cailleann gach siamsa a thaitneamh agus mar sin i ndeireadh an tsamhraidh éiríonn an t-éan binn ciúin. I dtús a gcairdis bhíodh an file á chomóradh i ndánta uair agus athuair ach, ar nós an éinín cheoil, bíonn sé ina thost tamaill anois chun nach gcuirfeadh sé dóthanacht ar a chara dil:

Gluais:

l.1: **cé laige a ghné:** cé go bhfuil cuma níos laige air
l.2: **cé lú é á theaspáint:** cé nach gcuirtear in iúl chomh minic é
l.3: **earra:** rud a dhíoltar
l.6: **dréacht:** sliocht de amhrán nó dán
l.8: **le hársú laetha:** le himeacht laethanta;   **píob:** sciúch, scornach;   **i dtráth:** tar éis méid áirithe ama
l.10: **tost sí:** lánchiúineas draíochta
l.11: **fiacheol:** ceol fiáin
l.12: **aoibhneas:** ardshonas, sáráilleacht
l.13: **amhail:** ar nós;   **seala:** uaireanta, ar feadh tamaillíní
l.14: **go gcoirfinn:** go sáitheoinn thú; go ndéanfainn dóthanach de thú

126.

Ní binneas go hannaimhe!

Mo ghrá níos láidre tá, cé laige a ghné,
Mo ghrá ní lú, cé lú é á theaspáint:
Ní fearr ná earra aon ghrá a bhfógraíonn béal
An ghráthóra é is a shárluach i ngach áit.

Ár ngrá bhí úr is sin san earrach óg
Nuair ' dhéanainn é a chomóradh i ndréacht is dán;
Amhail Filiméala, i dtús an tsamhraidh ag ceol,
Dúnann le hársú laetha a píob i dtráth:

Ní lú é sult an tsamhraidh ansin ná nuair
A chuir a caointe an oíche faoi thost sí;
Ar gach géag, ámh, is trom an fiacheol dubhach,
'S cailleann gach sult le cleachtadh a aoibhneas caoin.

Amhail ise, mar sin, fanaim seala ciúin —
Níor mhian liom lem' amhráin go gcoirfinn thú.

Soinéad CIII: *(Alack, what poverty my Muse brings forth...)*

Leanann na míniúcháin is na leithscéalta! Déanann an file achasán air féin sa chéad rann faoi chaighdeán íseal is faoi easpa saibhris a dhánta go háirithe nuair a áirítear fiúntas ollmhór agus éagsúlacht leathan a bhunábhair, áilleacht agus mórthréithe a charad. Is mó, adeir sé, luach an ábhair loim leis féin ná leis an moladh a thugann seisean dó. Deir sé lena chara breathnú sa scáthán ionas go bhfeicfidh sé an fáth — éadan a bhfuil a ghnéithe i bhfad thar a chumas fileata. Ba choir uaidh iarracht a dhéanamh ar chuntas a thabhairt ar an aghaidh sin mar ní bheadh de thoradh ar a dhícheall ach lot agus milleadh nuair nach bhfuil aige de chuspóir ach áilleacht agus sárthréithre a charad a léiriú don saol mór:

Gluais:

l.1: **monuar**: faraoir, mo léan; **gortach**: gann, gan saibhreas

l.2: **ollraon**: réimse anleathan; **mórtas**: bród, mórgacht, cumas mór

l.3: **lom**: gan tada leis, gan aon mhaisiú

l.4: **cóirím**: feistím, maisím

l.5: **ná tóg orm**: ná cuir milleán orm

l.6: **láithreoidh**: nochtfaidh chugat

l.7: **cumadh leamh**: filíocht gan bhrí; **sáraíonn**: cloíonn, tá rómhaith do

l.9: **chun leasaithe faoi stró**: ag déanamh móriarrachta chun feabhas a dhéanamh (ar a ábhar, is é sin)

l.10: **loitfinn**: millfinn; **ar fónamh**: gan locht, gan easnamh

l.12: **maise**: breáthacht, ornáid; **craoladh**: scaipeadh go forleathan, fógairt os ard don saol mór

127.

Áilleacht thar insint!

Toradh mo Bhé, monuar, nach gortach é! —
Le hollraon chun a mórtas a theaspáint
Is mó é fiúntas an lomábhair féin
Ná nuair a chóirím é lem' mholtaí im' dhán.

Ó, ná tóg orm nach bhféadaim tuilleadh a scríobh!
Id' scáthán féach, is láithreoidh ann duit gnúis,
Mo chumadh leamh chomh mór sin a sháraíonn,
Fágann gan bhrí mo rann 's náiríonn mo chlú.

'S nár pheaca mór, chun leasaithe faoi stró,
Go loitfinn ábhar, roimhe ar fónamh ' bhí;
Mar ag mo rannta níl ach aon chuspóir —
Do mhaisí 's buanna a chraoladh os comhair an tsaoil;

Is breis, breis mhór, nach féidir ' chur im' rann,
Léiríonn do scáthán duit ach féachaint ann.

Soinéad CIV: *(To me, fair friend, you never can be old...)*

An t-óigfhear ag ársú cheana? Is cosúil go raibh bearna trí bliana idir cumadh an dáin seo agus a réamhtheachtaí. Tugann an file sólás dá chara, a bhfuil buaireamh air b'fhéidir go bhfuil dathúlacht a óige ag trá cheana, nach ndealróidh sé aosta dósan go deo, go bhfuil cuma chomh húr air i gcónaí agus a bhí ar chéad lá a n-aithne. Má tá dul amú air agus go bhfuil meath mall na háilleachta ag tarlú cheana fógraíonn sé do gach ré sa todhchaí go raibh an áilleacht marbh sular tháinig ann don ré sin:

Gluais:

l.1: <u>liomsa</u>: dar liomsa, i mo shúilese;   <u>bheir</u>: bheidh tú
l.2: <u>amhail a bhís</u>: mar a bhí tú
l.3: <u>dealraíonn</u>: tá an cuma ar;   <u>reoch</u>: anfhuar, oighreata
l.4: <u>shíob leo:</u> thóg chun siúil
l.6: <u>triall:</u> gluaiseacht;   <u>chonac</u>: chonaic mé;   <u>claochló</u>: claochlú, athrú go mór
l.7: <u>cumhra</u>: deabholaidh;   <u>gríos</u>: tine dhearg;
l.8: <u>amharc</u>: *amh'rc* — siolla amháin;   <u>glé</u>: angheal
l.10: <u>suíomh</u>: ionad;   <u>siúl</u>: gluaiseacht
l.11: <u>snua:</u> dath an chnis (craicinn);   <u>róchaomh</u>: análainn, anmhín;   <u>seasta</u>: gan athrú
l.12: <u>siúlach</u>: ag gluaiseacht;   <u>tharlódh... shúil:</u> D'fhéadfadh mo shúil a bheith meallta aici
l.13: <u>cluin</u>: clois
l.14: <u>roimh ghealú dhuit:</u> sular las do chéad sholas lae

128.

Folaíonn grá meath?

Liomsa, a chaoinchara, sean ní bheir go deo,
Mar, amhail a bhís ar ár gcéad súil-le-súil,
Do áilleacht dealraíonn fós. Trí gheimhreadh reoch '
Den ghlaschoill shíob leo glóir trí shamhradh úr';

Trí earrach áille úrghlasa i bhfómhair bhuí
Ag triall na séasúr <u>chona</u>c á gclao<u>chló</u>;
'S trí Aibreán chumhra á ndó sa mheitheamhghríos,
Óm' chéad amh'rc ortsa úr<u>gheal,</u> ' tá gléghlas fós.

Mar shnáthaid grianchloig bíonn an áilleacht, ámh,
Ag éalú óna suíomh 's nach léir a siúl;
'S do shnua róchaomh, cé seasta im' radharcsa tá,
Tá siúlach, 's tharlódh meallta aige mo shúil:

'S a ghlúin gan bhréith, cluin seo uaim: roimh do ré,
Roimh ghealú di, samhradh na scéimhe d'éag.

Soinéad CV: *(Let not my love be called idolatry...)*

Séanann an file sa soinéad seo gur íoladhradh atá sa chaidreamh atá idir é féin agus an fear óg. Is é éirim a argóna nach íoladhróir é mar nach bhfuil aige ach dia amháin — an cara óg — a bhfuil sé lándílis dó. Feiceann roinnt scoláirí aithris ar thrí-aontacht Dé sa tríghnéitheacht téama a léirmhíníonn sé sa deireadh:

Gluais:

l.1: **grá**: .i. an mothú; **íoladhradh**: adhradh, guí chuig, déithe nach bhfuil iontu ach dealbha, .i. íola;

l.2: **muirnín**: duine gráite; **ná dealraíodh**: ná bíodh cuma (mar sin) air

l.4: **amhlaidh**: mar sin

l.5: **séimh**: caoin

l.6: **seasmhach**: gan athrú; **feabhas**: sármhaitheas; **fíordhiail**: iontach ar fad is an-neamhghnáthach

l.7: **duain**: dánta

l.8: Toisc nach bhfuil acu ach aon bhuntéama amháin ní cheadaíonn siad aon difríochtaí. (Níl ag an bhfile ach aon "dia"amháin; ag íoladhróirí bíonn líon mór "déithe")

l.9: **éirim**: bunábhar saothair

l.10: **bréithre**: briathra, focail

l.11: Úsáidim mo chumas cruthaithe ar fad ag baint oiread éagsúlachta agus is féidir as an éirim thríghnéitheach seo. (**aireag**: acmhainn an chéadcheaptha nó úrchumtha)

l.14: Ní raibh na trí thréith seo riamh roimhe san aon duine amháin. (.i. cara dil an fhile, a aon "dia "; mar sin is aondiathach an file; ní íoladhróir é)

129.

Íola agus íoladhradh!

Ná tugadh aoinne íoladhradh ar mo fhíorghrá
'S mo mhuirnín dil ná dealraíodh riamh mar íol;
Is <u>faoi</u> aon neach <u>do</u> aon neach, óir, gach dán
'S gach moladh liom 's is amhlaidh beidh ariamh.

Is séimh mo ghrá inniu 's amárach séimh,
Seasmhach de shíor i léiriú feabhais fíordhiail;
Mo dhuain mar sin — ón tseasmhacht riamh nach dtéann
Trí aontacht téama difríochtaí eisiann.

M' aon éirimse, seo é: " breá, caoin is fíor ";
Sin nó " breá, caoin is fíor " i mbréithre nua —
M' aireag uilig san athrú seo <u>ídím</u> —
Trí théama in aon, raon fairsing sin dom' dhuan.

"Breá, caoin is fíor" — minic 'na n-aonar bhí,
'S níor mhair, go nuige seo, le chéile riamh.

Soinéad CVI: *(When in the chronicle of wasted time...)*

Ní raibh sna cuntais go léir ar áilleacht fhear agus bhan sa tseanstair ach réamhfheiscint ar áilleacht chara an fhile. Ní fhaca na seanstairithe lena súile cinn é áfach ach lena léirstineacht amháin agus dá dheasca sin níorbh fhéidir leo cuntas cruinn sásúil a thabhairt ar an áilleacht uilesháraitheach seo. Mar chontrárthacht feiceann a chomhaimsirigh lena súile í ach níl an cumas teanga acusan chun an moladh cuí lántuillte a dhéanamh air:

Gluais:

l.1: **annála**: seanstaireanna; **i ndíth**: imithe ar ceal, caite

l.3: **dréacht**: dán

l.4: **caoinbhean**: bean uasal, bantiarna

l.5: **craoladh**: scaipeadh, fógairt; **scoth**: an chuid ab fhearr

l.6: **braoi**: fionnadh os cionn na súile, fionnadh mala

l.8: **faoid' réir**: faoi do cheannas, i do sheilbh

l.9: **fáistine**: réamhinsint, tuar

l.11: **réamhléirstin**: cumas chun eachtraí nár tharla fós a infheiceáil (le súile na haigne); **ba shúile dóibh**: a bhí acu mar shúile

l.12: **foirfeacht crutha**: cuma gan locht

l.14: Tá súile againn agus tríothu féadfaimid iontas a dhéanamh de do áilleacht uathúil; ach níl béal ná teanga — cumas teanga, is é sin — againn a chuirfeadh ar ár gcumas cursíos go sásúil ar an áilleacht sin.

130.

Fíorú fáistiní!

In annála na laetha i bhfad i ndíth
Cuntais na neach ab áille nuair a léim;
Seandréachta anáille ag láimh na háille á scríobh
Mar mholadh caoinbhan marbh is rid'rí séimh';

Ansin i gcraoladh scoth chaoinscéimh gach ré —
I mbeol, i mbraoi, i láimh, i gcois 's i súil —
Chímse gur mhian le gach peann ársa scéimh
Mar 'tá faoid' réirse anois a chur in iúl.

Ba fháistine, más ea, gach moladh leo
Air seo ár linn — ortsa is réamhchuntais iad;
Réamhléirstin, ámh, amháin ba shúile dóibh;
Is seo níor leor chun d' fhoirfeacht crutha a ríomh:

'S againne anois, na laetha seo a chíonn,
Tá súil chun iontais, béal chun molta níl.

Soinéad CVII: *(Not mine own fears, nor the prophetic soul...)*

Tá an-easaontú faoi dháta is faoi chiall thús an dáin seo. Is soiléir cad is bunéirim dó — athdhearbhú ar bhuaine a ghrá dá chara óg agus ar bhuaine na cáile a bhronnfaidh na dánta seo air. Is é an dáta is dóighiúla ná 1604, bliain chorónaithe Shéamais a hAon tar éis bhás Eilíse. Baintear seo as rann a dó áit a síltear gurb í an Ríon Óg agus a bás atá i gceist sa Ghealach bhásmhar a chuaigh faoi urú; agus gur don tsíocháin a d'fhógair Rí Séamus ag tús a réime atá an tagairt i líne a hocht. Bhí olltubaistí tuartha do am báis na banríona ach níor tharla siad agus seo a d'fhág astralaithe na linne ina n-údair gháire, fiú dóibh féin:

Gluais:

l.1:   **fáidh**: duine a réamhinsíonn an todhcaí

l.2:   **taibhreamh**: brionglóideach

l.3:   in ann an fad a mhairfidh mo ghrá fíor a athrú

l.4:   **críochta**: a chríochnaíonn ag pointe áirithe (san am nó sa spás)

l.4:   Ar socraíodh nach mairfeadh sé ach seal áirithe (**cáin**: pionós)
       Rann 1: Ní bheidh aon neart ag lucht réamhinste na todhchaí, ná ag mo chuid faitíos féin faoina bhfuil i ndán, ar an achar a mhairfidh mo ghrá fíor. Cinneadh (foraithníodh) mar phionós dó — ar nós gach rud saolta — go dtiocfadh sé chun deiridh tar éis faid áirithe.

l.5:   **urú**: an dorchú a tharlaíonn don ghealach nuair a thagann an domhan idir í agus an ghrian

l.6:   **ágar**: duine a thuarann eachtraí ó chomharthaí is ó na réaltaí;   **díol fonóide:** údar deargmhagaidh

l.7:   **buach**: i réim, in uachtar;   **síth**: síocháin, suaimhneas;   **só**: saoirse ó chruatan

l.9:   **ré**: linn, aois

l.11:   **rann**: dánta;   **dá bhuíochas:** dá ainneoin

l.12:   **dúire**: aineolas;   **cnáid**: fonóid, magadh (Beidh an bás ag gáirí faoi na treabhanna gan scríobh nach bhféadfaidh a gcuimhní a bhuanú i ndánta mar a fhéadann an file)

131.

Tuartha bréagach; ach buanbheatha cinnte

Ní bheidh mo eaglaí féin ná anam fáidh
An tsaoil mhóir seo 's é ag taibhreamh faoin am romhainn
In ann aon smacht a fháil ar léas m' fhíorghrá,
Ar tréimhse chríochta an cháin a cinneadh dó.

An Ghealach bhásmhar faoina hurú chuaigh,
Is do ágair a dtuair féin is díol fonóid';
Móramhrais ina gcinnteachtaí tá, buach,
'S an tsíocháin fógraíonn buanré síthe is só.

Faoi anáil mhaoth an ré seo chumhra shéimh
Bláthaíonn mo ghrá, úr, 's géilleann dom an Bás;
Sa rann seo, arae, dá bhuíochas mairfidh mé
Is é faoi dhúire treabh gan scríobh ag cnáid:

'S ann seo beidh duitse buanleacht cuimhneacháin,
'Gus glóir thíorán ar ceal is tuamaí práis.

Soinéad CVIII: *(What's in the brain that ink may character...)*

Faoin athrá ar cuid riachtanach é den dlúthchaidreamh agus faoi bhua an fhíorghrá ar an aois is ar a comharthaí atá an dán seo. Níl acmhainn ná gné intinne ar bith leis an bhfile ar féidir í a chur i bhfeidhm trí scríobh nach bhfuil úsáidte aige chun a mheon lándílis a chur in iúl don ógánach dathúil. Ar nós guí chun Dé ámh caithfear na dearbhúcháin chéanna ceana agus measa a dhéanamh uair ar uair gan smaoineamh ná mothú gur sean iad. Ní bhrathann an grá fíor buan gur aosta riamh é de ainneoin na gcomharthaí seachtracha ach airíonn chomh húrnua is a bhí ar chéad lá an chaidrimh:

Gluais:

l.2: **réal**: léirigh, teaspáin go soiléir
l.3: **clárú**: cur leis an liosta
l.5: **macaomh**: ógánach
l.7: **meas**: ceapadh
l.8: **chéadmhór**: mhol mé go hard an chéad uair
l.9: **buanghrá síor**: grá a mhairfidh go deo; **cor nua**: athrú; **meánn**: áiríonn, brathann
l.10: **meathlú; críonadh**: meath agus dreo; **dubhach**: brónach
l.12: Déanann sé seirbhíseach dó féin den tseanaois. (**seisean**: an buanghrá fíor) (Treisíonn an tseanaois an fíorghrá mar a dhéanann giolla dá mháistir; in áit ligean dó meath agus dul chun báis mar a dhéanann an aois le grá nach bhfuil fíor.)
l.13 is l.14: Feiceann sé an grá mar a bhí sé an chéad lá riamh cé go gceapfaí ón am atá caite ó shin agus ón dealramh seachtrach go bhfuil sé (.i. an grá) marbh.
l.14: **básaithe**: marbh

132.

An buanghrá máistir na haoise

Céard tá sa mheabhair is féidir ' scríobh i ndúch
Nár réal sé cheana dhuit mo spiorad fíor?
Céard nua le rá, le clárú céard tá úr,
Mo ghrása a léireodh nó do mhaitheas chaoin?

Ní ar bith, a mhacaoimh; ach, mar ghuí chun Dé,
Ní mór dom an ní céanna a rá gach lá,
Gan seanrud a mheas sean —"'S liom tú", "'S leat mé" —
Mar ' dúras nuair ' chéadmhór mé d'ainm róbhreá.

'S an buanghrá síor le gach cor nua ní mheánn
Meathlú na haoise ná a críonadh dubhach,
'S do roic dosheachanta ní ghéilleann áit —
Den ársacht déanann seisean giolla buan:

'S dósan an grá faoi staid nuabheirthe is léir,
An tAm 's an Cruth nuair ' d' fhógródh básaithe é.

Soinéad CIX: *(O, never say that I was false of heart...)*

Tréandearbhú dílseachta agus buanchairdis atá sa soinéad seo ar léir gur scríobhadh é tar éis tréimhse ar shiúl. Ba fhusa dó, a fhógraíonn an file, é féin a thréigean ná imeacht óna anam féin atá lonnaithe go buan i gcléibh a charad dhil. Cuma cé na lochtaí a bheadh air, gach duáilce is féidir a bheith in aon duine daonna, ní mhalartódh sé órchiste a chairdis ar faic na ngrást, mar sin a mbeadh sa chruinne uile gan a chara:

Gluais:

l.2: cé gur chosúil go raibh a chroí éirithe fuar nuair a bhí sé as baile.
dhealraigh (sé) i bhfuaire: ba chosúil (air) go raibh sé éirithe níos fuaire

l.3: Ní bheadh sé aon bhlúire ("puinn") níos deacra imeacht uaim féin ná .... (imeacht ó mo anam féin...)

l.5: **ar fán:** ar seachrán, ag taisteal gan chuspóir

l.7: **fíor cóir don am:** dílis (fós) agus ag an am díreach a gealladh;   **ó athrú aige slán:** gan a bheith athraithe ag an am (as baile)

l.8: **uisce:** deora aithreachais

l.11: **míofar:** fíorghránna;   **í:** mo fhuil

l.12: **ar:** mar mhalairt ar, chun (neamhní) a fháil.

l.13: **an Uile:** gach rud ábhartha atá ann, grianta, réaltaí, galacsaithe, ...;

l.14: **m'uile mhaoin:** gach maoin (saibhreas) atá agam

133.

Dílis dá áitreabh grá

Ó ná cuir choíche im' leithse bréige croí,
A theas cé dhealraigh i bhfuaire is mise ar shiúl!
Níor dheacra dom mé féin a fhágáil puinn
Ná m' anam féin a luíonn id' chliabh go buan.

Sin m' áitreabh grá: 's má chuaigh mé as ar fán,
Mar dhuine a thaistil fillim chuige arís,
Fíor cóir don am, ó athrú aige slán
Is uisce beirim liom lem' smál a ní.

Choíche ná creid, cé rialaigh im' ná<u>dúr</u>
Gach laige a d' ionsaigh gach saghas fola riamh,
Go bhféadfadh smál chomh míofar í ' dha<u>thú</u>
Go dtréigfinn d' ollmhéid maitheasa ar neam<u>hní.</u>

Mar neamhní ar an Uile fhairsing glaoim,
Ach ortsa, a róis liom: 's tú ann m' uile mhaoin.

Soinéad CX: *(Alas 'tis true, I have gone here and there...)*

Admhaíonn an file gur chiontaigh sé i mídhílseacht le linn a sheala as láthair; gur theip sé air féin, go ndearna ceap magaidh de féin os comhair an tsaoil is gur chuir sé i leataobh smaoineamh ar bith ar an dílseacht. Tá sé dearfa ag a dheireadh seo ar fad áfach go ndearna an t-eatramh a leas: léiríodh fíorluach iomlán ghrá a charad dó agus ós cinnte nach dtarlóidh a leithéid arís déanann sé achainí ó chroí ar a chompánach maithiúnas iomlán a thabhairt dó:

Gluais:

l.2:   **amhlóir**: fear grinn, amadán

l.3:   **smálaigh**: chuir smál ar ...;   **róshaor**: ar luach róíseal

l.4:   D'athchiontaigh mé i sean-mhídhílseachtaí de thoradh claonta nua

l.6:   **ar fiar**: i leataobh, go neamhdhíreach;   **le coimhthíos**: mar stróinséir;
         a bhfuil thuas: dia is na flaithis is a bhfuil ann

l.7:   **seachráin**: fánaíocht, siúlta ar fán

l.8:   **gur tú is fearr grá**: gur agat atá an grá is fearr

l.9:   **a mbeidh gan chríoch**: an rud a mhairfidh go deo — a ghrá

l.10: **líomhfaidh**: géaróidh, cuirfidh faobhar ar

l.11: **ar phromhadh nua**: ag baint trialach as samplaí nua;

l.12: **a lán-iniann mo réim**: a bhfuil mise is mo shaol ar fad gafa istigh ann

l.13: **nach fearr ach neamh amháin**: arb é neamh, na flaithis, an t-aon ní amháin atá níos fearr nó níos sonasaí.

l.14: **íon**: glan, gan truailliú

134.

Admháil ciontachta
is achainí ar mhaithiúnas

Mo léan, is fíor é: 's iomaí áit a bhíos
Is amhlóir rinn díom féin i súile an tslua;
Smálaigh mo mheon 's róshaor mo sheod dil dhíol
Is cionta seana rinn de thaitnimh nua;

Gur bhreathnaíos ar an dílseacht, is rófhíor,
Ar fiar, le coimhthíos; dar a bhfuil thuas, ámh,
Na seachráin seo thug óige nua dom' chroí,
'S trí dhrochghrá a thriail chruthaíos gur tú is fearr grá.

A chríoch sin! Bíodh agatsa a mbeidh gan chríoch;
'S mo ghoile arís go deo ní líomhfaidh mé
Ar phromhadh nua chun cara is sine a thriail,
Dia mór sa ghrá a lán-iniann mo réim.

Cuir fáilte romham, nach fearr ach neamh amháin,
Id' chliabhrach róghlan íon 's de ghrá líon lán.

Soinéad CXI: *(O, for my sake do you with Fortune chide...)*

Mar fhorbairt ar a leithscéal faoina mhídhílseacht míníonn an file gur ar bhandia an áidh atá an milleán faoin scéal; mar níor dheonaigh sí dó ach breith agus oiliúint agus obair ag leibhéal íseal sóisialta, rud a d'fhág lorg buan ar a thréithe is ar a iompar, faoi mar a fhágann an t-ábhar lena n-oibríonn dathadóir smál domhain dochealaithe ar a lámha. Tá an lorg, an smál, seo atá air mar a bheadh drochghalar tógálach agus tá sé sásta aon chúrsa leighis dá dhéine is dá mhíthaitneamhaí é a leanacht chun é féin a shlánú:

Gluais:

l.1: **aifirt**: achasán; easmail í, cáin í lena héadan faoina ndearna sí

l.2: **cionta**: coireanna, drochghníomhartha

l.3: **puinn**: rud ar bith

l.4: **acmhainn**: maoiniú is áiseanna; **béas**: bealach (iompair), nósanna

l.5: **mírian**: drochlorg

l.6: **dathadóir**: fear a chuireann dath ar éadaí

l.7: **meán oibre**: an lacht daite lena n-oibríonn sé; **faoi shrian**: teorannta

l.8: **athchlaochlú**: athrú iomlán

l.9: **othar**: duine breoite

l.10: **foracún**: deoch mhór; **tréanghalrú**: breoiteacht throm

l.12: Tá sé sásta rud ar bith eile a chaitheamh mura n-éiríonn leis an gcéad chúrsa leighis

135.

Lochtú an Áidh is rún leasaithe

Ó, ar mo shon déan aifirt ar an Ádh,
An bhandia as mo chionta freagrach ' bhí,
Nár sholáthraigh dom shaolsa puinn níos feárr
Ná acmhainn _phoiblí_ is tríthi béas poib_lí_.

'S uaidh sin ar m' ainmse atá marc domhain, mírian;
Is mar lámh datha_dó_ra mo ná_dúr_
Ag a mheán oibre tá faoi smál 's faoi shrian;
Gabh trua dom 's iarr id' mhian dom athchlao_chlú_;

Agus, mar othar fonnmhar, ólfaidh mé
Foracúin _fí_néagair don tréanghal_rú_
'S ní mheasfad searbh an tseirbhe is géire féin
Ná athphio_nós_ lem' leigheas a athchear_tú_.

Gabh trua, a chara dhil, dom is dearbhaím féin
Gur leor dom uait lem' leigheas do thrua shéimh.

Soinéad CXII: *(Your love and pity doth th' impression fill...)*

Tá a mhídhílseacht maite anois agus léiríonn an file a bhuíochas dá chara agus a dhímheas iomlán ar thuairimí an tslua faoi féin. Óna chara amháin a chaithfidh sé fios a bhuanna is a lochtaí féin a fháil dá dhéine sin air agus is dó sin amháin a leasóidh sé a bhéasa chun maitheasa nó oilc. Sa pholl dubh is domhaine a chaithfidh sé feasta tuairimí an tsaoil mhóir agus dúnfaidh sé a chluasa is a chéadfaí uile orthu. Is róchuma leis fúthu is faoina gclaontuairimí mar tá intinn a charad lánaontaithe lena intinn féin:

Gluais:

l.1: **lorg**: rian, eitir

l.2: **daoscar**: gramaisc, slua garbh gan mhíneadas

l.3: **cé am' mholadh (cháineadh) ' bhíonn:** cé bhíonn do mo mholadh (cháineadh)

l.4: **chúns**: chomh fada is go ...; **bua**: suáilce, deathréith

l.5: **uile**: gach rud; an Chruinne — an domhan, an spás amuigh is a bhfuil ann.

l.6: **dá dhéine an stró:** is cuma cé chomh dian is a bhíonn sin orm

l.7: **leasóidh**: athróidh; **neach nach tú:** duine ar bith seachas tusa; **chun oilc nó séin:** I dtreo donais nó maitheasa (chun feabhais nó donais)

l.8: **cruachmheon**: intinn chruach, intinn anchrua; **faghartha**: cruaite mar a bhíonn an t- iarann a phróiseáiltear chun cruach a dhéanamh de.

l.9: **duibheagán**: aibhéis, poll andomhain

l.10: **faoi iamh:** dúnta

l.11: Tá nathracha bodhar de réir seanfhocal agus in ann a gcluasa a dhúnadh (mar sin: Tugaimse cluas bhodhar don méid a deir an saol mór.)

l.13: **beart**: gníomh, intinn; **fite**: dlúth le chéile mar a bhíonn snáithíní éadaigh

l.14: gur dóigh le gach duine ach liomsa go bhfuil tú marbh.

136.

Bodhar ar an saol

Do ghrása dom 's do thrua an domhainlorg sin líon
A bhuail an daoscarscannal ar mo ghnúis;
Cé am' mholadh is cuma, óir, ná cé am' cháineadh' bhíonn,
Chúns ceileann tusa m 'oilc 's aithníonn aon bhua.

Is uaitse, óm' Uile, is gá fios ' fháil — ód' bhéal —
Ar gach locht liom is bua, dá dhéine an stró;
Ní leasóidh neach nach tú chun oilc nó séin
Mo chruachmheon faghartha dom, ná mise dó:

Caithim i nduibheagán chomh domhain gach buairt
Faoi chaint duine eile ar bith go bhfuil faoi iamh
Mo nathairchéadfa ó mholadh 's cháineadh crua;
Is féach an fáth nach cás liom meas an tsaoil —

I ngach aon bheart liom fite táir chomh dlúth,
Gur marbh le cách sa saol ach liomsa tú.

Soinéad CXIII: *(Since I left you, mine eye is in my mind...)*

Cursíos atá anseo ar an gcorraíl intinne agus mothúchán a chuir a scarúint óna chara ar an bhfile. Tá a shúile dá bharr seo trína chéile ar fad! Is cuma céard air a bhféachann sé ní fhanann a íomhá sin fada go leor sa tsúil chun go seolfaí í go dtí an intinn, lárionad an réasúin, is go n-oibreodh sé sin air; ná go dtí an croí, lárionad na mothúchán, is go n-oibreoidis sin air. Is amhlaidh a chlaochlaíonn an tsúil gach íomhá láithreach ina samhail den ógfhear dathúil agus sin a shroicheann an intinn agus an croí. Is léir don fhile an chúis: tá a aigne chomh lán dá chara nach bhfuil áit inti do aon íomhá eile agus cuireann sin ar an tsúil gach íomhá eile a athrú:

Gluais:

l.2: **í siúd**: a shúil

l.3: **feidhm**: an obair atá le déanamh aici;   **scothdhall**: beagnach dall;   **monuar**: mo léan

l.4: **dealraíonn go bhfeiceann**: is cosúil go bhfuil radharc inti;   **is múchta a brí**: tá sí gan éifeacht

l.5: **seolann**: cuireann

l.6: **cuma**: crot, cruth, déanamh (atá ar rud);   **gabhann**: beireann sí ar (íomhánna)

l.8: **dá foghail**: den mhéid a mbeireann sí air

l.9: **garg**: míchumtha, gan mhíne

l.10: **gnaoi**: éadan, áilleacht;   **anchúinseach**: thar nádúr míchumtha;   **bréan**: déisteanach

l.11: **caomh**: taitneamhach, breá

l.12: **colúr**: éan (gaolmhar don cholm);   **cág**: éan dubh (carróg);
múnlaíonn sí iad id' ghné: cuireann sí an cuma céanna orthu is atá ortsa

l.13: **tuilleadh**: níos mó;   **leatsa ag cur thar maoil:** ó tá sí rólán díotsa

l.14: **rófhíor**: anfhíor ar fad (fíor – dílis, neamhchalaoiseach – don chara atá intinn an fhile; neamhfhíor – míchruinn – atá a shúil)

137.

Galar na súile buile !

Ó d' imíos uaitse im' intinn 'tá mo shúil
'S í siúd, a stiúraíonn mé i mo ghluaiseachtaí,
Tréigeann a feidhm is tá scothdhall, monuar —
Dealraíonn go bhfeiceann ach is múchta a brí;

Don chroí, arae, aon chruth ní sheolann sí
De éan nó bláth nó cuma ar bith dá ngabhann;
Dá nithe beo aon chuid san intinn níl,
'S ní choinnítear 'na radharc aon chuid dá foghail;

Mar bíodh an t-amh'rc a chíonn sí garg nó maoth,
Gnaoi bhámhar chaoin nó brúid anchúinseach bhréan,
Sliabh ard nó muir, dubhoíche nó lá caomh,
Colúr nó cág, múnlaíonn sí iad id' ghné:

Gan áit do thuilleadh, leatsa ag cur thar maoil,
M' intinn rófhíor déanann mo shúil neamhfhíor.

Soinéad (??) CXXVI: *(O thou my lovely boy, who in thy power...)*

Tugann an neamhshoinéad smutaithe míshásúil seo na dánta chun an ógánaigh chun críche. Deir sé leis go bhfuil seilbh aige ar chomharthaí is uirlisí an Ama, a ghloine is a chorrán, is cumhacht aige ar an uair a n-úsáidtear an corrán, uair an bháis. Tá an Nádúr á choinneáil gan mheath chun an t-Am a náiriú ach ní mór dó a bheith cúramach mar beidh uirthi a fiacha a íoc luath nó mall leis an Am; agus b'fhéidir gurb eisean, an tseoid is luachmhaire ar fad atá aici, a thairgfidh sí mar íocaíocht:

Gluais:

l.1:   __macaomh__: ógánach;   __niamhrach__: angheal ar fad, análainn
l.2:   __corrán-uair:__ uair an bháis
l.3:   __tríd' mheath féin:__ trí dhul in aois
__l.4:__   Tá do ghráthóirí ag meath de réir mar atá tusa ag fás.
l.5:   __ríon__: banríon;   __gan phlé__: gan aoinne atá ag iarraidh a corónach
l.6:   __sracadh__: tarraingt go láidir, sracaí a bhaint as ...
l.7:   __stuaim__: oilteacht, innealtacht, scil
l.9:   __ainsín__: duine a bhfuil gean faoi leith (ag an Nádúr) air
__l.10:__   Tá cead aici a stór a choinneáil ach ní go deo é
l.11:   __is éigean é:__ Caithfear é a dhéanamh

138.

Ailcheimic nó plámás?

Ólann — an ea? — ós tú a coróin bhuach,
Mo intinn íotach plá gach rí, an plámás? —
Nó an mar seo atá: gur fíor a ndeir mo shúil
'S Ail*cheimic* mar seo di gur mhúin do ghrá: —

As arrachtaí 's anchúinseachtaí thar ríomh
Aingil a dhéanamh i do riocht caoin séimh,
Is scoth lánfhoirfe a chruthú as gach díogha
Chomh mear 's a chruinníonn nithe faoina léas? —

'S é an chéad rogha é! — an plámás, 'tá im' amh'rc,
Óltar ag m' intinn le fonn ríúil é;
'S ró-eol dom' shúil gach blas léi siúd is rogha
'S *réitíonn* sí an corn chun taitnimh léi dá réir:

Más nimhiúil é, is lúide a coir don tsúil
Gurb ise a bhlaiseann de, le grá, ar dtús.

Soinéad CXV: *(Those lines that I before have writ do lie...)*

Is cosúil gur dhearbhaigh an file i ndán roimhe nach bhféadfadh a ghrá don mhacaomh a bheith níos mó. Bréagnú agus cosaint in éineacht ar an dearbhú sin atá sa dán seo. Ag an am cheap sé go raibh a ghrá níos mó ná aon ghrá eile; chomh maith leis sin smaoinigh sé ar an gcaoi chealgach a n-athraíonn an t-am gach rud: a chreimeann chun siúil na móideanna is láidre; a athraíonn dlithe diana ríthe is a dhéanann na hintinní is daingne rún guagach, athraitheach. Is dá bharr sin a rinne sé an ráiteas arb eol anois dó é a bheith earráideach. Tuigeann sé anois áfach gur báb é an grá atá síor ag fás (Cúipid ar ndóigh!):

Gluais:

l.4: **bladhm**: lasair anláidir (an ghrá); **lán**: chomh mór is d'fhéadfadh sé a bheith; **ar ball**: tar éis tréimhse áirithe

l.5: **mheáigh mé**: smaoinigh mé ar gach gné de ....; **sníomhann**: casann arís is arís

l.6: **dianreacht**: dlí daingean

l.7: **seargann**: críonann tríd an taise a bhaint as; **maolaíonn**: baineann an faobhar de

l.8: **guagaíl**: athraitheacht, éiginnteacht

l.10: **nach n-abróinn**: nach ndéarfainn

l.11: **dearbh thar amhras**: cinnte agus gan an t-amhras is lú orm; **ag baint barr bua**: ag baint an tairbhe ba mhó ab fhéidir

l.14: agus mé ag maíomh go raibh rud (a ghrá), a bhí ag fás an t-am go léir, lánfhásta

139.

Grá atá síor ag fás

Na línte a scríobhas cheana is bréagach iad,
A dúirt nach bhféadfainn thusa a ghrá níos dile:
Ansin aon chúis níor léir dom' réasúnaíocht
Go ndófadh mo bhladhm lán ar ball níos gile.

Ach mheáigh mé an tAm a shníomhann míle lúb
Trí mhóid thar móid 's a athraíonn dianreacht rí;
A sheargann scéimh 's a mhaolaíonn géire rúin
'S chuig guagaíl fhann ' chasann tréanmheoin dá slí:

'S le sceon roimh bhrúid an Ama ansin cén chúis
Nach n-abróinn: "Gráim anois thú thar gach grá" —
Mé dearbh thar amhras is ag baint barr bua
Den uair bheo nuair nár chinnte a raibh i ndán?

Is báb an grá; ach seo níor fhéad mé a rá
'S mé ag lua fás lán leis sin 'tá síor ag fás.

Soinéad CXVII: _(Accuse me thus, that I have scanted all...)_

Fillimid arís ar na leithscéalta is ar mhínithe an fhile ar a sheal mídhílseachta. Os comhair chúirt intinn a charad admhaíonn sé gach coir: faillí iomlán i ngrá dá chara; diomailt a chuid ama, am a cheannaigh a chara go daor, i gcomhluadar intinní strainséartha; toiliúlacht agus dearmaid de alán cineálacha. Deir sé leis an óganach é seo uile a scríobh sa leabhar fianaise agus an cás a mheas go cothrom air sin; radharc ghunna a fheirge a dhíriú air ach gan é a lámhach le fuath. Bunaíonn sé a achomharc in aghaidh bhreith an bháis ar a mhaíomh gur ag cur ghrá a charad faoi thriail a bhí sé:

Gluais:

l.1: **failligh**: déan faillí i ...;
l.2: **a dhíol:** a íoc, a ghlanadh
l.4: **snaidhmeann**: ceanglaíonn;   **nasc**: rud ("fórsa") a cheanglaíonn, a aontaíonn, daoine i gcaidreamh
l.5: **coimhthíoch**: strainséartha
l.6: **daorghnóite**: a saothraíodh go daor (An ceart a bhí tuillte ag a chara trína bhearta cairdis ar a chomhmhaith de ghníomhartha ón bhfile thug seisean uaidh é don Am, .i. don am a chuir sé amú lena "chairde" nua)
l.7: **chroch**: ardaigh;   **le fonn**: le díocas;   go háthasach
l.8: **dhíbreodh**: thiomáinfeadh;   ruaigfeadh;   **ó raon do shúl**: as do amharc
l.9: **toiliúlacht**: mífhonn éisteacht le comhairle agus fonn a rogha ruda féin amháin a dhéanamh
l.10: **léirmheas**: meáigh
l.11: an fhearg anseo mar a bheadh gunna ann
l.12: **múscailte**: dúisithe;   **scaoil fúm**: lámhaigh liom
l.13: **achomharc**: achainí dhlithiúil in aghaidh breithe cúirte

140.

Triail chothrom
agus breith de réir na fianaise...

Cuir seo im' leith: gur fhailligh mé gach ní
'Nar chóir dom m' fhiacha móra a dhíol leat féin;
Aon chuairt nár thugas ar do ghrá dil, caoin,
A snaidhmeann, lá ar lá, gach nasc leis mé;

Gur mhinic ar mheoin choimhthíocha mo thriall
'S gur thug don Am do cheart daorghnóite uaim;
Gur chroch mé seol le fonn i mbéal gach gaoith'
Is faide a dhíbreodh mé ó raon do shúl;

Mo <u>thoili</u>úlacht 's mo <u>dhear</u>maid sa leabhar scríobh
'S ar fhianaise chóir cheart léir<u>mheas</u> an chúis;
Tabhair mé faoi radharc do fheirge is dírigh í,
Id' fhuath múscailte, áfach, ná scaoil fúm.

Seo a deir m' a<u>chomharc</u>, arae — ag iarraidh bhíos
Seasmhacht is feabhas do ghrá a chur faoi thriail.

Soinéad CXVIII: *(Like as to make our appetites more keen...)*

Míniú gach mínithe! Tá an léirmhíniú deireannach seo ar a imeacht ón iompar is dual do dhlúthchara dílis bunaithe ar chleachtais is ar bhunsmaointe leighis na linne. Chuireadh daoine tinneas orthu féin le purgóid chun galrú a sheachaint. Bhí sé líon lán de mhilseacht a charad agus bail lánsláintiúil ar a chaidrimh phearsanta ach chuir sé breoiteacht orthu seo chun nach dtiocfadh drochthinneas níos deireannaí othu! D'imigh sé thar fóir leis seo áfach, rinne nósanna seasta de na drochghníomhartha agus sin ba údar lena shárú dílseachta fada. Aithníonn sé anois ámh gur nimh a bhí san ábhar leighis a roghnaigh seisean:

Gluais:

l.1:   **le haidhm ... géire:** chun ár ngoilí a ghéarú

l.2:   **cógas spreagúil:** deoch leighis a thugann fuinneamh;   **á bhrostú:** á dhéanamh gníomhach

l.3:   **teacht roimh:** cosc roimh ré;   **galraithe:** tinnis a thógtar

l.4:   **breoitear:** déantar breoite;   **purgú:** glanadh an choimpléisc (trí fhearadh a bhrostú)

l.5:   **sátháionn:** déanann dóthanach

l.6:   **anlann:** bia lachtúil a fheabhsaíonn blas phríomhábhar an bhéile;   **tráth:** bia, béile

l.7:   **d'aimsigh:** fuair;   **cuíosacht:** cuibheas;   **sláine:** staid shláintiúil

l.9:   **beartaíocht:** straitéis

l.10: **suite:** socraithe, seasta

l.11: **bail:** staid

l.12: **bréan:** truaillithe;   **athshlán:** sláintiúil arís

141.

Is fearr cosc ná leigheas??

Amhail ' bhíonn, le haidhm ár ngoilí a thabhairt chun géire,
Ár mblas le cógas spreagúil á bhrostú;
Nó, fós, chun teacht roimh ghalraithe nach léir iad,
Breoitear, mar chosc ar bhreoiteacht, le purgú;

Mar sin, líon lán ded' mhílseacht, riamh nach sáthaíonn,
D' anlanna searbha d'athraigh mé mo thráth;
Is d'aimsigh cineál cuíosacht', tinn dem' shláine,
Im' ghalrú féin 's gan fós leis aon fhíorghá.

Mar sin mo bheartaíocht ghrá — teacht roimh gach olc
Nach raibh fós ann — 'na lochta suite d'fhás
Is chuir faoi leigheas bail lánsláintiúil gan locht
A dhéanfaí, bréan trí mhaith, le holc athshlán.

Ach foghlaimím uaidh seo 's an ceacht tá fíor:
Drogaí gur nimh don té a bhí díotsa tinn.

Soinéad CXIX: *(What potions have I drunk of Siren tears ...)*

Déanann an file cursíos ar an tinneas a chuir sé air féin trína mhí-iompar, fiabhras mire ar dhíbir a thaomanna a shúile as a loig. Gairdeas a dhéanann sé sa deireadh faoinar tháinig de mhaith as an olc seo: an caidreamh láidrithe agus brabús mór aige atá trí huaire chomh mór leis an méid a chaith sé:

Gluais:

l.1: __diail__: an-neamhghnáthach ar fad; __leannta__: lachtanna, deocha a bhfuil brí leithleach iontu; __Síréana__: neach baineann miotasach a mhealladh mairnéalaigh chun a mbáis le binneas amhrán (le leannta dá ndeora a mheall na Síréanaí ár bhfile óna chara, is cosúil)

l.2: __driogadh__: ullmhaíodh trí bheiriú, ghailiú agus chomhdhlúthú mar a dhéantar biotáillí; __bréan__: salach, míchumhra

__l.3:__ ag iarraidh olc amháin a dhíbirt le holc eile

l.4: __gnóiteach__: ag gnóthú

l.5: __míofar__: uafásach

l.6: __suite de__: dearfa, cinnte

l.7: __cuas__: log; __díbríodh__: ruaigeadh; tiomáineadh

l.8: __mearbhall__: seachmall, seachrán intinne; __geilt__: duine buile, as a mheabhair

l.9: __tairbhe__: leas, maith

l.10: __níos fearr... fós:__ Bhí a chaidreamh leis an ógfhear i gcónaí níos fearr ná aon choibhneas eile; anois de bharr an oilc a rinne sé tá sé níos fearr fiú ná mar a bhí.

l.11: __atógtar__: cuirtear le chéile arís

l.14: __ar chaitheas__: an mhéid a chaitheas

142.

Is olc an ghaoth...

Nár dhiail na leannta deor Síréana d'ólas,
A driogadh i soithí, bréan mar ifreann ' bhí,
Dóchais ar eagla á n-oibriú 's eaglaí ar dhóchas,
Síorchaillteach nuair a shíl gur gnóiteach ' bhíos!

Nach míofar iad na botúin ' rinn mo chroíse,
É suite de gur shona é ná riamh roimhe!
Mo dhá shúil as a gcuasa féin gur díbríodh
Ag mearbhall mallaithe an gheiltfhiabhrais bhuile!

Ó tairbhe an oilc! Anois gur fíor, is léir,
Níos fearr ag olc go ndéantar níos feárr fós;
'S an grá atá millte nuair ' atógtar é,
Éiríonn níos áille, láidre i mbrí go mór.

Is fillim, cáinte, chuig mo shástacht féin
'S trí huaire ar chaitheas gnóthaím trí olc é.

Soinéad CXX: *(That you were once unkind befriends me now...)*

An t-olc a rinne a chara air tráth déanann maith don fhile de anois — mámh go deimhin — mar cuireann sé ar an óigfhear a bheith tuisceanach maiteach mar a bhítheas leis féin. Buaileann taom aiféala an file ach cuimhniú ar a throime is a buaileadh é féin ag éagóir a charad mar lánléiríonn seo dó an méid a d'fhulaing an t-ógánach uaidh. Dá mbeadh cuimhnithe in am aige ar mhéid a bhróin féin bheadh a chion admhaithe go humhal níos luaithe aige agus pian a charad dhil suaimhnithe roinnt. Mar atá, fuascailt dhéthreomhar atá sa scéal; fuasclaíonn cion nua an fhile an cara óna sheanchiontacht agus fuasclaíonn seanolc an charad an file óna choir nuadhéanta:

Gluais:

l.1:   **éagaoin**: míchineálta, cruálach

l.2:   **d'airigh**: mhothaigh

l.3:   **féitheoga**: matáin;   **cruach**: iarann faghartha

l.3:   **gan... phrás**: mura mbeadh féitheoga cruach nó práis agam, bheinn lúbtha, camtha síos faoi throime na coire.

l.5:   **éagaoineas**: míchineáltacht, cruálacht

l.6:   **seal in ifreann bhís**: Bhí tú ar feadh tréimhse in ifreann.

l.8:   **le meá**: chun a thomhas nó a ríomh

l.10:   **dom' bhrath**: do mo mhothúcháin

l.11:   **i dtráth maith**: go maith in am

l.12:   **ungadh**: ábhar leighis bog leathlachtach a chuirtear le cneácha (anseo admháil umhal ciontachta is iarratas ar mhaithiúnas atá i gceist);   **cliabh**: ucht;   **gonta**: gortaithe, créachtaithe

l.13:   **tiontaíonn**: athraíonn

l.14:   **athfhuasclaíonn**: ceannaíonn ar ais;   saorann arís

143.

Fuascailt dhíbhlíonach
- cor in aghaidh an chaim!

Lem' leas-sa anois go rabhais éagaoin chugham tráth;
'S le cuimhne an bhróin, ansin a d'airigh mé,
Gan féitheoga den chruach fhuar nó den phrás
Chaithfinnse lúbadh anois faoim' thromchion féin.

Má buaileadh thusa ansin, óir, ag m' éagaoineas
Mar buaileadh mise, seal in ifreann bhís;
'S níor thugas-sa, tíoránach, aon am smaoinimh
Le meá chomh mór faoid' chionsa a d'fhulaingíos.

Faraoir nár chuir oíche úd mo bhróin i gcuimhne
Dom' bhrath is domhaine an brón chomh crua is 'tá;
'S i dtráth maith dhuit, mar tusa dom, nár shín sí
An t-ungadh umhal séimh, don chliabh 'tá gonta is feárr.

Do chion, ámh, 'na réamhíocaíocht tiontaíonn sé:
Athfhuasclaíonn m' olc do chion 's do chionsa mé.

Soinéad CXXI: *('Tis better to be vile than vile esteemed...)*

Tugann an file anseo slat dá dtomhas féin do lucht cáinte a shiamsa gan dochar. Deir sé go bhfuil sé chomh maith ag duine a bheith lábánta mímhorálta más mar sin a fheicfear a iompar do mheoin shaofa lucht biadáin agus gan aon bhunús leis. Ní léir dó fáth ar bith go mbeadh seisean gan siamsaí nach bhfeiceann sé féin dochar ar bith iontu chun fiosróirí daoscair-mheonacha cabacha a shásamh. Sin nó cruthaídis gur fírinne uilechoitianta é go bhfuil gach duine sa saol náireach agus urchóideach:

Gluais:

l.1: **táir**: náireach, gan uaisleacht ná moráltacht;   **mímheasta**: faoi bhreithiúnas earráideach

l.2: nuair a lochtaítear faoi mhímhoráltacht duine nach ndéanann aon rud mímhorálta

l.3: **sult**: scléip

l.4: **brath**: mothú, aireachtáil;   **saobhamharcach**: a fheiceann in iompar daoine gnéithe nach bhfuil ann

l.5: **truaillí**: anuasal, táir

l.6: **mianach macnasach**: ábhar a chuireann dúil sa scléip ionam

l.7: .i. cén fáth go bhfuil spéis i mo chuidse laigí ag daoine cunóracha ar laige fós ná mé féin iad.

l.10: **iolraíonn**: méadaíonn (i líon, mar is cion a bheith ag milleadh clú daoine san éagóir)

l.11: **cas**: lúbach, cluanach, calaoiseach

l.13: **uilíoch**: uilechoitianta, fíor i ngach cás

144.

Feiceann súil shaofa saol saofa?

Is fearr ' bheith táir ná ' bheith mar tháir mímheasta,
Gan ' bheith mar sin nuair ' cháintear faoi bheith amhlaidh,
'S go gcailltear sult lánchóir, 'na olc a cheaptar,
Ní ag ár mbrath féin ach ag dream saobhamh'rcach:

Le súile truaillí aon neach eile bheo
Mo mhianach macnasach cén fáth gur spéis?
— 'S mo laigíse le spiairí is laige fós,
Ar dona leo gach siamsa is maith liom féin?

Is mise an ní seo is mé, 's iad siúd a <u>dh</u>íríonn
Ar mo chuid cionta iol<u>raíonn</u> siad a gcuid féin:
Féadfaidh gur díreach mise is cam, cas iadsin —
Ná hinstear mo ghníomha ag meoin chomh bréan!

An t-olc uil<u>íoch</u> seo mura gcruthaíd fíor,
Gur dona cách, 's i ndonas go rial<u>aíonn</u>.

Soinéad CXXII: *(Thy gift, thy tables, are within my brain...)*

Tá leithscéal agus míniú sa dán seo chomh maith ach faoi ábhar níos éadromchúisí — faoi mhímheas ar bhronntanas a fuair an file. Leabhar nótaí is cosúil a bhí ann a thug an file uaidh. Dearbhaíonn sé go tréan go bhfuil gach rud a bhí breactha iontu scríofa aige ina chuimhne i litreacha a mhairfidh níos faide go mór ná cuid an leabhair; go bhfuil thar aon ní eile taifead a charad agus a chairdis greanta ansiúd go lá a bháis, nach bhfuil aon ghá aige le nótaí scríofa ná le scóir chun stair a gcaidrimh a athmheabhrú. Dá mbeadh gá le cúnamh cuimhne dá leithéid ba chomhartha ar lagú cuimhne nó cairdis é:

Gluais:

l.1:   **tabhartas**: bronntanas;   **táibhlí**: gnáthleabhar (aistí, nótaí)

l.2:   **taifead**: cuntas caomhnaithe

l.3:   **scuain gan aird:** liosta (litreacha) scríofa nach fiú féachaint orthu

l.4:   **thar**: níos faide ná;   **don tsíoraíocht .... bruach**: go dtí líne tosaithe na síoraíochta nó an tsaoil eile

l.5 is l.6: chomh fada is a bheidh mo chroí is mo inchinn beo

l.7:   **go ngéillid:** go dtí go dtugann siad uathu;   **dubhdhearmad**: díchuimhne iomlán

l.8:   **ar iarraidh:** gan a bheith ar fáil, caillte;   **comhad**: taifead

l.10:   **ríomh**: insint (chun é a insint dom);   **scóir**: cuntais (bataí eitrithe)

l.11:   **leomhaigh mé:** bhí sé de ghus ionam;   **a mbronnadh uaim:** iad a thabhairt uaim

l.12:   **taiscíonn**: caomhnaíonn (ó tá tú sa leabhar is fearr chun tú a chaomhnú;   .i. in intinn an fhile)

l.13 is l.14: Ba chomhartha shoiléir é cúnamh cuimhne ar bith go mbeadh mo chuimhne ag teip orm.

145.

An bronntanas a tugadh ar shiúl!

Do *thabhartas táibhlí fós im' inchinn tá*
Lánscríofa i dtaifead cruinn le cuimhne bhuan,
A mhairfidh leo lastuas den scuain gan aird
Thar gach lá beo, don tsíoraíocht féin go bruach;

Nó, ar a laghad, a fhad 's ón Nádúr bíonn
I gcroí is in inchinn cumas fanacht beo;
'S go ngéillid don dubhdhearmad a gcuid díot
Ní fhéadfaidh ' bheith ar iarraidh riamh do chomhad.

Lagchuimhne an leabhair ní choinneodh sin chomh buan
Is led' ghrá a ríomh le scóir agam níl gá;
Is leomhaigh mé, mar sin, a mbronnadh uaim,
Sna táibhlí is feárr a thaiscíonn thú ó táir.

Cúnamh agam le cuimhneamh ort ba léir
An chomhartha dearmaid is díchuimhne orm é.

Soinéad CXXIII: *(No! Time, thou shalt not boast that I do change....)*

An Scriostóir á leadhbadh! Tar éis oiread tagairtí do léirscrios is do chreach an Ama tugann an file aghaidh a chraois air agus léiríonn go mion méid a dhímheasa air. Níl i síorimrothlú na nglún is na n-aoiseanna ach taispeántas folamh gan substaint, gan tada nua riamh ann ach gach glúin nua faoi dhallamullóg ag ceapadh gur olliontais nua atá á léiriú dóibh nuair nach bhfuil iontu ach an seanscéal céanna á athinsint. Is bréagach gan fiúntas mar sin gach ní, an stair is seanchuntais an Ama san áireamh. Luas an ama is a athraithe a dhallann an duine ar an bhfírinne ag cur cuma bréige ar gach ní. Tugann an file a dhúshlán agus maíonn go mbeidh sé fíor dílis dá mhíle ainneoin:

Gluais:

l.2: **spéirtheach:** teach iontach ard

l.2: **foirgníodh:** tógadh

l.3: **anaithnid:** nach eol (do dhaoine), thar eolas daoine

l.4: **iar-radharc:** seanradharc (a bhí ann cheana); **réamhfheicthe:** a chonacthas cheana; **a athmhaisíodh:** ar cuireadh cuma deas nua air

l.5: **móraimid:** ceapaimid gur iontach

l.6: **seanmhír linn:** seanearra dár gcuid; **bheir:** thugann; **trí chluain:** trí dallamullóg a chur orainn

l.7: **is rogha linn:** is fearr linn; **sílstean:** ceapadh

l.7 is l.8: **gur nuabheirthe atáid dár mianta:** gur rudaí úrnua iad a cruthaíodh go speisialta dúinne.

l.8: **athuair:** arís

l.10: **feartmhar:** iontach, míorúilteach; **ré:** príomhthréimhse sa stair

l.11: **comhaid:** taifid; **gach a bhfeicimid:** gach uile rud a fheicimid

l.12: cuirtear cuma bréagach beag nó mór ar gach rud ag luas mire an ama

l.13: **móid:** geallúint shollúnta

l.14: **ar neamhchead duitse:** le do chead nó gan é; **bead:** beidh mé

146.

Mo dhúshlán fút, a Am na cluaine!

Ná déan, a Am! Ná maígh gur athraigh mé;
Gach spéirtheach led' nuachumhachtsa a céadfhoirgníodh
Ní tada nua liom ná anaithnid é —
Iar-radharc réamhfheicthe ársa a athmhaisíodh:

Róghearr ár seal is móraimid dá bharr
Gach seanmhír linn a bheir tú dúinn trí chluain;
'S is rogha linn sílstean gur nuabheirthe atáid
Dár mianta 's ní ina seanscéal ríofa athuair:

Mo dhúshlán faoi do thaifid is fút féin!
Ní feartmhar liomsa aon ré leat, sean ná nua;
Do chomhaid, óir, 's gach a bhfeicimid is bréag,
Á laghdú nó á mhéadú tríd' shíorluas.

Seo í mo mhóid is beidh mar seo de shíor:
Ar neamhchead duitse 's do do speal, bead fíor!

Soinéad CXXIV: *(If my dear love were but the child of state...)*

An grá buan daingean! Sa dán roimhe mhaígh ár bhfile go mbeadh sé fíor de mhíle ainneoin an Ama. Anois léiríonn sé dúinn comharthaí sóirt an ghrá aige nach dtig le hathraithe síoraí an Ama dul i bhfeidhm air. Ní grá é a rugadh ó chúinsí an lae — "leanbh dálaí" — is ní ghabhfaidh an grá bréige a bhrathann ar an ádh a áit. Is cuma cé na dálaí nó cúinsí ina dtarlaíonn sé, ollsaibhreas gaisciúil nó bochtanas míshásta reibiliúnach, is mar a chéile riamh é. Ní bagairt dó aon chlaonadh chun polasaithe gearrthéarmacha; is í an pholaitíocht chéanna amháin atá aige sin nach n-athraíonn am ná aimsir í!

Gluais:

l.1:   **mo ghrá**: an grá a mhothaím;   **dálaí**: cúinsí, gnéithe a athraíonn leis an am

l.2:   **mac tabhartha**: mac a bheirtear lasmuigh den phósadh (B'fhéidir go gcaillfeadh mo fhíorghrá a áit don ghrá bréige a bhrathann ar an ádh)

l.3:   **faoi réir**: faoi rialú (grá an Ama is fhuath an Ama) .i. go n-athródh sé leis an am, de réir chúinsí is imeachtaí an tsaoil

l.4:   **fiaile**: plandaí fiáine gan mhaith;   **spealta**: bainte le speal

l.6:   **ní cás air**: ní chuireann sé isteach air;   **mustar**: iompar anghalánta (lucht cumhachta); **aoibhiúil**: sona (agus fábhrach dó)

l.6:   Ní athraíonn fábhar flaithiúil lucht cumhachta a ghrá;   **béim**: buille trom

l.7:   **daor**: sclábhaí, oibrí nach den uaisleacht é.

l.7 is l.8: Ní chuireann an mhíshástacht atá faiseanta san aois seo i measc fear d'ár leithéidí deireadh lena ghrá.

l.9:   **éirseach**: eiriceach — duine a chleachtaíonn leagan cosctha den chreideamh; **dúnghaois**: polasaí

l.10:   Athraíonn duine nach cás leis ach a leas féin gach gné dá shaol chomh luath is a fheileann sin dó.

l.11:   **cadhain aonraic**: duine gan chomhluadar ar bith (agus lán-neamhspleách)

l.12:   **múir**: ceatha (báistí)

l.13:   **baothán**: duine baoth gan chiall (**baothán Ama:** duine neamhsheasmhach, guagach a athraíonn faoi thionchar an ama is an áidh)

147.

An grá do-athraithe!

Mo ghrá fíor dá mba pháiste dálaí é,
A cheart mic do mhac tabhartha an áidh, seans, chaillfeadh;
Faoi réir ag grá is ag fuath an Ama, arae,
Mar fhiaile i bhfhiailí is bláth i measc bláth bheadh spealta.

Ní hamhlaidh: i bhfad ón seans a tógadh é;
Ní cás an mustar aoibhiúil air; 's béim mhór
Mhíshásamh throm na ndaor ní threascrann é,
A n-iarrann chuige an aois seo fir d'ár nós;

Ní eagal leis an t-éirseach sin, Dúnghaois,
A oibríonn ar ghearrléasa ó lá go lá,
Ach 'na chadhain aonraic le hollpholaitíocht
Seasann, gan fás le teas 's ag múir gan bá.

Mar fhinné air seo gach baothán Ama glaoim,
Don mhaith a éagann 's thug don olc a shaol.

Soinéad CXXV: *(Were 't aught to me I bore the canopy...)*

Freagra atá sa dán seo, is cosúil, ar líomhaintí go mbíonn an file ag lútáil ar lucht cumhachta is ag cuartú ratha óna bhfábhar. Is é is deacra ar fad le tiontú de dheasca difríochtaí leagain agus ciallaithe idir na scoláirí. Deir an file lena chara — ar leis a scéitheadh an mhífhaisnéis, is cosúil — nár mhiste leis ómós seachtrach a thabhairt do na móruaisle nuair a éilíonn an gradam poiblí é; ach nach bhfuil aon dul amú air faoi cháil mhór nó saibhreas a bhaint as. Ní tábhachtach leis ach an t-aon ómós, an t-ómós fíorghlan gan smál is gan taispeántas seachtrach ar bith a thugann sé go ciúin príobháideach dá chara ina chroí istigh:

Gluais:

l.1:   **ceannbhrat**: brat dathannach a d'iompraítí os cionn cheann an rí ag uaisle ar ócáidí sollúnta (mar sin: **an ceannbhrat a iompar**: bheith plámásach lúitéiseach le lucht údaráis is cumhachta)

l.1:   **iompartha agam**: .i. a bheith iompartha agam

l.2:   **imeachtar**: an taobh amuigh, cruth seachtrach (le taispeántas seachtrach measa gur thug mé onóir don ghradam poiblí)

l.3:   **dubhshraith**: bonn, buntsraith (tí) (le lútáil ar na huaisle an ndéanfainn iarracht bonn a chur síos do cháil "shíoraí" dom féin, bonn a scuabfadh scrios an Ama chun siúil gan mhoill?)

l.5 go l.8: Is iomaí duine a chaill gach dá raibh aige trí chaitheamh thar a acmhainní chun stíl mhaireachtála lucht saibhris is tionchair a chleachtadh is a bhfábhar a ghnóthú. Thréig siad fiú a ngnáthbhia folláin i bhfábhar lóin gan tathag. Bhí cosúlacht bhréige ratha orthu ach iad ina n-ábhar trua go fírinneach is scrios siad iad féin trína "bhféachaint" (.i. lútáil) ar na huaisle.

l.13:   **scéitheoir**: duine a thugann faisnéis;   **éillithe**: a ghlac le breab, truaillithe (Seo an té a chuir lútáil ar lucht cumhachta i leith an fhile)

l.14:   **táinsím**: cúisím, cuirim coir i leith (Dá mhéid a chuireann an scéitheoir truaillithe i leith an fhile is ea is lú a bheidh seisean faoina thionchar)

148.

Mairg a chuirfeadh iontaoibh i bhflatha!

Liomsa ar ní mór an ceannbhrat iompartha agam
'S lem' imeachtar gur thug don tseachtracht ómós?
Nó dubhshraith mhór don tsíoraíocht agam leagtha,
Nach mairfeadh puinn níos sia ná an scrios nó an dreochan?

— 'S mó cónaitheoir sa bhréagchruth is san fhábhar
A chaill gach ní trí chíos ró-ard a íoc;
'S ar comhbhia casta a shéan gach dea-bhlas gnáthúil —
Díol trua faoi rath, ó scrios a bhféachaint iad: —

'S róchuma! — M'aon fhíoradhradh id' chroíse bíodh
'S, gan chostas, glac — cé bocht í — lem' ofráil;
Atá gan mheascadh coimhthíoch 's gan d'ealaín
Ach lánchomhthoirbhirt — duitse mise amháin.

A scéitheoir éillithe, imigh! — anam fíor,
Dá mhéid a tháinsítear, 's lú air do riail.

Soinéad CXVI: *(Let me not to the marriage of true minds...)*

Dán faoi airíonna an fhíorghrá is faoi cheart chun pósta intinní atá go fíor i ngrá atá anseo. Ní aithníonn an file aon bhac ar phósadh beirte atá i bhfíorghrá. Tá an fíorghrá díonta ar gach athrú a dhéanann an páirtí nó a bhaineann dó i gcúrsa nádúrtha an ama is an tsaoil. Is marc socraithe agus réalta eolais é do gach long dhaonna ar mhuir shuaite na beatha. Tá a luach is a thairbhe thar ríomh. Maireann sé gan athrú go deireadh an aistir:

Gluais:

l.1: **cosc**: bac

l.4: **séantóir**: duine a imíonn óna pháirtí; **cúbann**: géilleann, stríocann; **i bpáirt**: mar chabhraitheoir

l.5: **a mhalairt ghlan**: a dheargchontrárthacht sin atá fíor; **marc**: marc mara a threoraíonn báid

l.6: **spéirling**: drochstoirm

l.7: **fuaidreamhach**: fánach, ar seachrán

l.8: **cé tomhaiste a airde**: cé gur tomhaiseadh a airde; **tairbheacht**: maith, sochar

l.9: **mogha**: sclábhaí

l.10: **faoi réim**: laistigh de raon (agus faoi riail); **corrán**: uirlis bhainte; **buanaí**: duine a bhaineann féar nó arbhar le corrán nó speal

l.12: **foighníonn**: fulaingíonn le foighne is gan athrú; **cor**: (mion)rud a tharlaíonn; **deireadh dáin**: críoch na cinniúna

l.13: **ním**: déanaim

149.

An grá buan daingean...

Aon chosc ar phósadh meon fíor dílis bíodh
Gan m' aitheantas: ní grá ar bith é an grá
A dhéanann athrú, athrú nuair a chíonn,
Don séantóir ' chúbann 's séanann leis i bpáirt.

A mhalairt ghlan! — is marc buan daingean é
Ag réabadh spéirlinge nach mbogtar riamh;
Tá sé do gach bárc fuaidreamhach 'na réalt
Nach fios, cé tomhaiste a airde, a thairbheacht fhíor.

An grá ní mogha don Am cé luíonn gach grua
Is beol faoi réim chorrán an bhuanaí tháir;
Ní athraíonn grá le mion-nóiméid ná uair —
Ach foighníonn trí gach cor go deireadh dáin.

Más earráid seo a chruthaítear a ním
Ariamh níor scrí 'os, 's níor ghráigh aon fhear ariamh.

DEIREADH LEIS AN
GCEATHRÚ DREAS

Mír a dó

DÁNTA (SOINÉID?) CORRA

Soinéad (??) CXLV: *(Those lips that love's own hand did make...)*

Dán é seo atá, is léir, as áit. Ní soinéad ó cheart é mar i bhfoirm ochtsiollach atá sé cumtha agus ní bhaineann sé le hábhar na ndánta eile. Is follasach gur ó óige an fhile é ón gcuma neamhaibí atá air agus maíonn údar amháin gurb é a chéad dán é ar do Ann Hathaway, bean chéile Shakespeare, a scríobhadh é. Pósadh i 1582 iad nuair a bhí seisean 18 mbliana d'aois agus ise 26 bliana:

Gluais:

l.1: **chúm**: rinne, mhúnlaigh

l.3: **tláith**: gan bhrí

l.4: **anó**: staid thruaimhéalach; **dubhach**: brónach

l.7: **dúbhreith**: daorbhreith; **maoth**: (breith) bhog chaoin

l.8: **beannú**: abairt a labhraítear le duine nuair a chastar daoine ar a chéile; **malairt**: rogha eile (beannaithe)

l.14: **shlánaigh**: tharrtháil ó scrios, ó dhamnú

150.

Trí shiolla na trócaire!

Na beola a chúm lámh féin an ghrá
Chuir díobh an fhuaim a dúirt: "Is fuath
Liom..." chughamsa a bhí di faonlag tláith;
Nuair dhearc sí ámh mo anó dubhach

Trócaire a croí go díreach bhuail
Is cháin a teanga, riamh go binn
A bhronnadh dúbhreith mhaoth le trua,
Is mhúin mar bheannú malairt chaoin:

" Is fuath liom ... " d'athraigh sí le críoch
A lean mar ' leanann lá bán nua
An oíche dhubh, atá mar dhiabhal
T'r éis teitheadh ó neamh go hifreann dubhach;

'S " Is fuath liom..." chaith sí ón bhfuath chun siúil
Is shlánaigh m' anam le "... cách ach thú ".

Soinéad (??) XCIX: *(The forward violet thus did I chide...)*

Dán gan foirfiú atá anseo — cúig líne dhéag ann — a gceapann údair áirithe gur ó thréimhse anluath, fiú óige an fhile, é. Leanann sé ámh an dán roimhe — soinéad XCVIII — sa mhéid nach meas ar áilleacht na mbláthanna a léirítear ann. Tugtar aird orthu, is fíor, ach is le mímheas é; cáintear iad faoina ndathanna agus a gcumhracht agus aon ghné mhealltach eile leo a ghoid ó chara caomh an fhile; slí í seo ar ndóigh chun a rá go bhfuil gach áilleacht dá bhfuil sa dúlra san óigfhear:

Gluais:

l.1: **sailchuach**: bláth léana coitianta corcra; **teanntás**: dánacht, easpa cúthaileachta

l.3: **corcarghlóir**: dath aoibhinn corcra

l.4: **snua**: dath folláin; **grua**: leiceann; **maoth**: bog caoin

l.5: **ainmhín**: garbh, gan mhíneadas; **féith**: fuileadán a thugann an fhuil ar ais go dtí an croí (Is ó fhuil an ógfhir a ghoid an tsailchuach a dath)

l.6: .i. ó láimh an fhile a ghoid an lile a dath

l.7: **dlaoithe**: trilse, gruaig; **máirtín fiáin:** bláth coitianta i ngáirdíní tuaithe Shasana

l.8: **spíonta**: dealga; **scáth**: eagla, cotadh

l.10: **uathu araon:** ón dá cheann acu

l.11: **slad**: gadaíocht, creachadh

l.12: **seá a raoin:** barr a saoil

l.13: **díoltach**: agrach, díoltasach; **cnaíodh**: creimeadh, caitheadh; **míbhás**: bás gránna

151.

Na bláthanna bradacha!

Cháineas an tsailchuach faoina teanntás mór:
"Do chumhracht cár ghoid tusa, a ghadaí chaoin,
Ach glan ó <u>anáil</u> mo ghrá? Do chorcarghlóir,
Mar shnua róbhreá do mhínghrua maoithe a chím,
Dhathaís ró-ainmhín í i bhféith mo stóir."

'S í an lile bhán a cháin mé faoi do láimh;
Do dhlaoithe goidte ag máirtín fiáin bhí;
Na rósa geala ar spíonta sheas faoi scáth:
Ceann náiredhearg, ceann bán le hísle brí;

Níor dhearg ná bán rós a ghoid uathu araon,
Is lena shlad d' <u>anáil</u> mhaoth shuimigh sé;
Faoin ngoid seo, ámh, in airde sheá a raoin
Ag cancar díoltach cnaíodh chun míbháis é:

Blátha eile d'fhéachas, ach aon cheann níor léir,
Cumhracht nó lí nár ghoid ód' stór dó féin.

Soinéad (??) CXXVI: *(O thou my lovely boy, who in thy power...)*

Tugann an neamhshoinéad smutaithe míshásúil seo na dánta chun an ógánaigh chun críche. Deir sé leis go bhfuil seilbh aige ar chomharthaí is uirlisí an Ama, a ghloine is a chorrán, is cumhacht aige ar an uair a n-úsáidtear an corrán, uair an bháis. Tá an Nádúr á choinneáil gan mheath chun an t-Am a náiriú ach ní mór dó a bheith cúramach mar beidh uirthi a fiacha a íoc luath nó mall leis an Am; agus b'fhéidir gurb eisean, an tseoid is luachmhaire ar fad atá aici, a thairgfidh sí mar íocaíocht:

Gluais:

l.1: **macaomh**: ógánach; **niamhrach**: angheal ar fad, análainn
l.2: **corrán-uair:** uair an bháis
l.3: **tríd' mheath féin:** trí dhul in aois
l.4: Tá do ghráthóirí ag meath de réir mar atá tusa ag fás.
l.5: **ríon**: banríon; **gan phlé**: gan aoinne atá ag iarraidh a corónach
l.6: **sracadh**: tarraingt go láidir, sracaí a bhaint as ...
l.7: **stuaim**: oilteacht, innealtacht, scil
l.9: **ainsín**: duine a bhfuil gean faoi leith (ag an Nádúr) air
l.10: Tá cead aici a stór a choinneáil ach ní go deo é
l.11: **is éigean é:** Caithfear é a dhéanamh

152.

Ainsín an Nádúir

A mhacaoimh niamhraigh,' shealbhaíonn faoi do chumhacht
Luathghloine an Ama, 'gus a chorrán-uair;

Tríd' mheath féin d'fhás, agus tríd sin gur léir
Ag dreo do leannáin le do fhás caoin féin!

Ardríon gan phlé an scriosta, an Nádúr,
Id' shiúl chun cinn dod' shracadh síor ar gcúl,

Is aidhm di trí do choinneáil, 's lena stuaim,
Náiriú an Ama 's marú nóiméad duairc.

Ach, ' ainsín shuilt na Ríona, seachain í!
Coinneáil a stóir is cead, ach ní de shíor:

Cé mall í ag réiteach cuntas 's éigean é;
'S mar ghlanadh a fiach tairgfidh sí thú féin.

Soinéad CLIII: *(Cupid laid by his brand and fell asleep...)*

Ní léir gaol an dá shoinéad dheireannacha leis an díolaim dánta rompu ach ba ghné choitianta dréachta mar seo faoi fhoinsí tobar mar chríoch ar theaglam soinéad.

Gluais:

l.1:   <u>trilseán</u>: tóirse

l.2:   <u>bé:</u> ainnir, cailín;   <u>Dian:</u> bandia na seilge is na gealaí

l.3:   <u>bháigh</u>: thom;   <u>tine adhainte grá:</u> tine a lasadh grá

l.7:   <u>folcán</u>: áit fholctha;   <u>fiuchta</u>: bruite, beirithe

l.8:   <u>lán brí:</u> lán de éifeacht (in aghaidh galar);   <u>aicíd aduain:</u> galar anaisteach annamh

l.10:   <u>thadhaill</u>: chuir i dteagmháil (le mo chliabh í);   <u>an macaomh:</u> an t-ógánach, Cúipid

l.12:   <u>bhrostaíos</u>: chuaigh mé faoi dheifir;   <u>easlán</u>: faoi dhrochshláinte;   <u>léan:</u> brón, ainnis

l.13:   <u>in aisce</u>: gan tairbhe, fánach

l.14:   <u>foinse</u>: an áit as a dtagann rud

153.

Folcán an Ghrá:

Leag Cúipid uaidh a thrilseán 's luigh chun suain;
An deis seo thapaidh bé le Dian gan mhoill
'S bháigh sí a thine adhainte grá ar luas
I bhfoinse ghleanntáin fhuar i ngar dá shuíomh;

Is shúigh an fhoinse ón tine naofa grá
Teocht bheo gan chríoch a mhairfidh síoraí buan
'S rinn folcán fiuchta dhe, ' bhíonn á úsáid
Mar leigheas lán brí ar aicídí aduain'.

Ach tine an ghrá d'athlas faoi shúil mo rúin
Is thadhaill mar thriail an macaomh léi mo chléibh;
'S, gan mhoill faoi thinneas, theastaigh folcadh uaim
'S bhrostaíos ansiúd, im' aoi easlán, faoi léan.

— In aisce: óir ní leigheas dom aon fholcán
Ach foinse úr thine Chúipid — súil mo ghrá.

Soinéad CLIV: *(The little Love-god lying once asleep...)*

Níl anseo ach athleagan ar an dán roimhe ar an téama ceanann céanna ar dóigh le roinnt scoláirí nach raibh an file in ann roghnú eatarthu:

Gluais:

l.1: **sámh**: go hansuaimhneach;   **suan:** codladh

l.2: **trilseán**: tóirse;   **adhainte**: chun lasta, chun fadaithe (.i. chun tine a fhadú)

l.3: **béithe**: ainnireacha, ógmhná;   **a mhóidigh geanmnaíocht bhuan:** a gheall go sollúnta nach mbeadh caidreamh collaí acu an fad a mhairfidis.

l.4: **princeam**: preabarnach, aoibheall;   **óghchrobh**: lámh maighdine

l.5: **ríon**: bé, ainnir spéiriúil;   **ba sciamhaí:** ab áille

l.6: **thar ríomh:** dochomhairithe

l.7: **ardcheannasaí na méine teo:** an dia a bhfuil an mhian te, .i. an grá, faoina riail — .i. Cúipid.

l.8: **óighe**: maighdine;   **tromnéal**: codladh trom

l.11: **rinn**: rinne, dhein;   **folcán**: áit fholctha

l.12: **mogha**: sclábhaí;   **ruain**: rúin, mo ghrá ghil

1.14 **bual**: lacht tobair a thiteann ón spéir ina báisteach... (gnáthainm??)

154.

Folcán an Ghrá (II):

Is an Déín Grá ina luí uair sámh faoi shuan,
A thrilséan adhainte croíthe lena thaobh,
Chuaigh mórlíon béithe, a mhóidigh geanmnaíocht bhuan,
Thairis ag princeam; 's ina hóghchrobh chaol

An ríon ba sciamhaí thóg an lasair úd,
' Bhí téite ag cróithe fíora slua thar ríomh;
'S Ardcheannasaí na méine teo, na ndúl,
Dí-armtha ag láimh gheal óighe, faoi thromnéal luigh.

An trilseán mhúch sí i dtobar fuar san áit
'S ghabh seo ón tine ghrá teas síoraí buan
Is rinn de folcán te le leigheas folláin
D' fhir bhreoite: ach mise, mogha bocht umhal mo ruain,

Chuaigh ann lem' leigheas: is seo á chruthú táim
Teas grá téann bual, an bhual ní fhuarann grá.

TREOIR DO ATHUIMHRIÚ NA NDÁNTA — 1

TREOIR DO ATHUIMHRIÚ NA NDÁNTA — 2

TREOIR DO ATHUIMHRIÚ NA NDÁNTA — 3
SEAN   NUA

TREOIR DO ATHUIMHRIÚ NA NDÁNTA — 4

SEAN   NUA

TREOIR DO ATHUIMHRIÚ NA NDÁNTA — 5

TREOIR DO ATHUIMHRIÚ NA NDÁNTA — 6

SEAN NUA

TREOIR LÍNTE TOSAIGH — ORD AIBÍTRE — 1

SOINÉAD   UIMHIR

TREOIR LÍNTE TOSAIGH — ORD AIBÍTRE — 2

SOINÉAD   **UIMHIR**

TREOIR LÍNTE TOSAIGH — ORD AIBÍTRE — 3

TREOIR LÍNTE TOSAIGH — ORD AIBÍTRE — 4

SOINÉAD UIMHIR

TREOIR LÍNTE TOSAIGH — ORD AIBÍTRE — 5

SOINÉAD   UIMHIR

TREOIR LÍNTE TOSAIGH — ORD AIBÍTRE — 6
SOINÉAD   UIMHIR